infra mince

ENSP | *ACTES SUD*

infra mince

Cahiers de l'Ecole nationale supérieure de la photographie, Arles

L'ÂGE DES AMBITIONS ET DES PROJETS

Bertrand Eveno

Bertrand Eveno
Président-directeur général de l'Agence France-Presse (AFP), ancien président d'Havas Education et Référence, pôle d'édition éducative d'Havas (Vivendi) regroupant Nathan, Bordas, Larousse, Le Robert et Anaya, membre de l'Inspection générale des finances, collaborateur de Simone Veil au ministère de la Santé (1977-1978), directeur de cabinet de Jean-Philippe Lecat au ministère de la Culture et de la Communication (1978-1981), auteur d'une monographie sur Willy Ronis (1983), président de la Fondation nationale de la photographie (1981-1993), président d'honneur de l'Association des gens d'images. Depuis, 2005, Bertrand Eveno est président du Conseil d'administration de l'ENSP.

Une institution qui porte le beau nom d'Ecole est un organisme vivant où le temps fait son œuvre de bâtisseur, où la vie fait son chemin. Voici donc qu'une nouvelle phase s'ouvre dans l'histoire de l'Ecole avec le changement de son statut. L'association loi de 1901, formule souple mais fragile, laisse place aux solides principes de "l'établissement public d'enseignement supérieur".
Cette mue administrative, souhaitée et préparée depuis longtemps par la présidente Maryse Cordesse et les directeurs de l'Ecole, se réalise après vingt ans d'efforts.
Le nouveau statut porte ainsi témoignage de la qualité des enseignements dispensés, de la valeur des candidats admis et des étudiants diplômés, lesquelles sont reconnues très officiellement.

Cet anniversaire est aussi l'occasion de saluer la réputation et le rayonnement de l'Ecole, en France et à l'extérieur. Il est indispensable d'amplifier sa dimension européenne et internationale, et ce doit être une des lignes d'action que nous nous traçons.

Comme chacun le sait et le ressent, cet établissement, unique en son genre en France, est d'abord une école d'art, avec toutes les caractéristiques pédagogiques qui en découlent. Mais il est aussi marqué par le choix de travailler sur toutes les dimensions possibles de "la" photographie, sur tout l'arc-en-ciel de ses significations et expressions. C'est dire, à l'évidence, que les évolutions successives qui n'ont pas cessé depuis le jour de sa création vont se poursuivre. Puisque les rapports entre la photographie et les artistes contemporains continueront d'explorer bien des voies nouvelles. Et puisque les mutations techniques de la prise de vue, du traitement des images et de leurs pixels obligent sans cesse l'Ecole à rester sur une ligne de crête de modernité technologique.

Etant donné l'importance toujours plus saisissante de l'image dans le monde actuel et l'intérêt sans cesse croissant pour "la" et "les" photographies de la part d'un immense public, nos fondateurs et partenaires, soit l'Etat, les collectivités locales et les entreprises privées intéressées à son développement, ne doivent pas ménager leur soutien à nos projets. Car l'Ecole aspire à tenir de plus en plus fortement la place éminente qui lui revient dans la formation, la création et la recherche. Ainsi qu'en témoigne l'exigeant projet de cette belle et nécessaire revue dont nous saluons la naissance.

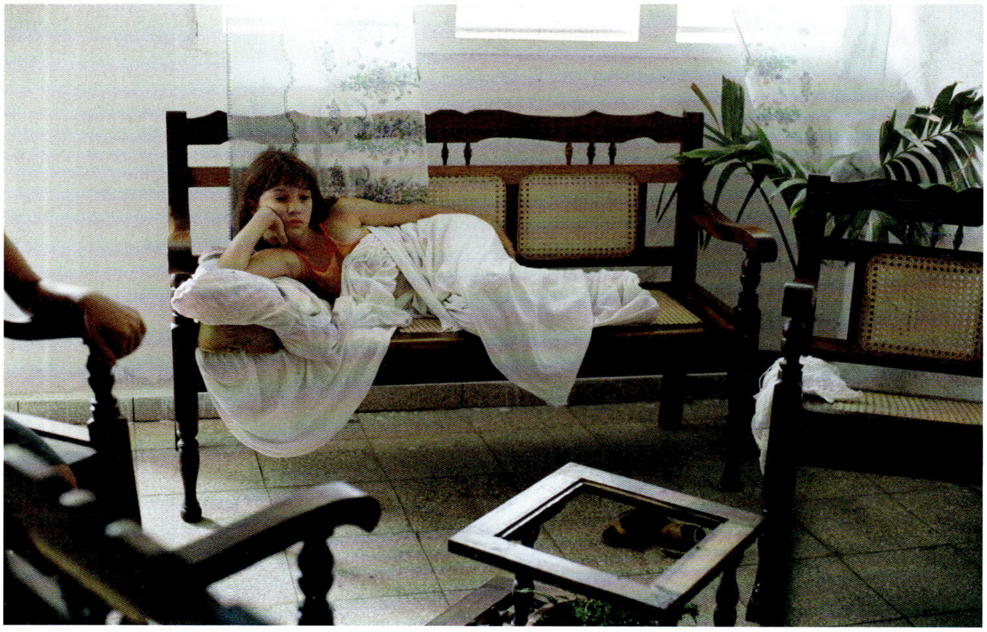

VINGT ANS APRÈS

Patrick Talbot

Patrick Talbot,
actuellement directeur de l'Ecole nationale supérieure de la photographie, est un historien. Il a enseigné l'histoire dans l'enseignement secondaire et le supérieur, a été directeur adjoint de l'Ecole nationale supérieure des beaux-arts de Paris, a dirigé les écoles nationales d'art de Bourges et Nancy, présidé la Ligue européenne des établissements d'enseignement artistique (ELIA), exercé les fonctions de conseiller culturel aux USA (New York) et en Italie (Rome).
Il a écrit de nombreux articles sur des artistes contemporains et sur l'enseignement artistique. Il a également dirigé et publié trois numéros d'une revue franco-italienne, EUtropia.

Maïté Pouleur
Sans-titre n° 4,
extrait de *16 photographies, Santiago de Cuba-Arles, juin 2003-juin 2005*,
septembre 2004

L'Ecole nationale de la photographie a ouvert ses portes en 1982. Trois ans plus tard, en 1985, la première promotion quittait l'institution après avoir passé un diplôme national, validé par le ministère de la Culture, sanctionnant une formation d'enseignement supérieur de niveau bac + 5, que l'Université française, conformément à l'attitude qui est généralement la sienne vis-à-vis de tout ce qui lui échappe, n'a pas toujours accueillie avec équité et générosité mais à laquelle l'Europe a rendu justice. C'était il y a vingt ans et, en 2005, ce sont, réparti(e)s sur deux décennies, près de 400 diplômé(e)s qu'au total on dénombre. Cet anniversaire est à la fois le leur et celui d'un établissement qui, depuis sa création, n'a cessé, tout en se transformant, de réfléchir à ses missions et à sa fonction.

Vingt ans après, bien que, depuis son invention, la photographie ait été constamment traversée par de fortes secousses technologiques, nous sommes aujourd'hui à un moment de l'histoire de ce médium où l'impression prévaut que la domination du numérique transforme significativement non seulement la donne industrielle mais aussi les outils, les pratiques et les œuvres. Cet anniversaire prodigue donc l'occasion de jeter un regard rétrospectif sur le chemin parcouru et, fort des constats que ce coup d'œil permet, d'aborder le présent, les réalités qu'il impose et les choix qui en découlent. Il ne s'agit donc pas tant de célébrer que de *réfléchir, penser et imaginer* en tirant le meilleur parti de la réussite évidente d'une institution originale et, à bien des égards, exceptionnelle, afin de lui insuffler une énergie nouvelle comparable à celle que, dans l'enthousiasme des débuts, ses fondateurs Lucien Clergue, Maryse Cordesse, Agnès de Gouvion Saint-Cyr, Jean-Maurice Rouquette et Alain Desvergnes, pour ne citer que les piliers, surent incontestablement lui communiquer.

Dans la deuxième moitié du XXe siècle, la ville d'Arles s'est inventé un destin photographique dont, secondées par le musée Réattu, les "Rencontres" et l'Ecole sont, aujourd'hui encore, les deux plus visibles emblèmes. Fille des Rencontres, qui furent inaugurées une quinzaine d'années avant elle, l'Ecole s'est progressivement émancipée de leur tutelle mais, capable désormais d'apporter et non seulement de rendre, elle n'oublie pas ce qu'elle leur doit. Il est donc naturel qu'une part substantielle de cet anniversaire ait été inscrite au programme de leur édition 2005. Grâce en soit rendue à leur directeur, François Hébel, qui a bien voulu nous y accueillir.

Déployée au sein de l'abbaye de Montmajour, une belle exposition intitulée "D'un moment à l'autre" a accueilli pendant l'été arlésien les photographies et les vidéos d'une trentaine d'anciens étudiants. L'Ecole a été, en outre, diversement impliquée dans le déroulement des "Rencontres" 2005 : par la prise en charge de "petites leçons d'histoire de la photographie" données lors de soirées au Théâtre antique ; par l'invitation d'écoles d'art étrangères ; par la logistique des prix du livre, l'accueil d'un colloque et de nombreux stages ; par l'association de ses étudiant(e)s à différents aspects du déroulement de la manifestation, en particulier l'organisation intégrale de deux belles expositions de jeunes artistes, "WIP" et les "Réfugiés"...

Toutefois, un établissement public national d'enseignement artistique supérieur sous tutelle du ministère de la Culture n'étant ni un centre d'art ni un festival, les expositions ne pouvaient à elles seules rendre compte de ce qu'est l'Ecole et de ce vers quoi la formation qu'elle dispense peut déboucher. Afin de mettre en valeur la diversité des parcours professionnels auxquels son cursus donne accès, une publication est très vite apparue comme la meilleure solution. L'idée d'un livre-anniversaire spécialement conçu pour l'événement était cependant quelque peu contradictoire avec l'ambition exprimée d'une réactivation du présent et d'une tension vers l'avenir. La mise au point du premier numéro d'une revue était plus en phase avec la volonté de considérer ce point d'arrivée comme un point de départ même si, en raison du contexte, le présent numéro, tout premier qu'il soit, doit être considéré davantage comme un "hors série" que comme la préfiguration de la série elle-même – dont il donne cependant le coup d'envoi. La focalisation sur l'institution, marque indiscutable de ce numéro, ne doit donc pas être considérée comme le principe directeur de la ligne éditoriale à venir, laquelle, pour l'essentiel, sera définie à partir de recherches et d'expérimentations initiées et conduites par l'Ecole, autour d'une réflexion aussi large que possible – du quadruple point de vue, historique, théorique, artistique et technologique – sur la photographie, ses pratiques et son actualité. L'accueil d'auteurs sans rapport direct avec l'établissement n'interdira évidemment pas que paroles et travaux d'étudiants, anciens et actuels, continuent à trouver leur place dans ses pages.

Cette revue, nous l'avons appelée *Infra-mince*, et elle a pour sous-titre "Cahiers de l'Ecole nationale supérieure de la photographie, Arles". Le premier terme est emprunté à Marcel Duchamp qui en donne notamment la définition suivante : "Quand la fumée de tabac sent aussi de la bouche qui l'exhale, les deux odeurs s'épousent par infra-mince[1]." Pour diverses raisons, le mot et les images suscités par cet adjectif de facture duchampienne s'accordent au projet de la publication. Indépendamment de son origine directement greffée sur un auteur bien connu pour avoir été un voluptueux fumeur de havanes, le mélange par infra-mince donne aux photographes matière à penser car, si on veut bien accepter un changement de registre sensoriel, il se révèle adéquat pour définir le rapport médiatisé par un appareil entre d'un côté le regard de celui qui prend une photographie et de l'autre le sujet photographié. Ce "mélange" a été amplement commenté par un certain nombre d'historiens d'art[2], lesquels, au-delà de l'amitié et de la collaboration artistique entre Marcel Duchamp et Man Ray, ont analysé le rôle que jouait, dans la pensée et la production du premier, une méditation, ou mieux une *rumination* photographique. Par ailleurs, de manière presque trop évidente, "infra-mince" convient assez bien lorsqu'il s'agit de qualifier le support associé, par définition, à la photographie : une simple feuille de papier qu'on peut certes rigidifier ou encadrer mais dont le premier état demeure fragile, souple, sans épaisseur. Le caractère intrigant de ce mot composé projetant le qualificatif "mince" dans

1. Imprimé en pleine page dans *View*, numéro spécial sur Marcel Duchamp, New York, série V, mars 1945, repris notamment dans *Duchamp du signe*, Flammarion, "Champs", Paris, 1994.
2. Je pense ici plus particulièrement à Rosalind Krauss : *Le Photographique. Pour une théorie des écarts*, Macula, Paris, 1990, et à Jean Clair : *Duchamp et la photographie*, Le Chêne, "L'œil absolu", Paris, 1977.

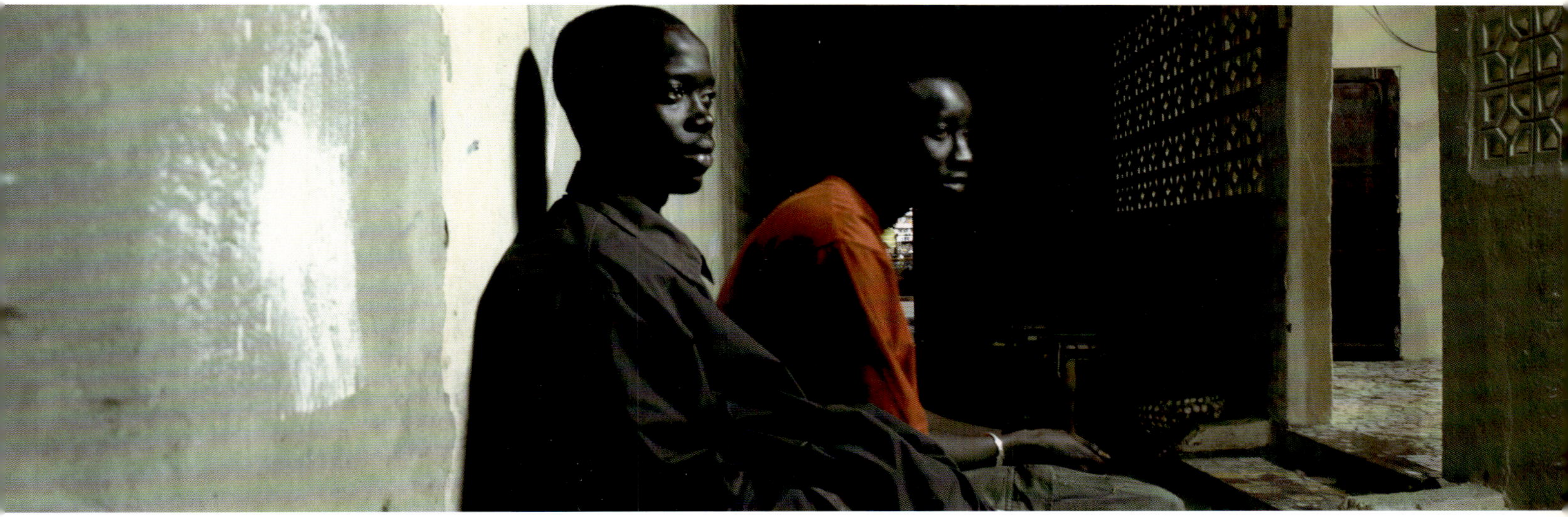

Elsa Beaumont
Dakar, 2005

un ordre de grandeur imperceptible interdit toutefois qu'on se satisfasse d'un rapport simpliste avec lui car il ouvre sur un espace neuf, qu'on pourrait dire micro-dimensionnel ou infra-physique, aussi complexe et infini mais, sans lui être totalement réductible, plus ancré dans la réalité physique de la matière que ne l'est, sur l'autre bord du champ visuel et perceptif, celui de la métaphysique. A quoi s'ajoute la nature irréductible à toute quantification de cet alliage de mots sur laquelle Duchamp met l'accent dans un entretien avec Denis de Rougemont datant de 1945 : "J'ai pris à dessein – dit-il – le mot mince qui est un mot humain, affectif, et non pas une mesure de laboratoire. Le bruit ou la musique que fait un pantalon de velours côtelé [...] quand on bouge relève de l'infra-mince. Le creux dans le papier, entre le recto et le verso d'une feuille mince... A étudier! [...] Je crois que par l'infra-mince on peut passer de la deuxième à la troisième dimension[3]." Ces approches, auxquelles se rattachent également le rapport entre le moulage et sa matrice de même que la suggestion d'un seuil subtil mais décisif au-delà duquel une nouvelle qualité est identifiable, n'épuisent pas, loin s'en faut, les unités de sens qui vont et viennent entre les mots, la matière, le sensible et les images; elles ont pour seul objet d'accompagner la flânerie mentale de celui qui, sans préjugé, accepte de se promener entre infra-mince et photographie.

La revue entend donc situer son travail à l'endroit où convergent un ensemble de questions adressées à la représentation, à la modernité, au langage, à l'art comme aux objets de la vie quotidienne, endroit que signale exemplairement une œuvre dont "le parti pris antihéroïque et antisolennel" utilise la photographie pour mettre en scène, par exemple, un élevage de poussière, autrement dit pour accorder aux dépôts

3. Denis de Rougemont : "Marcel Duchamp, mine de rien", in *Preuves*, XVIII, n° 204, février 1968.

Pétur Thomsen
Kàrahnjùkar, Islande, 2003

les plus négligeables et les plus discrets, attestant l'existence du monde, une attention bienveillante et précise[4].

Dans l'immédiat, rendre compte de ce qu'ont produit et permis les vingt premières années de l'Ecole consiste d'abord à montrer au fil des pages que pour beaucoup d'étudiants, une fois quitté l'établissement, la vie peut prendre un cours largement imprévu au long duquel leur formation s'avère étonnamment utile même lorsque les travaux et emplois qu'ils occupent aujourd'hui ne sont pas ceux auxquels ils avaient initialement songé. Regroupés dans la section centrale, la plus volumineuse, leurs textes et leurs images disent parfois ce qu'ils font présentement, parfois et selon leur libre choix ce dont ils ont jugé intéressant de parler dans l'espace que nous leur avons ouvert. Leurs réflexions et les histoires qu'ils racontent prouvent combien, quoi qu'ils fassent, leur rapport aux images fixes ou animées et à tout ce qui, de près ou de loin, relève du domaine photographique, tout ce qu'ils ont appris pendant leurs études arlésiennes continue à leur être utile, à les nourrir et à les habiter. Autour de cette section centrale, on trouvera en introduction quelques éléments non systématiques et assez largement subjectifs touchant à tel ou tel aspect de l'histoire de l'Ecole et, en conclusion, l'évocation – aussi peu exhaustive et non moins subjective – de certaines amitiés internationales nouées souvent de manière relativement informelle avec des villes, des photographes et des artistes d'ailleurs. Entre ces différentes parties, dans deux portfolios, quelques anciens étudiants ont été invités à déposer des photographies.

Que tous ceux ayant répondu, par des images ou par des textes, à l'invitation que nous leur avons adressée soient ici chaleureusement remerciés. Le temps qu'ils ont accordé à ces réponses, leur disponibilité et leur engagement confirment qu'entre ce qu'ils sont devenus et ce qu'ils étaient au moment où, à Arles, ils étudiaient la photographie et la vidéo, continue d'exister moins un lien qu'une relation active et lucide, donnant aujourd'hui une sorte de profondeur de champ à leur manière d'être au monde et d'y intervenir. Comment ne pas voir dans cette trace vivante et créatrice la marque de mes deux prédécesseurs, Alain Desvergnes et Alain Leloup, celle des enseignants et de tous les personnels qui, depuis le moment où ils sont entrés dans l'Ecole – pour certains depuis sa création – savent être associés à l'aventure pédagogique, culturelle et artistique d'un établissement ne ressemblant à aucun autre, et, pour cette raison, obligeant ceux qui l'animent (lui donnent une âme) à s'interroger en permanence sur des modes de fonctionnement qu'il importe constamment de vérifier, voire de réinventer. L'enseignement dispensé par l'ENSP – à la fois école d'art et école de photographie – est conçu pour prendre en compte l'équilibre toujours instable entre les diverses facettes d'un médium inassignable à résidence ; il est donc actuellement construit autour d'un ensemble de polarités s'agençant diversement selon les parcours singuliers de chaque étudiant : argentique

4. Jean-Christophe Bailly, *Le Champ mimétique*, Le Seuil, "La librairie du XXIe siècle", Paris, janvier 2005, notamment p. 114 à 117. J.-C. Bailly est également l'auteur d'un essai sur Duchamp chez Hazan, Paris, 1984, qui devrait être prochainement réédité.

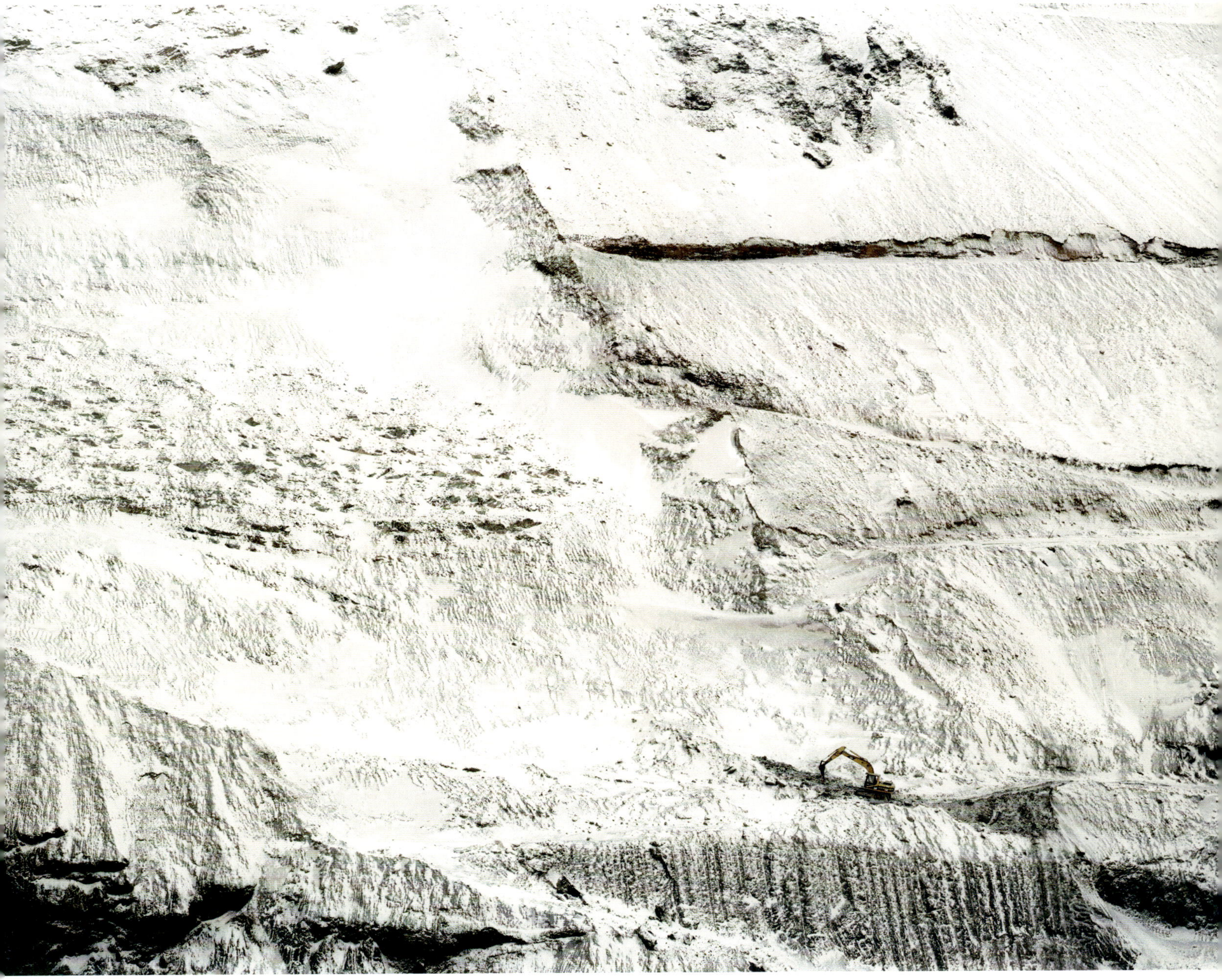

Parmi les milliers, les dizaines de milliers, les centaines de milliers, les millions d'images produites dans l'Ecole depuis sa création, celle qui a été choisie pour la couverture de ce numéro est l'œuvre d'Adeline Keil. Le parcours de cette étudiante, la maturité qu'elle a acquise au cours des années passées dans l'établissement et la reconnaissance finale de la qualité de son travail photographique tant par le jury de son diplôme que par celui du prix FNAC Europe au printemps 2004 résument assez bien la capacité propre à l'ENSP de donner les moyens techniques, de permettre l'expression d'un désir et de favoriser l'épanouissement du talent de ses étudiant(e)s. La photographie choisie a été prise au cours de l'été 2003, en Bosnie, sur la route entre Tuzla et Sarajevo dans le cadre d'un "reportage" que, de sa propre initiative, entre sa deuxième et sa troisième année d'études, Adeline Keil avait décidé de réaliser "à la recherche des territoires".

et numérique, formation technique et histoire de l'art, photographie plasticienne et documentaire, reportage et montage, lectures et recherches, images fixes et animées, production et mots pour en parler, sédentarité et goût du grand large, édition sur papier et maîtrise des supports informatiques... Une fois conclues les années d'apprentissage, comme le démontrent les différentes pièces assemblées pour cet anniversaire, chacun aborde la vie professionnelle, d'abord en fonction de ce qui lui tient à cœur, ensuite des opportunités et du hasard, affinant son savoir-faire et son propos au contact de réalités qui, de toute façon, ne sont jamais exactement conformes à l'idée qu'on s'en faisait.

Le bel hôtel particulier du 16 rue des Arènes, dont l'architecture interne a été soigneusement remaniée dans les années 1980, abrite l'Ecole depuis son ouverture. Il est donc un foyer d'énergies qu'il ne s'agit pas de canaliser mais d'outiller, d'aider à prendre conscience d'elles-mêmes et à se déployer. Cette mission délicate est favorisée par *l'esprit du lieu* auquel est immédiatement sensible tout visiteur franchissant l'enceinte de l'Ecole pour la première fois. Il s'agit là sans doute d'une notion difficilement quantifiable mais non moins pertinente que celle d'*infra-mince* pour signifier une vertu énigmatique dont la présence subtile conditionne à la fois discrètement et décisivement la perception et les qualités d'un espace ainsi que la manière dont on l'habite. Tout cela – pédagogie, art, photographie, relations, lieu – pêle-mêle mais ordonné ressemble à une construction mouvante faite d'équilibres constamment réajustés, un ensemble étonnamment résistant, un composé original de force et de fragilité – secret de son nœud vital –, dont chacun *intra-muros* est en quelque sorte personnellement responsable. Afin d'assumer pleinement les nouvelles responsabilités que lui confère son statut d'établissement public, la seule Ecole nationale supérieure de la photographie en France doit maintenant engager plus résolument son devenir dans un certain nombre de directions parmi lesquelles l'européanisation, l'internationalisation, la recherche, la formation professionnelle. Il ne serait pas admissible cependant que pareil engagement puisse mettre en danger la qualité spécifique, le nœud vital de l'institution, ce en quoi réside son *propre*, dont on pourrait dire – en consentant au mouvement auquel invite une légère dérive à partir d'une belle affirmation d'Hölderlin – que, hier comme aujourd'hui, chacun des étudiants nouant avec elle un pacte triennal est incité a faire l'usage le plus *libre* possible[5].

5. Hölderlin écrit (lettre à Böhlendorf, 4 décembre 1801) : "L'usage libre du propre est ce qu'il y a de plus difficile."

HISTOIRES

Alain Desvergnes
Je regarde toujours à l'extérieur

Lucien Clergue
Un rêve réalisé

François Barré
Flot d'images et de commentaires

François Bazzoli/Christian Milovanoff
Quatre cent soixante-dix-huit

Intervenants à l'ENP/ENSP
(1982-2005)

Arnaud Claass
Fragment pédagogique

Christophe Laloi
Le creuset arlésien

JE REGARDE TOUJOURS A L'EXTÉRIEUR

Alain Desvergnes

Après avoir vécu pendant une vingtaine d'années aux Etats-Unis, au Mexique et au Canada comme professeur universitaire et photographe, ***Alain Desvergnes*** *est rentré en France en 1979 pour créer, à l'occasion du dixième anniversaire, le centre permanent des Rencontres d'Arles, qu'il a dirigées pendant cinq ans. Pour le compte du ministère de la Culture, il a créé ensuite l'Ecole nationale de la photographie en 1982 qu'il a dirigée jusqu'en 1997.*
Il vit et travaille maintenant en Bretagne.

Il y a quelques mois, j'étais invité en Lituanie par deux anciens élèves de l'ENP. Mindaugas Kavaliauskas et Gintaras Cesonis inauguraient les premières "Journées" de la photographie lituanienne, avec expositions, stages et colloques à l'université de Kaunas. C'était une première dans cette ex-"tache rouge" de l'Europe, comme Staline appelait les provinces baltes. A Vilnius comme à Kaunas, à Coïmbra comme à Porto, à Buenos Aires comme à La Nouvelle Orléans, j'ai parlé d'Arles et de photographie dans vingt-neuf pays différents, comme photographe, comme directeur des Rencontres internationales de la photographie 1979-1983, puis comme directeur de l'Ecole nationale de la photographie 1982-1997. L'exemple arlésien est devenu un modèle.

Son originalité est de comporter un organigramme à deux vitesses, un système dual unique en son genre. D'un côté les Rencontres d'Arles qui fêtent en 2005 leur trente-sixième anniversaire. De l'autre, l'Ecole d'Arles qui fête le vingtième anniversaire de la première promotion d'étudiants, diplômés en 1985. Le modèle arlésien vient de cette dualité entre la fête et la recherche, le rêve de Lucien Clergue lorsqu'il a organisé les premières Rencontres en 1969. Pendant un an, j'ai même eu le difficile privilège de diriger l'un et l'autre (1982-1983) dans le même bâtiment et avec la même équipe. Faire la fête et faire de la recherche, s'amuser et faire des expériences, jouer et inventer, avec un matériau en pleine révolution scientifique, entre pixels et grains d'argent, demeure en effet l'étonnante alternative jamais présentée comme telle. Ayant participé activement aux Rencontres de 1975, de 1977 et de 1978, c'est alors que Maryse Cordesse, présidente des RIP, m'a proposé de m'installer à Arles pour inaugurer le dixième anniversaire des Rencontres en créant un centre permanent des Rencontres, dans l'ancien hôtel particulier des chevaliers de Malte devenu au XIXe siècle le couvent des Sœurs gardes-malades parties deux ans avant.
L'itinéraire que j'ai suivi dans cette aventure arlésienne a été de garder intacte cette double dimension de plaisir et de travail, cette alternative prometteuse entre le jeu et l'intellect, entre le sérieux d'un métier et la folie de la création, entre *animus* et *anima*, pour ce que j'avais d'abord appelé le CEVA, le Centre d'études visuelles d'Arles. Avec le support précieux de Gaston Defferre, c'est Michel Vauzelle, député des Bouches-du-Rhône, qui a judicieusement glissé cette hypothèse d'école dans la liste des grands travaux du président de la République. L'Ecole est devenue réalité en septembre 1982 avec l'organisation du premier concours d'entrée et l'arrivée de la première promotion.

Photo ou vélo ?

Mais pourquoi monopoliser l'argent de l'Etat pour apprendre à faire des photos, ce que tout le monde sait faire sans formation ? Tout le monde sait aussi faire du vélo, or photo et vélo sont les deux loisirs les plus populaires en France et en Europe et il n'y a pas d'Ecole nationale de vélo... On n'a pas à faire l'éloge d'une école de danse ou de musique car il y a chaque fois un instrument à maîtriser. Pour l'art en général, c'est déjà moins évident. Pour la photographie, c'est quasiment mission impossible. Dans l'histoire du développement

Alain Desvergnes
Batterie de chambres 4 x 5'' Sinar, dans la cour de l'Ecole lors d'une expérience de prise de vue en relief,
1982

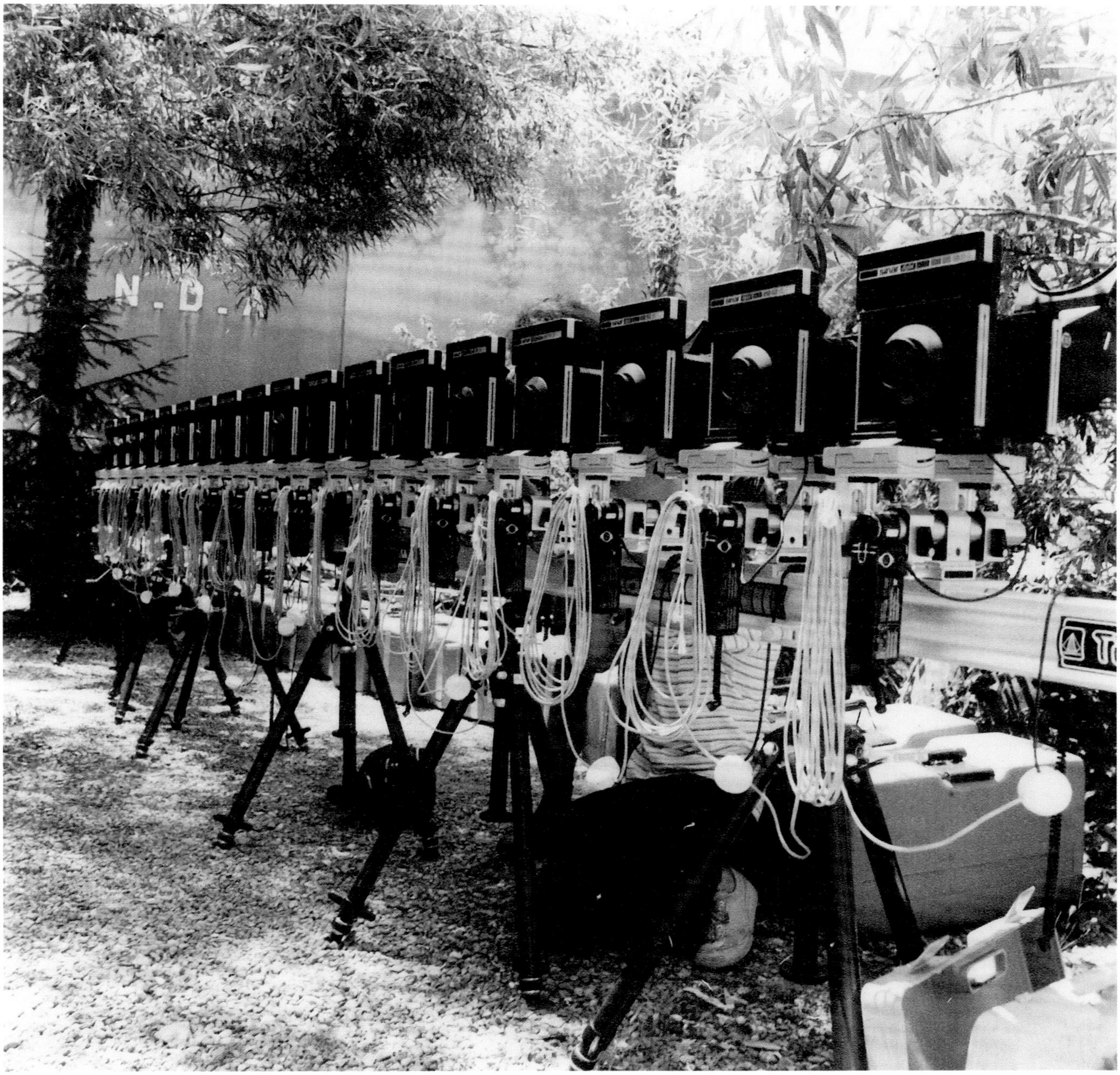

Alain Desvergnes
Aménagement de la bibliothèque,
deux images juxtaposées sol et plafond, 1983

Alain Desvergnes
Pose d'IPN pour portique du hall d'entrée et sol de la mezzanine, depuis le grand escalier central, 1983

Alain Desvergnes
Dans l'ancienne bibliothèque (maintenant bureau et salle de coupe), table avec les livres sous plastique avant transfert, 1983

des idées reçues, le mystère du développement des pellicules et de ce qui les accompagne est longtemps resté dérisoire.

En 1857, Félix Nadar ne disait-il pas : "La photographie est une découverte merveilleuse, une science qui occupe les intelligences les plus élevées, un art qui aiguise les esprits les plus sagaces et dont l'application est à la portée du dernier des imbéciles [...] de votre cocher comme de votre concierge, je me charge – c'est sérieusement que je parle – de faire en une leçon deux opérateurs photographes de plus. La théorie photographique s'apprend en une heure; les premières notions de pratique, en une journée..." ? Que dirait-il aujourd'hui où les appareils photographiques ont un ordinateur à bord chargé d'envisager tous les paramètres possibles, en moins d'un clin d'œil ?

Un regard qui pèse

Or, en 1979, occupé à mettre sur papier les différentes composantes de l'Ecole à venir, j'ai eu la chance et le privilège de rencontrer Henri Cartier-Bresson, invité d'honneur des Rencontres, cet été-là. Je lui ai demandé ce qu'il fallait enseigner dans une école de photographie. Après avoir réfléchi en silence, il m'a répondu de sa voix nette, rapide : "Mais Alain, il n'y a rien à dire. Il faut regarder. C'est le plus difficile. Et c'est très long. Savoir regarder prend du temps. Ce qu'il faut, c'est un regard lourd, un regard qui pèse..."
Douze ans avant, j'avais posé la même question à Beaumont Newhall à Santa Fe. Sa réponse, plus enthousiaste, était cependant dans le fil de celle de Nadar et de Cartier-Bresson, mais il m'avait conseillé d'ajouter la pratique de la poterie, à égalité avec la peinture, dans le programme d'Arts visuels canadien que je mettais alors en place, où photographie et vidéo avaient le premier rôle. Ce que j'avais fait.
Que doit-on donc enseigner dans une école "au premier venu", à propos de cette "découverte merveilleuse"? Difficile à formuler quand on sait que la photographie, si précieuse pour l'identité judiciaire, n'a pas d'identité et que, indispensable pour l'établissement des passeports, elle n'a pas de territoire. Elle appartient à tout et à tous, famille, médecine, presse, publicité, édition, science, industrie, mode, architecture, urbanisme, écologie, documentation, pornographie, fixant tout, tout le temps, jusqu'à la mémoire des logiciels à l'intérieur de leurs puces...
Mais ce faisant, elle a su rester ambulante, nomade, sur les traces d'Eugène Atget qui, à l'époque où Marcel Proust faisait lui aussi sa recherche, parcourait les rues du vieux Paris, vingt-cinq kilos de matériel sur le dos, inscrivant simplement sur sa porte : "documents pour artistes".

Le rêve de Van Gogh

Lorsqu'en 1979, la présidente des Rencontres, Maryse Cordesse, ne voulant pas que l'enthousiasme généré l'été à Arles reste sans suite, m'a demandé de succéder à Lucien Clergue, c'était bien dans le but d'un prolongement durable : créer une école comme l'avait rêvé Van Gogh en arrivant à Arles en 1889. Ce fut chose

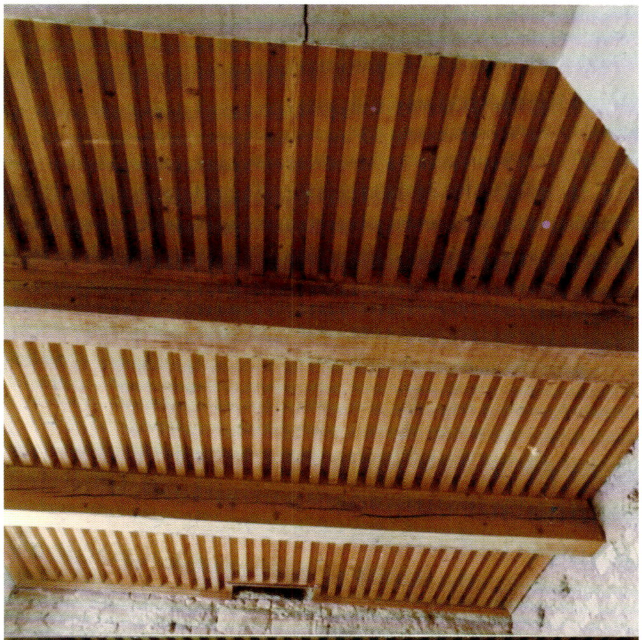

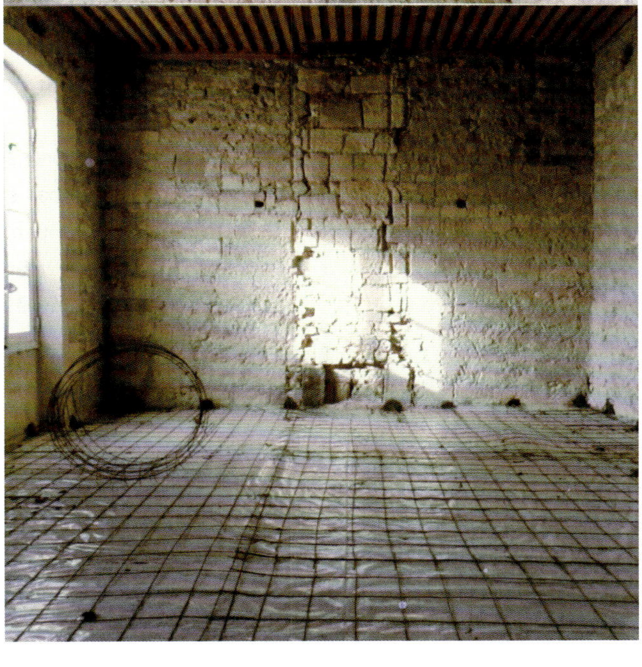

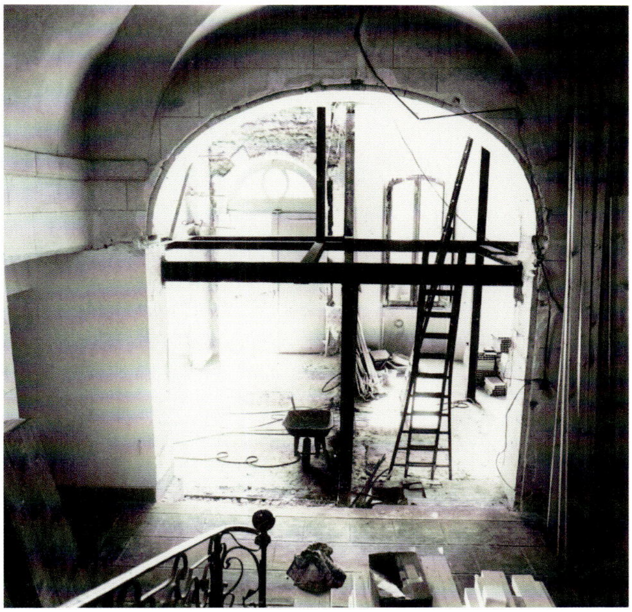

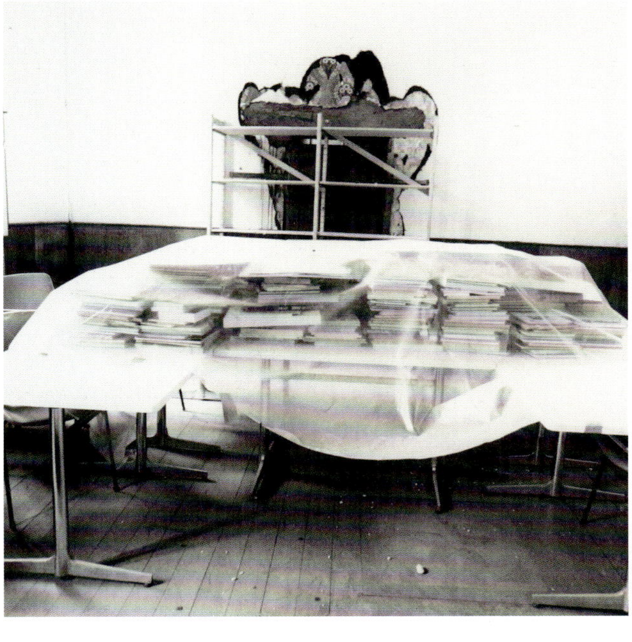

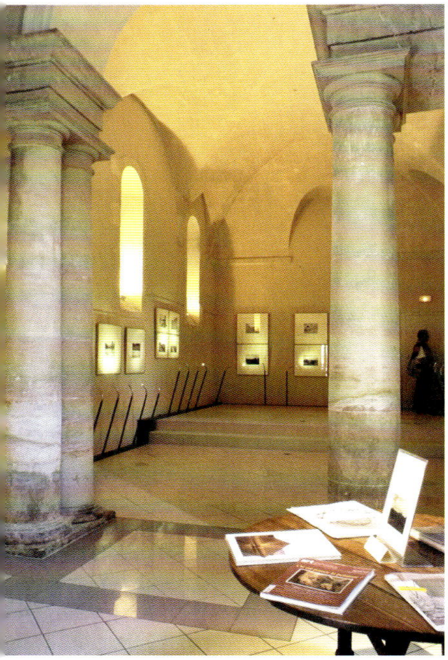

Tadashi Ono
Galerie Arena,
1996

faite en 1982. Pour ce faire, la participation de Maryse Cordesse ainsi que celle de son mari Antoine nous ont été très précieuses pour compléter le gréement du navire. En effet, avec Marie-Annick Lenoir-Desvergnes, nous avons commencé l'aventure avec les vingt-cinq premiers étudiants et 2 100 m² de bâtiments répartis sur quatre siècles, à rénover et à rebâtir. Dans ma jeunesse j'avais rêvé d'être architecte. Arles restera pour moi le plaisir de planifier, modeler et orchestrer, pendant sept années de réunions de chantier hebdomadaires (1978-1986), la métamorphose de ces bâtiments hétéroclites, ayant été successivement résidence des chevaliers de Malte, tribunal de première instance, école primaire, cercle Saint-Genés et couvent des religieuses gardes-malades, pour finir en lieu de recherche pour images du XXIᵉ siècle.
Avec son équilibre voulu entre théorie et pratique, l'Ecole d'Arles a gardé son orientation initiale, telle que Henri Cartier-Bresson l'avait silhouettée quand il évoquait le "regard lourd" indispensable.

Le regard de notre époque a en effet tendance a être virevoltant, trop souvent sans poids ni profondeur. Or, dans le pays même où la photographie a été inventée depuis pourtant plus d'un siècle et demi, il y avait un déficit vraiment inacceptable dans l'enseignement de cette image "ludique", "mécanique" ou "moderne", selon les points de vue. Longtemps on n'avait pris en compte que les aspects loisirs et industriels. L'université n'était pas intéressée. En France en tout cas, cette dernière n'a pas vu venir la "civilisation de l'image" commencée pourtant en 1936 avec les premières images télévisées depuis la tour Eiffel et, à partir de 1950, avec la vulgarisation massive de la télévision en Amérique et en Europe. Son aspect philosophique et sociologique n'était pas seulement ignoré, il était nié quand il n'était pas, tout simplement, niais. En 1971, un universitaire français, sociologue de son état, découvrant que j'enseignais la photographie et la vidéo à l'université, en Amérique, m'a dit : "C'est n'importe quoi ! Pourquoi pas, tant que vous y êtes, la pêche à la ligne ou la belote bridgée?..."

Un art sans art

Penser, réfléchir fait pourtant partie de la vue. Mais il a fallu attendre Walter Benjamin il y a soixante-cinq ans, Rudolph Arnheim et Marshall Mc Luhan, il y a quarante-cinq ans, pour accepter l'idée que penser visuellement est non seulement une hypothèse valable pour comprendre notre époque mais surtout incontournable.
Le premier aspect paradoxal de ce médium, devenu depuis l'objet d'un réel enseignement universitaire et artistique en France, tient au fait qu'on le considère comme "un art sans art", selon la manière zen, à cause de son aspect immédiat, quasi aléatoire, refusant le tâtonnement, la recherche, le travail enfin, à telle enseigne que de nombreux photographes, à l'instar de Cartier-Bresson, se défendent d'être artistes alors que de nombreux artistes, portant officiellement ce label et utilisant la photographie, ne se disent pas photographes.

L'esprit, l'œil et la main

Le second paradoxe, arlésien celui-là, tient dans la parfaite coexistence non seulement pacifique mais très stimulante de l'œil et de la main, de la pensée et de la pratique, entre réflexion et expérimentation, à égalité de temps et d'importance dans le cursus, où l'on démontre qu'il n'y a aucune incompatibilité entre le manuel et l'intellectuel. Une image photographique se voit, se pense et se façonne. Autrement dit, la photographie y est vue comme un enjeu où l'on est appelé à développer ses films et son épanouissement personnel en découvrant au passage un métier par l'apprentissage d'une discipline faite de rigueur scientifique mais en apprenant simultanément à penser et à créer en totale liberté.

En fait, à l'ère des images numériques et de leurs réseaux intimes ou universels, il n'est plus impensable qu'un bon artiste ne soit pas plus utile à l'Etat qu'un bon joueur de quilles.

Rigueur et liberté

Le troisième paradoxe tient dans le fait que l'étudiant est exposé alternativement à une exigence constante dans l'intensité du programme et en même temps à une grande latitude grâce à une responsabilité totale dans sa manière de gérer son temps et ses outils de travail, laboratoires et bibliothèque.

Rigueur et liberté sont difficilement conciliables dans la vie personnelle comme dans l'enseignement. C'est le privilège de la recherche en art car, bien que non élitiste, on n'y est pas moins exposé à un luxe très particulier, celui de pouvoir chercher sans avoir une obligation de trouvaille. Seulement du travail. Jean-Luc Monterosso, qui a embauché d'anciens élèves d'Arles, me disait un jour : "Ce qui est agréable avec tes étudiants, c'est qu'ils sont techniquement au point et en plus, ils sont cultivés."

Et je sais que par son parcours et sa vigilance intellectuelle, Patrick Talbot, au patronyme providentiel à ce poste de directeur, saura non seulement continuer ce travail mais le mener beaucoup plus loin.

Pas formatés mais dans les marges

Depuis la Renaissance, il était usuel de nommer "Temps modernes" les quatre siècles qui ont suivi. Il faudra dorénavant changer de formule. Au XXIe siècle où la science triomphe mais où les zones d'ombre s'accumulent, le monde a besoin de visionnaires. Avec les nouveaux rythmes de vie qui se dessinent à une cadence accrue, depuis la chute du mur de Berlin (la métaphore la plus photographiée avant celle des tours jumelles de New York), la photographie est plus apte qu'aucun autre médium à permettre l'invention de nouveaux niveaux de langage.

En effet, depuis ses débuts, elle s'est développée dans tous les formats possibles (sans parler des multiples procédés techniques d'impression) sur verre, sur Rhodoïd, sur toile, sur papier ou avec pixels. C'est pour cela qu'elle ne court absolument pas le risque de devenir un jour "formatée" selon le mot à la mode, car elle a toujours su s'affranchir des marges et des limites, tout en régnant sur les formes.

La photographie, comme le cinéma et la vidéo, ne peuvent prétendre changer la vie, mais ils peuvent donner des clefs à ceux qui veulent s'y installer pour la mieux vivre afin de pousser l'aventure vers des territoires que ces médias aspirent à visualiser afin de les comprendre.

Dans l'Europe qui se fabrique dans la douleur et qui est nécessaire même si elle demeurera insuffisante, les voies sont étroites entre les aléas du marché, les sortilèges des médias, les suppliques de ceux qui se gargarisent de ne plus penser et les cantiques de ceux qui se vantent de ne croire en rien.

La règle et l'exception

L'ambition d'une école contemporaine de l'image demeure limitée dans un tel contexte de remise en question à tous les étages, pour une société qui doute. Mais elle peut proposer des issues. Bergson disait : "Le problème avec le sucre dans le café, c'est qu'il faut attendre qu'il fonde. Mais, ajoutait-il aussitôt, cela n'empêche pas de tourner la cuillère !" Dans son film *JLG/JLG* de 1995, Jean-Luc Godard faisait l'éloge de l'exception vis-à-vis de la règle en reprenant autrement la dichotomie que Malraux traçait entre l'art et la culture. Godard dit (fort joliment) : "Il y a de la culture qui est la règle et il y a de l'exception qui est de l'art."
Sous le signe de la reproduction du visible, selon Paul Klee ("L'art n'est pas là pour reproduire le visible mais pour nous le rendre visible"), si l'on veut rendre aujourd'hui le visible visible, la pratique moderne de l'image est une ascèse susceptible de se changer en réflexion, or tout ce qui incite à réfléchir dans le domaine du visible peut avoir tôt ou tard des implications pratiques, pour ceux qui le pratiquent eux-mêmes, comme dans le monde où nous vivons.

La photographie est d'abord un moyen d'information, elle peut servir éventuellement comme moyen de communication, elle est essentiellement un moyen d'expression, elle est en outre un moyen privilégié de transmission du savoir. Il est indispensable qu'elle soit un moyen de lecture inventive du monde à façonner si l'on veut donner "un son plus pur aux mots de la tribu" comme le réclamait Mallarmé.
Car il ne s'agit pas seulement des images mais aussi de l'âme des images. Inventeurs et passeurs sont demandés aux urgences.

Robert Frank écrivit :
"Je regarde toujours à l'extérieur,
pour regarder à l'intérieur
afin de dire quelque chose qui soit vrai
Peut-être que rien n'est vraiment vrai
sauf que c'est là, dehors.
Or ce qui est là change tout le temps."

UN RÊVE RÉALISÉ

Lucien Clergue

Lucien Clergue
est un photographe dont les œuvres ont été exposées à travers le monde, dont soixante-quinze livres de photographie ont été publiés, dans lesquels figurent des textes d'auteurs et de poètes prestigieux – au nombre desquels Jean Cocteau, Paul Eluard, Saint-John Perse… Docteur en photographie de l'université d'Aix-Marseille, il est un des membres fondateurs des Rencontres de la photographie et de l'Ecole nationale de la photographie.
Lucien Clergue vit et travaille à Arles.

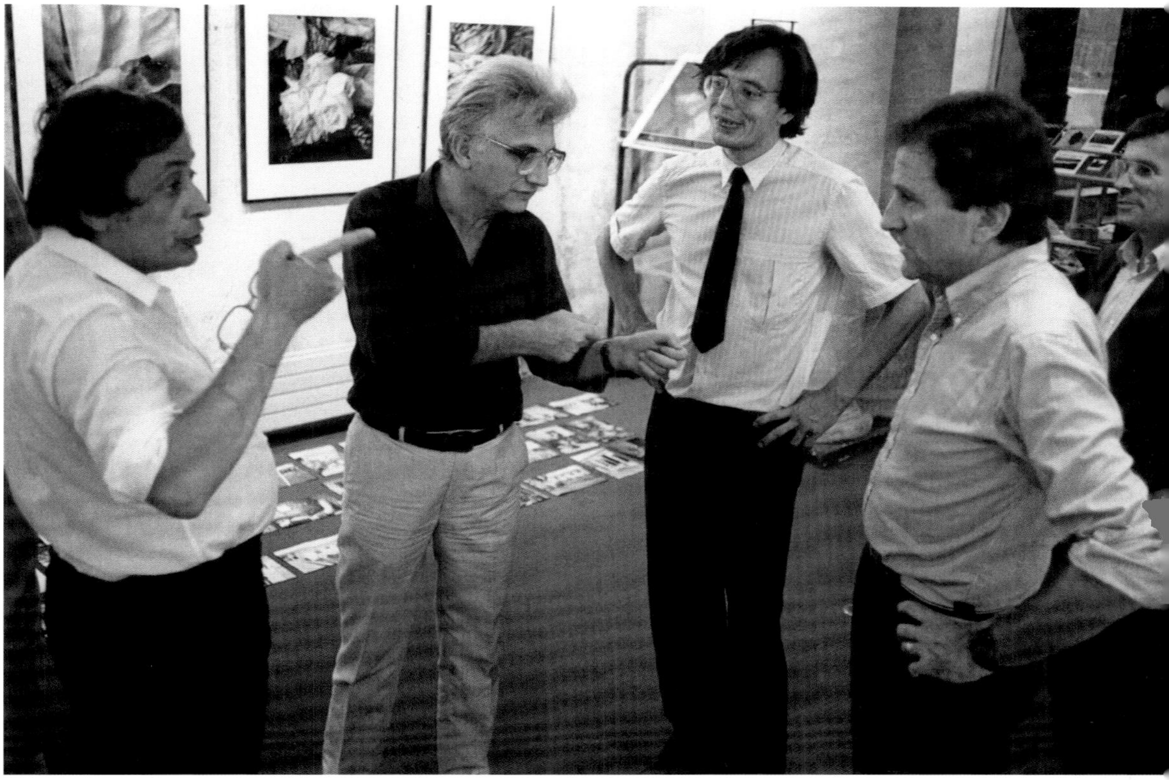

De gauche à droite : Jean-Jacques Rosé (maison Phoenix, sponsor 1983 et 1984), Lucien Clergue, personne non identifiée, Alain Desvergnes et Marc Netter (directeur du "Groupe 7"). Montage d'une exposition à la galerie Arena, juillet 1984.

Lorsque j'ai exprimé ma déclaration d'intention à la naissance des Rencontres internationales de la photographie, j'avais énoncé un programme en trois points : il fallait que cette manifestation ait un aspect ludique mais que l'éducation et la recherche y aient également leur place. Un de nos administrateurs nous interdit aussitôt le mot recherche parce que – disait-il – déjà accaparé par un organisme aux USA, et la pression fut forte. Nous avons évidemment pu réaliser l'aspect ludique par les expositions et les soirées, et la dimension éducative a été assumée par les ateliers qui ont démarré en 1973 et qui n'ont cessé ensuite, jusqu'à aujourd'hui, d'avoir un succès considérable.

L'idée de l'Ecole fut très vite dans l'air, mais comment obtenir sa création? C'est alors que le président Mitterrand offrit ce projet à la ville d'Arles – c'était le quatorzième sur une liste qui comportait déjà les treize autres grands projets. Peut-être le président voulait-il ainsi donner un coup de pouce à l'élection de Michel Vauzelle à la mairie? Elle n'eut lieu que six ans plus tard. Entre-temps, nous étions le premier des fameux quatorze projets à pouvoir fonctionner puisque, grâce à la vigilance du précédent maire, M. Perrot, la ville avait pu acquérir le couvent de la rue des Arènes que je connaissais bien car, dans mon enfance et ma jeunesse, je venais souvent frapper à la porte pour demander à une nonne de venir faire une piqûre à ma mère souvent malade, et elles sortaient alors, d'abord avec leur bicyclette puis plus tard avec leur Vélosolex, arpentant la ville en tous sens, cornettes au vent. Comme dans le bâtiment, destiné à héberger l'Ecole et qui était alors celui des Rencontres, nous avions déjà installé des laboratoires pour le tirage à destination des stagiaires et des salles de finition, auxquels s'ajoutait la bibliothèque qui commençait à s'étoffer depuis la création du grand prix du livre en 1973, nous avons pu ouvrir à la rentrée d'octobre. La présence de ces livres joua un rôle important dans la naissance de l'Ecole car elle était la seule institution ayant la capacité de mettre, comme nous le souhaitions, ces ouvrages spécialisés à la disposition du public.

C'est Alain Desvergnes alors directeur des Rencontres qui fut désigné comme premier directeur. J'étais chargé de cours, d'un séminaire annuel et d'interventions ponctuelles en échange d'un salaire que je devais à la décision du ministre Jack Lang qui, sur la suggestion d'Agnès de Gouvion Saint-Cyr, me l'avait octroyé "en reconnaissance de ce que j'avais fait pour la photographie en France".

Ma satisfaction fut de découvrir de jeunes talents et mon activité pédagogique me permit de trouver parmi les étudiants des jeunes gens intéressés à m'aider pour le tirage de mes épreuves noir et blanc ; à charge de revanche, chaque fois que j'en ai eu l'occasion, je n'ai pas manqué de les recommander pour des expositions ou des emplois temporaires.

Dès l'ouverture de l'Ecole, j'eus l'occasion de rendre visite à Ansel Adams et j'en ai profité pour lui demander quelques paroles d'encouragement à l'intention des élèves : sa réponse fut déconcertante : *"No school, only workshops!"* Nous avions commencé par les ateliers, nous pouvions bien continuer avec l'Ecole et je sais que le troisième volet du programme, consacré à la recherche, existera bientôt.

Je songe à tous ces jeunes sortis d'abord de nos ateliers puis de l'Ecole et qui portent le nom d'Arles à travers le monde. Cela est bien réconfortant et nous paie des efforts que nous avons accomplis avec mon ami Jean-Maurice Rouquette pour l'établissement de tout ce socle photographique qui fait désormais partie du patrimoine arlésien.

FLOT D'IMAGES ET DE COMMENTAIRES

François Barré

Président des Rencontres de la photographie d'Arles, ***François Barré*** *est consultant sur des projets culturels et urbains à Montpellier, Mulhouse, Nice, Saint-Etienne, Nancy. Il fut auparavant délégué aux Arts plastiques puis directeur de l'Architecture et du Patrimoine au ministère de la Culture et président du centre Georges-Pompidou après avoir dirigé le Parc et présidé la Grande Halle de la Villette.*

Le pape vient de mourir. *Infra-mince* est en train de naître. La télévision change tous les programmes. Flot d'images et de commentaires. Les images innombrables emmagasinées depuis le début d'une longue maladie et d'une fin annoncée peuvent enfin sortir des réserves. On s'en donne à "pleur joie". Plus grand mort que vivant? Ce soir certainement. Cela me fait penser à une histoire que racontait Daniel Boorstin : *Une jeune mère se promène dans la rue en poussant le landau dans lequel dort son fils né quelques semaines auparavant. Une amie la croise qui, se penchant sur le bébé, s'émerveille de sa beauté. Oh! ce n'est rien dit la maman, si tu voyais les photos!* Demain matin et les jours suivants, les photos, nous allons les voir et les revoir; jusqu'à l'arrivée du fameux nouveau pape appelé araignée. Et là, flot nouveau d'images de la figure inconnue qu'il conviendra de diffuser et de populariser. Les images nous tombent sous les yeux comme la grêle à Gravelotte, annonciatrices sans doute d'une brume généralisée pour de lointains lendemains. On n'y verra goutte.

Comment voir? Voilà la vraie question.

Question d'aura? *D'apparition unique d'un lointain, aussi proche soit-il?* Peut-être. Le pape comme auteur à l'époque de la reproductibilité technique.

La photographie est jeune. Pas même deux siècles, moins que les nations et les peuples dont on dit qu'ils sont jeunes. Sur l'échelle du temps historique et malgré les extraordinaires accélérations nées de la révolution industrielle, cet art est quasiment né de la dernière pluie. Son histoire ne fait que commencer. Dans la confusion et le surcroît. La photographie est aujourd'hui la "pratique culturelle" la plus répandue dans le monde. Elle patrimonialise l'instant et donne au présent le plus banal des allures de trace faites pour l'éternité. L'*instantané* fait de l'instant un temps; en "arrêtant le temps" il fabrique de la durée, un présent sans fin. Combien de passeports de vieilles personnes (a-t-on encore le droit de dire "vieux", ne faudrait-il pas évoquer le troisième âge ou les séniors?) présentent d'eux une image les montrant encore jeunes, à jamais. Quant aux stars de toutes académies et aux *people* des magazines des accessoires, ne sont-ils pas instantanéifiés en une létale et rayonnante jeunesse? Mais surtout pas d'amertume. La photo donc, qui ne fait plus clic clac, a envahi le monde, de l'intime le plus secret aux guerres les plus violentes, des repas de famille les plus joyeux et les plus ennuyeux aux voyages lointains organisés ou désordonnés. Tout fait image. Chacun de nous est *embedded* dans la grande aventure de la quotidienneté; pratiquant sans être croyant, souvent; mal-voyant parfois; photographiant au fil des jours le "spectacle" du monde. Manière de voir entre actif et passif. Passe-temps, infusion.

Quel écart, quelle distance, dans ces nuées, peut alors, étrangement, faire art et vraiment donner à voir? Je me répète. Voilà encore la vraie question. Comment voir?

Incessante et lancinante, toujours attendue; une Arlésienne. Lucien Clergue, Jean-Maurice Rouquette et Michel Tournier ont décidé de répondre, il y a déjà trente-cinq ans. Les RIP, comme on disait, sont nées d'un désir d'image et de partage, porté par les merveilleux tumultes de mai 68. Le début ressemblait davantage à un festival généraliste mêlant les curiosités des trois fondateurs épris de musique, de cinéma, de récits,

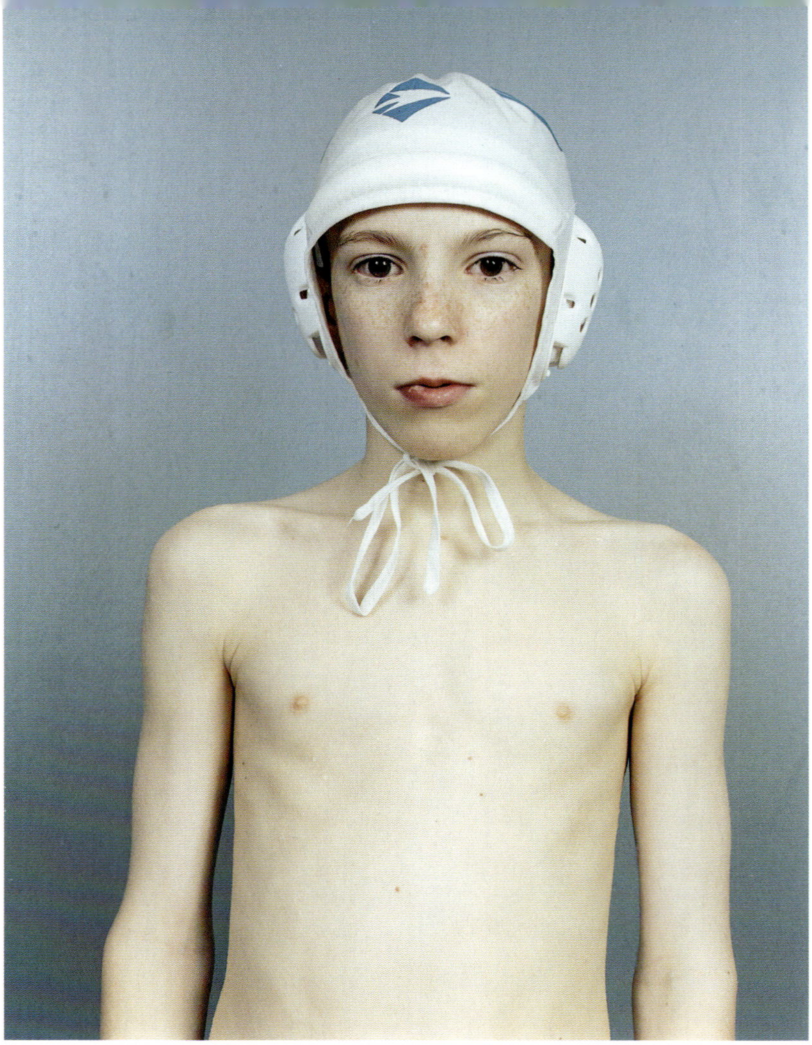

Charles Fréger
Sans titre, de la série
"Water polo", 2000

d'histoire ancienne et de réjouissance. Michel Tournier écrivait alors *Vendredi ou les Limbes du Pacifique*; Lucien Clergue n'abandonnait pas le violon, célébrait les corps mémorables, rencontrait Picasso et Cocteau, filmait le *Delta du sel*; Jean-Maurice Rouquette fouillait déjà l'inépuisable Arles antique et déployait avec faconde et érudition une non moins inépuisable hospitalité. Son musée Réattu fut en effet le foyer central et le départ du feu. Ses collections photographiques, apparues dès 1965, appelaient des rencontres futures. Autour de ce trio de tête, créateur des Rencontres internationales d'Arles en 1970, après que Lucien Clergue a été directeur artistique du Festival d'Arles en 1969, se constitue bientôt une garde rapprochée rassemblant en une même ferveur Jean-Claude Lemagny, Jean-Claude Gautrand, Jean-Pierre Sudre, Denis Brihat, Jean Dieuzaide, Bernard Perrine. On connaît l'histoire depuis lors, bondissante et rebondissante. A Arles (on m'a dit que seuls les Parisiens disaient "en" Arles), il y avait d'abord Arles, la ville incomparable qui se marche et sait rester secrète – c'est le trésor originel –, puis le musée Réattu et les RIP. Mais il manquait alors une pièce essentielle : une école.

On sait que les musées ont aussi été créés pour permettre l'éducation du plus grand nombre et la venue régulière des étudiants. En 1683, l'Ashmolean Museum d'Oxford, premier musée à part entière, a été fondé à partir d'une collection historique et d'un ensemble de curiosités réunies par John Tradescant au cours de ses voyages, en vue de servir à l'illustration des cours de l'université. Parmi tous les mérites de Lucien Clergue, celui-là fut essentiel : il ne cessa de réclamer qu'à côté du déploiement spectaculaire d'images présentées lors des Rencontres, il y ait une forme de réflexion, spéculaire peut-être mais d'abord spéculative,

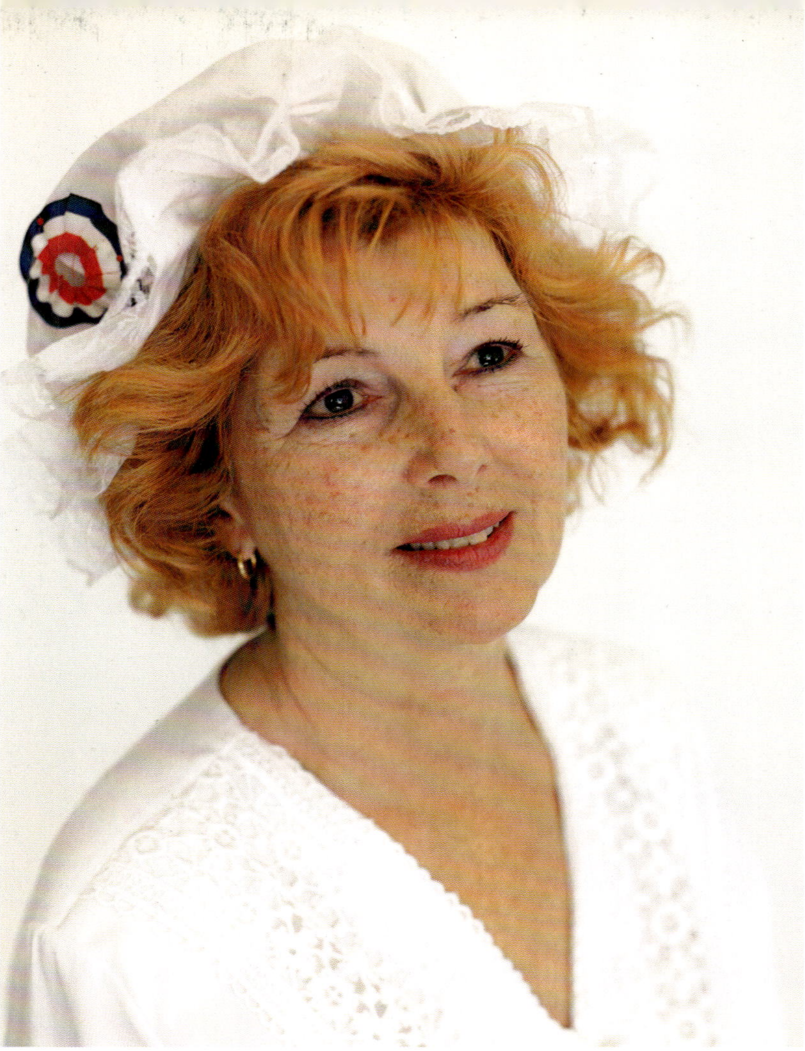

Jean-Luc Moulène/Association La Vie en Pull
Denise ouvrière du textile à Roanne et effigie de la République dite Marianne d'Initiative Populaire, poster 60 x 80 cm, impression couleur sur papier 200 g, 2002

pour penser l'image, son statut, son cheminement et sa diffusion massive. Lorsqu'en 1979, il fait venir Alain Desvergnes qui enseigne à l'université d'Ottawa, c'est parce qu'il veut introduire, au sein des Rencontres, une dimension pédagogique. D'abord responsable des stages, Alain Desvergnes devient directeur artistique des Rencontres en 1980 pour leur dixième anniversaire. Clergue et Desvergnes combattront ensemble, au nom des RIP, se servant de la notoriété de cette manifestation devenue référence mondiale, pour tenter de se faire entendre. Car en ce genre d'aventure, le plus difficile – fût-on le plus beau des phénix – est d'être aperçu et soutenu. Il y faut une énergie sans mesure et l'accointance de quelques bonnes fées. Maryse Cordesse est la première de celles-là. Présidente des Rencontres, elle porte elle aussi le projet. Dès 1979, une esquisse, un CEVA (Centre d'études visuelles d'Arles) voit le jour et même la lumière tamisée des cabinets ministériels. Gaston Defferre en a aussitôt connaissance. François Mitterrand devenu président de la République le nomme ministre de l'Intérieur en charge de la décentralisation et prend auprès de lui, à l'Elysée, un porte-parole nommé Michel Vauzelle. Tout se précipite soudain. Le 26 octobre 1982, les premiers élèves font leur entrée dans l'Ecole nationale de la photographie d'Arles. Les amoureux de la photographie ont gagné. Lucien Clergue attendait depuis dix ans. Les Rencontres qui ont porté le projet et voulu cette école peuvent enfin vivre dans un bain de jouvence photographique, en Arles auprès d'un musée et d'une école.

Les célébrations sont légion en notre pays. Ils me semble parfois que nous avons plus de souvenirs que de projets. Mais il importe de loin en loin de ranimer les flammes et de se rétro-projeter pour aller de l'avant.

Les séquences sont longues et les espoirs d'hier se réalisent lentement. Cette embellie tant attendue, cette alliance tant fantasmée entre les Rencontres et l'Ecole nouvelle n'est pas advenue immédiatement. Il fallait pour l'Ecole le temps de croître et de prendre ses marques et pour les Rencontres le temps de comprendre que l'engendrement ne suffit pas à donner au géniteur une autorité et un droit de suite s'imposant comme une naturelle évidence. Chacun doit pouvoir trouver et prouver son autonomie et ses différences. Il fallait encore compter, pour avancer et finaliser la constitution de l'Ecole, sur la vitesse de déplacement et de décision des autorités publiques, en l'occurrence de l'Etat. Je me souviens qu'en arrivant à la Délégation aux arts plastiques du ministère de la Culture, on m'avait expliqué qu'il convenait de donner très vite un statut d'établissement public à l'Ecole de photographie et de mettre fin à son statut associatif, inadéquat et non conforme à ses ambitions. Rien de plus simple, m'étais-je dit. Aussitôt dit, jamais fait ! Mille et une mystérieuses raisons m'empêchèrent d'aboutir. Mes successeurs ne furent pas plus brillants. A force de lassitude et d'énergie, alchimie propre aux bureaux, l'invraisemblable et l'indispensable s'unirent en 2004 en un établissement public nouveau : l'Ecole nationale supérieure de la photographie d'Arles. Une nouvelle page était tournée. Les efforts de Maryse Cordesse, présidente de l'association, et d'Alain Leloup, directeur de l'Ecole, étaient enfin récompensés. Un bonheur n'arrivant jamais seul, François Hébel, revenu à la direction des Rencontres, peut y dialoguer avec Patrick Talbot, revenu à la direction d'une école.

Il y a trop de photos et pas assez de création. Il y a trop de livres et pas assez de littérature. La tentation est grande d'ajouter le nombre au nombre et de ne rien distinguer puisque tout s'accumule pour faire paysage. Les Rencontres et l'Ecole doivent interroger, se confronter, fourbir leurs armes pour se compléter et s'enrichir mutuellement. Elles ne le pourront qu'en amplifiant chacune, ce que sont leurs spécificités et en ne cherchant surtout pas à se ressembler. Malgré toutes les rigueurs d'une programmation et des choix qui la dictent, les Rencontres vivront toujours au risque de l'effet et du spectaculaire. Malgré toutes les imaginations et les recours intelligents aux talents passés et aux forces du jour, l'Ecole vivra toujours au risque du retrait et de la forclusion. Le risque ne signifie pas la chute, mais implique un état de veille et l'incessant désir de questionner. Fort heureusement pour les Rencontres, l'Ecole a fait son chemin et constitué son histoire et ses parentèles. Ce qu'elle célèbre aujourd'hui n'est pas seulement la sortie d'une première promotion, il y a vingt ans, mais la réalisation d'intuitions originelles et l'acquisition d'une expérience et d'un esprit. "L'Ecole formera, déclarait Alain Desvergnes, non pas des techniciens ou des artistes, mais des personnes capables de réfléchir à partir de la technique maîtrisée et de penser ses diverses utilisations dans un contexte culturel et social aussi vaste que possible... pour former des maîtres d'ouvrage autant que des maîtres d'œuvre." La photographie doit réfléchir sur elle-même avant de réfléchir le monde. Transmettre, exprimer, créer, est-ce prendre en charge la réalité, rejouer la querelle du réalisme, encanailler l'art comme le souhaitait Courbet ? Est-ce présenter ou représenter, former, transformer, ou inventer une autre réalité ? Est-ce proclamer ou faire passage presque subrepticement ? L'infra-mince, selon Duchamp, n'est pas une mesure de laboratoire mais, dit-il, "une catégorie dont je me suis beaucoup occupé pendant ces

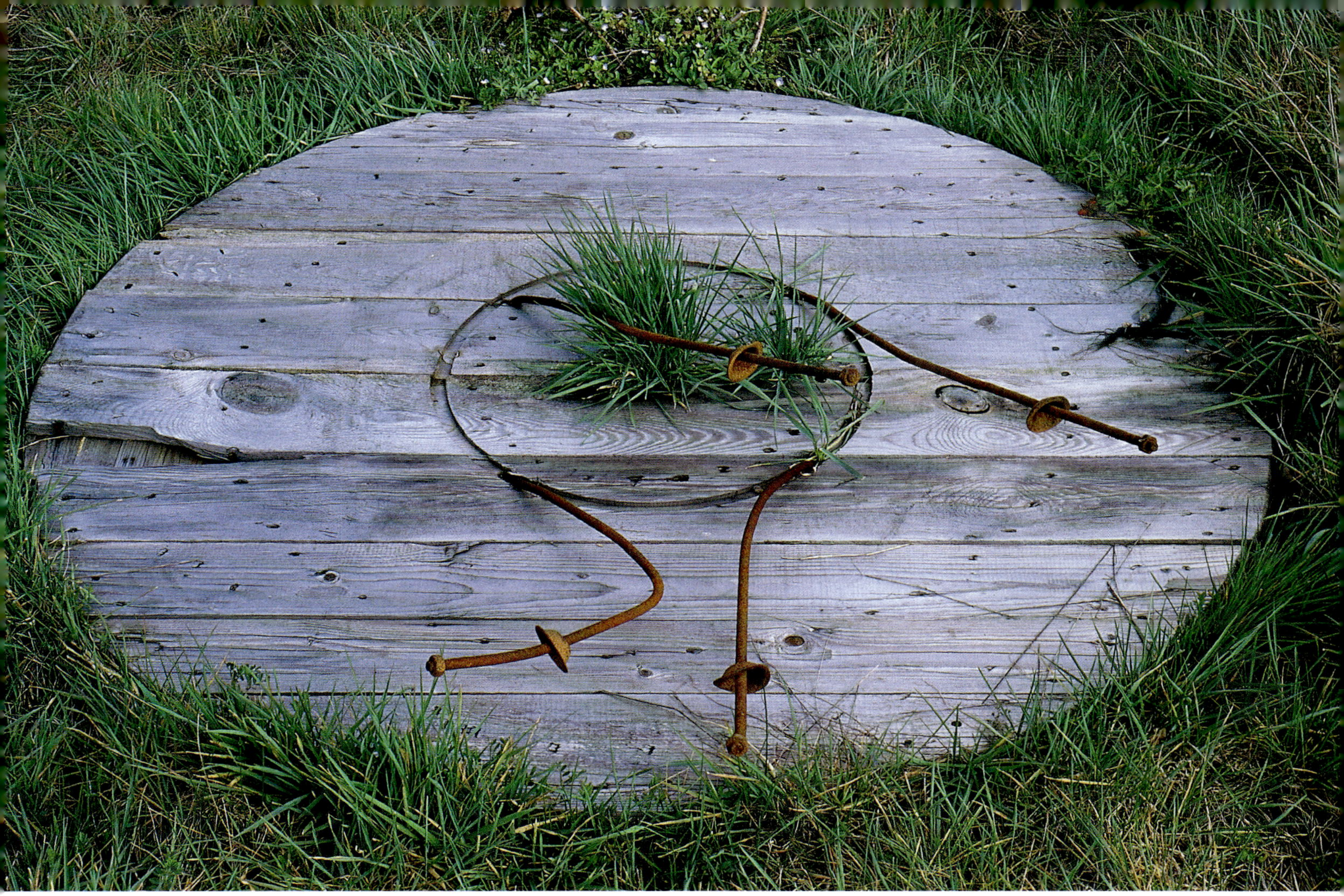

Arnaud Claass
Sans titre, de la série "Mémoire vive", 2003

dix dernières années. Je pense qu'au travers de l'infra-mince, il est possible d'aller de la seconde à la troisième dimension". Cette notion de passage correspond à la nature d'une revue, réservoir des sens, retirement salutaire et base pour un départ prochain. Mais ce glissement progressif convient aussi au statut ambigu de la création photographique prise entre sa nature et sa dépendance techniques et technologiques, sa diffusion massive d'icônes et de marchandises et sa capacité à mettre en péril les apparences et les certitudes. Elle pénètre et sonde en utilisant les recours du fragment autant que les fureurs et épaisseurs du marché. Elle excentre et focalise. L'infra-mince devance les nanotechnologies et trouve en elles comme un écho.

Les Rencontres et l'ENSP ont une histoire nouvelle et se forgent un avenir. La profusion d'images ne va pas décliner. La recherche devient plus nécessaire que jamais. Elle doit être présente au sein de l'Ecole et nous éclairer sur les enjeux du magma photographique où nous vivons. Je rêve d'une recherche savante et approfondie qui trouverait une façon de divulgation au sein des Rencontres et auprès d'un grand public. Arles pourrait devenir, au-delà des Rencontres, la référence en matière d'enseignement supérieur et le rendez-vous annuel des Ecoles d'Europe. L'ENSP est déjà cette référence. Donnons-lui, grâce aux Rencontres, une visibilité et une audience plus larges. L'avenir c'est encore, à Arles, la transformation des ateliers de la SNCF. Lorsque les desseins artistiques, pédagogiques, culturels en viennent à peser sur le destin et la forme d'une ville, alors se joue le plus important, l'inscription territoriale d'une communauté dans une vision commune. Ce lien-là fait la cité.

QUATRE CENT SOIXANTE-DIX-HUIT

François Bazzoli & Christian Milovanoff

François Bazzoli
Historien d'art de formation et historien d'art contemporain par goût des expériences limites et du travail sur la marge, il est professeur titulaire de culture générale à l'Ecole supérieure des beaux-arts de Marseille-Luminy et chargé de cours en art contemporain à l'Ecole nationale supérieure de la photographie. Il a publié sept ouvrages sur l'art du XXe siècle et de très nombreux articles ainsi que des livres en collaboration avec des artistes.

Christian Milovanoff
Artiste, professeur à l'Ecole nationale supérieure de la photographie. Son travail photographique est représenté dans de nombreuses collections publiques et privées. Il a publié des œuvres de fiction et écrit régulièrement des articles sur l'art contemporain et le documentaire en photographie et au cinéma.

On aurait pu faire, à la manière de Georges Perec, un inventaire dans lequel tout ce dont on se souvient serait classé, quatre cent soixante-dix-sept souvenirs, plus un autre, un dernier, pas tout à fait : 478 souvenirs (à suivre). Et dans cette suite annoncée, il y aurait eu des manques et des oublis, volontaires ou pas, des faits et des événements pour lesquels notre mémoire n'a aucune prise.
On aurait pu aussi faire tout autre chose : un annuaire sérieux, documenté, issu des archives les plus fiables et corroboré auprès des impétrants. Tout cela classé par ordre alphabétique avec des index permettant la consultation par âge, nationalité, sexe, insertion, modalité, longueur et type des études, classe sociale, parcours, repérage géographique ou numéro de sécurité sociale. Mais nous avons préféré plus surprenant :

Une image, seulement une image, une vue arrachée à la planète.

Ecrire une image est pourtant une opération plus difficile que la décrire, les touches du clavier ne s'y prêtent pas. Et une image qui a vingt ans de durée (la durée d'une école qui prend forme) s'y prête sans doute moins que d'autres.

Une image lumineuse jeune de vingt ans à peine qui maintiendrait dans son cadre tous les moments graves, joyeux, drôles ou pas, solennels quelquefois que nous avons connus, des instants enfouis, cachés, que seule l'écriture pourra faire ressurgir. Une écriture à l'encre sympathique qui lie le négatif et le positif, qui abrège le “sans temps”, qui oblige l'instant à surnager et le travail à se faire sans secousse.

Une image lumineuse avec assez de noir pour construire une mémoire.

De ce noir surgiront des visages, 478 que d'autres suivront mais, pour chacun d'entre eux, un prénom pourra être donné. On ne les aura pas classés. Ils apparaîtront au gré de notre fantaisie ou des occurrences ou de notre volonté. Ils seront impertinents, graves et joyeux, solennels quelquefois, oui, ils seront beaux, oui. Des visages lumineux avec trop peu de blanc pour louer l'amnésie. Figés dans leur jeunesse et nimbés de leurs parcours futurs, de leur réussite même. Surgiront aussi, dans les ombres du fond, quelques fantômes de pédagogues, d'érudits, de créateurs, et une bibliothèque, et sur ses rayonnages des milliers de livres, tous classés par ordre alphabétique, mais aussi par genre, par discipline artistique, par grandeur de format aussi, des livres de photographies, des livres d'art isolés des précédents, mais pourquoi donc?, des livres rares, fragiles, mis en réserve, des livres dits de cours, des romans, des dictionnaires, tout l'œuvre peint des maîtres anciens, des ouvrages techniques, des journaux, des revues, elles aussi répertoriées, et tous les numéros de *L'Illustration*.

Dans toutes ces publications ou presque, des articles, des biographies, des bibliographies, parfois seulement des préfaces ou, à l'inverse, des tomes entiers parleront de tous ceux qui sont sortis de ce lieu, de leurs

Joséphine Michel
Extrait de la projection *alt. r*,
2005

travaux, de leurs images, de leurs recherches, de leur mémoire : une pinacothèque autant qu'une bibliothèque dans laquelle prennent place d'innombrables images. On y trouvera tout le répertoire des genres photographiques comme si leurs auteurs considéraient que ce qui avait été fait ne l'était pas suffisamment. Il y aurait des portraits, de face et de profil, plans éloignés ou pas, d'autres visages encore anonymes ou proches dans la nature cette fois. Il y aurait des paysages connus, lointains, des architectures syriennes, vietnamiennes, et des villes, São Paulo, La Havane, New York, des villages de l'ex-Yougoslavie. On y trouverait des vues d'intérieurs et des fenêtres. Des salons bourgeois et des caravanes. Des taudis à la périphérie des villes. Des cours libanaises et des enfants jouant autour d'une fontaine. Les rives d'un fleuve près d'une baraque en démolition. Une usine hydroélectrique et des friches industrielles bien sûr ou, plus singulièrement, une table partagée par un rai de soleil violent. D'autres images encore sur lesquelles une foule de fantômes se penchent.

Ectoplasmes parmi les fantômes, certaines figures représentées sont pourtant bien vivantes. Accomplissant des parcours fulgurants, créant des concepts ou des images, dirigeant des lieux ou des hommes, allant vers des ambitions déterminées ou menant des carrières volages, ils s'éloignent ce faisant des images qu'ils ont été.

L'image s'anime maintenant. Aux fantômes érudits et artistes, aux ombres de fond donc, à cette foule d'invités épisodiques ou réguliers, c'est-à-dire permanents ou intermittents, viennent se joindre d'autres figures : un ethnologue, un chorégraphe, un dessinateur de bandes dessinées, des historiens et des philosophes, un cinéaste, deux, trois cinéastes, des vidéastes, d'autres artistes, des photographes, bien sûr, en nombre. Tous viennent voir et revoir ceux qui, en image, nous racontent des histoires d'anonymes et de proches et nous montrent des paysages inconnus, des villes américaines ou hongroises, les taudis à la périphérie d'Arles, le fleuve qui traverse cette ville où la photographie est comme une endémie, où la photographie se montrait bien avant de s'apprendre. Un encombrement d'images dans la plus vaste commune de France qui incite à vivre plutôt qu'à périr. Une leçon d'images qui est aussi une leçon de choses. A présent on ne dira rien de plus de cette ville. O beauté des ruines.

Cette image lumineuse que plus de 478 visages animent s'obscurcit maintenant comme si elle ne pouvait se donner entièrement en dévoilant toute son étendue, préférant conserver en elle des pans secrets que nul ne pourra décrire. Certains, à vouloir regarder de plus près ces morceaux obscurs, s'y sont perdus. Peut-être que ce sont eux qui habitent ces plages noires. D'autres qui savent ne veulent pas témoigner de ce qu'ils ont vu. Ils diront seulement qu'il y a une route et dans le fossé qui la longe une voiture accidentée. Ils disent qu'il y a un carrefour, une balustrade vermoulue, plus loin un jeune homme blond et qui regarde désespérément par-delà une fenêtre. Ils n'en diront pas plus. O ruines de la beauté.

Le texte non plus ne veut pas en dire plus : pas de noms, hormis celui de la ville, pas de description précise. Ce que dit le texte est avant tout du non-dit. Non pas que l'on ne veuille pas nommer les faits, les choses, les événements graves et joyeux, solennels quelquefois, non pas que l'on ne puisse pas associer aux 478 visages et plus un prénom, mais dans l'image nous n'avons pas trouvé de plages suffisamment larges pour inscrire des mots, nos propres mots, tous les mots qui nous viennent et qui recouvriraient peut-être toute l'image, s'ils venaient à trouver place, ou qui empiéteraient sur elle au point de la rendre illisible, irregardable, comme des tatouages, des lettres à même la peau, sur les objets. Les mots précisent des situations, soulignent des différences ou des ressemblances, tentent de construire l'histoire en abandonnant les histoires personnelles. Vingt ans de promotions ne constituent pas un fait avéré, mais un nombre incalculable d'émiettements importants, une somme d'anecdotes décisives. Bien plus de destins que de noms, de bifurcations que de lignes droites. Ce qui se tatoue ainsi, ce ne sont pas des mots mais des scarifications intimes qui se laissent voir sans se laisser dire.

Il advient, dans cette vaste photographie, une chose étrange, nous sommes tous ensemble et nous sommes tous seuls. C'est dans la durée que le temps nous rassemble. Mais l'instant présent nous rive à notre isolement. Est-ce un réseau, ce maillage qui tente de retisser une cohérence? Facilité, pourtant, de solliciter l'invisible pour combler les vides. Invisibles la transmission, l'entraide, la filiation. Invisibles, oui, pour ceux, c'est-à-dire les actuels analphabètes, qui ne savent pas voir, ceux qui ne regardent jamais une image, ceux qui l'absorbent sans trop réfléchir au nom de la modernité et pire, au nom de la postmodernité, ceux qui tournent le dos aux images en se réfugiant dans le confort des vieilles religions artistiques. Pourtant, si l'attention est un tant soit peu maintenue, alors il apparaîtra clairement que ces creux et ces vides sont inexistants, que l'éparpillement de ces 478 énergies et plus n'existe guère. Dans cette vaste photographie qui se révèle patiemment, une multitude de solitudes solidaires est animée par un même désir. Elles ne le savent pas ou l'entrevoient à peine, mais il suffit d'être passé sous les mêmes fourches caudines du même enseignement pour que le désir, les désirs se ressemblent. Nulle allusion à un formatage dans ce qui vient d'être dit. Seulement le pressentiment que d'avoir voulu venir dans un lieu précis supposait déjà une volonté, des envies, des savoirs à venir.

Lorsqu'on idéalise le parcours qu'on doit faire, des illusions se perdent parfois au fil du temps mais la passion demeure, intacte. Tout au plus elle s'en trouve modifiée et recouvre avec la même intensité d'autres

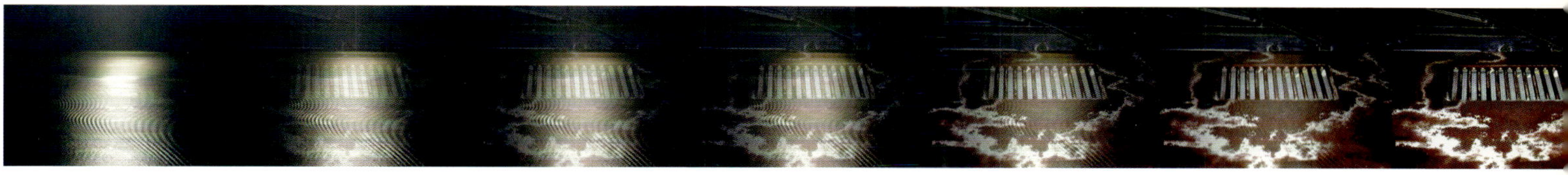

Joséphine Michel
Extrait de la projection *alt. r,*
2005

territoires. Vouloir être reporter et devenir quelques années plus tard critique ou historien, conservateur. Désirer être artiste et exceller dans l'enseignement de l'art. Vouloir faire des images et continuer d'en faire vingt ans plus tard. Peut-être pas exactement dans la branche ou le genre qu'on aurait voulu, mais en appartenant à une famille d'esprit où l'entraide signe une évidence de la formation. Une quasi-similitude de réactions face au monde des images et au monde qui ne les accepte plus. Produire des images, les conserver, les restaurer, les commenter, les montrer sans participer au grand flot qui enrobe le quotidien, c'est le plus beau, le plus fin et le plus discret des signes de reconnaissance.

Et pour en arriver là, il aura fallu marcher, revenir sur ses pas, recommencer, arpenter le lieu et les mille recoins qu'il recèle, connaître des salles aux noms célèbres, puis les mêmes salles renommées cette fois-ci et affublées de quelques couleurs, bleu, rouge, jaune. Il aura fallu fréquenter des lieux souterrains emplis de bruit et de chaleur, les salles des machines anciennes, tous ces postes de travail numérotés où s'accomplissent toutes les transformations chimiques, lieux magiques pour les néophytes, demeures naturelles pour les techniciens et les spécialistes, l'endroit même où s'exercent le noir et le blanc et la couleur. A l'étage, des pièces plus claires où sont alignés des moniteurs, des ordinateurs, d'autres machines, plus modernes dira-t-on, mais tout aussi archaïques somme toute, diaboliques, car ce sont les mêmes gestes qui les activent et ce sont les mêmes opérations qui y sont à l'œuvre. Technologies de l'image, qui l'accompagnent, qui s'allient à elle, technologies de pouvoir et de savoir pour qu'advienne la photographie : cadrage, repérage, correction des couleurs, d'intensité, de luminosité et de contraste, maquillage ou comment dresser l'image ? Retour à l'antique donc, à moins que cet antique n'ait été, dès son apparition, terriblement moderne dans son appareillage physique, chimique, c'est-à-dire dans son dispositif même.

Il y a longtemps que l'argentique a été remplacé par le numérique, au moins pour les photographies des promotions. Elles sont là, à côté des blancs qu'il faut pour accueillir ce qui viendra et ceux qui viendront. Des dizaines de vignettes bien rangées, d'abord en noir et blanc contrasté, puis en couleurs numériques. On en connaît le nombre. Elles sont comme garées entre l'auditorium (que certains fréquentaient peu) et les communs. Entrera-t-on dans l'auditorium ? Il est bien vide car il est tard et c'est le week-end. Quelques petites lampes de lecture sont restées allumées et trouent le silence autant que le noir. Ira-t-on vers les sanitaires ? Non, puisque l'obscurité y est encore plus noire. On retourne sur nos pas. A chaque année un trombinoscope,

Joséphine Michel
Extrait de la projection *alt. r.*
2005

poses sérieuses ou comiques, l'auditorium occupé maintenant. Par-delà la porte, on entend quelques voix, une dispute, des coups de feu, une voiture qui démarre, une musique de générique de fin de film. La porte s'ouvre. Animation. Reprendre le mouvement à son début.

La grille coulissante comme l'obturateur d'un appareil photographique !
Le jardin où il y avait un acacia mais où s'élève encore un palmier !
Le jardin ou la cour avec ses graviers et ses chats !
La double porte en bois opaque cachant d'autres portes vitrées, celles-ci ouvrant à droite et à gauche sur des bureaux administratifs, la joie dans le travail !
Le grand hall... et la maladresse de l'ouvrier qui découvrit le sublime plafond !
Et l'escalier de pierre surplombé d'une horrible peinture, goût inactuel des gouvernants !

L'auditorium à nouveau d'où sortent des étudiantes et des étudiants, bien vivants, bien de leur temps, et qui, d'un coup, tempèrent notre lyrisme un peu déplacé. Un hôtel particulier à l'ordre classique abrite donc maintenant une école nationale de la photographie. Avec un passé récent, avec ses difficultés et ses miracles, avec ses restrictions et ses largesses, ses pragmatismes et ses idéaux. Et plus de 478 visages qui l'animent aujourd'hui en tous sens et dans toutes les directions, ici et ailleurs, ce qui donne ce tableau éblouissant, rayonnant, vivant. Et un peu fatigant aussi, il faut le dire, quand on additionne les efforts, les stress, les erreurs, les bévues (des deux côtés), les rendez-vous manqués, les non-dits, les non-sens, les chassés-croisés et les ratages qui sont d'un nombre bien plus grand que 478. Dans un petit livre de 1966, *Une histoire modèle*, Raymond Queneau commence sa mise en axiome de l'histoire par : “L'histoire est la science du malheur des hommes.” Dans un lieu d'enseignement, si les étudiants heureux n'ont en effet pas d'histoire, bonheurs et malheurs sont irrémédiablement liés. Bonheur des ratages, des errements et des angoisses car en art, sublime luxe, on avance toujours sur des sables mouvants et l'on peut toujours s'arrêter, bifurquer, revenir en arrière, repartir en avant, jouer des points de suspension, ce qui, enseignera Roland Barthes, “différencie l'artiste de l'homme politique qui termine, lui, toujours ses phrases”. Bonheur du recommencement. Mais malheur également quand c'est fini car le “sais pas quoi faire ! qu'est-ce que je peux faire ?” d'Anna Karina ressurgit alors.

Un texte, une phrase, une citation, une ou deux images suffiront à rallumer la forge. Cela peut se passer n'importe quand, au milieu d'un cours, dans une discussion, un échange, dans un séminaire, une rencontre, la nuit même puisque l'école, merveilleux privilège, se donne encore à ceux et celles qui en quelque sorte l'honorent. Et maintenant, sous la lampe de l'agrandisseur, sur l'écran de l'ordinateur ou dans le studio, des images se forment lentement. Elles renaîtront ou pas, plus tard, sur les murs de la galerie, en série, en séquence, en mosaïque, avec des rythmes et des intervalles.

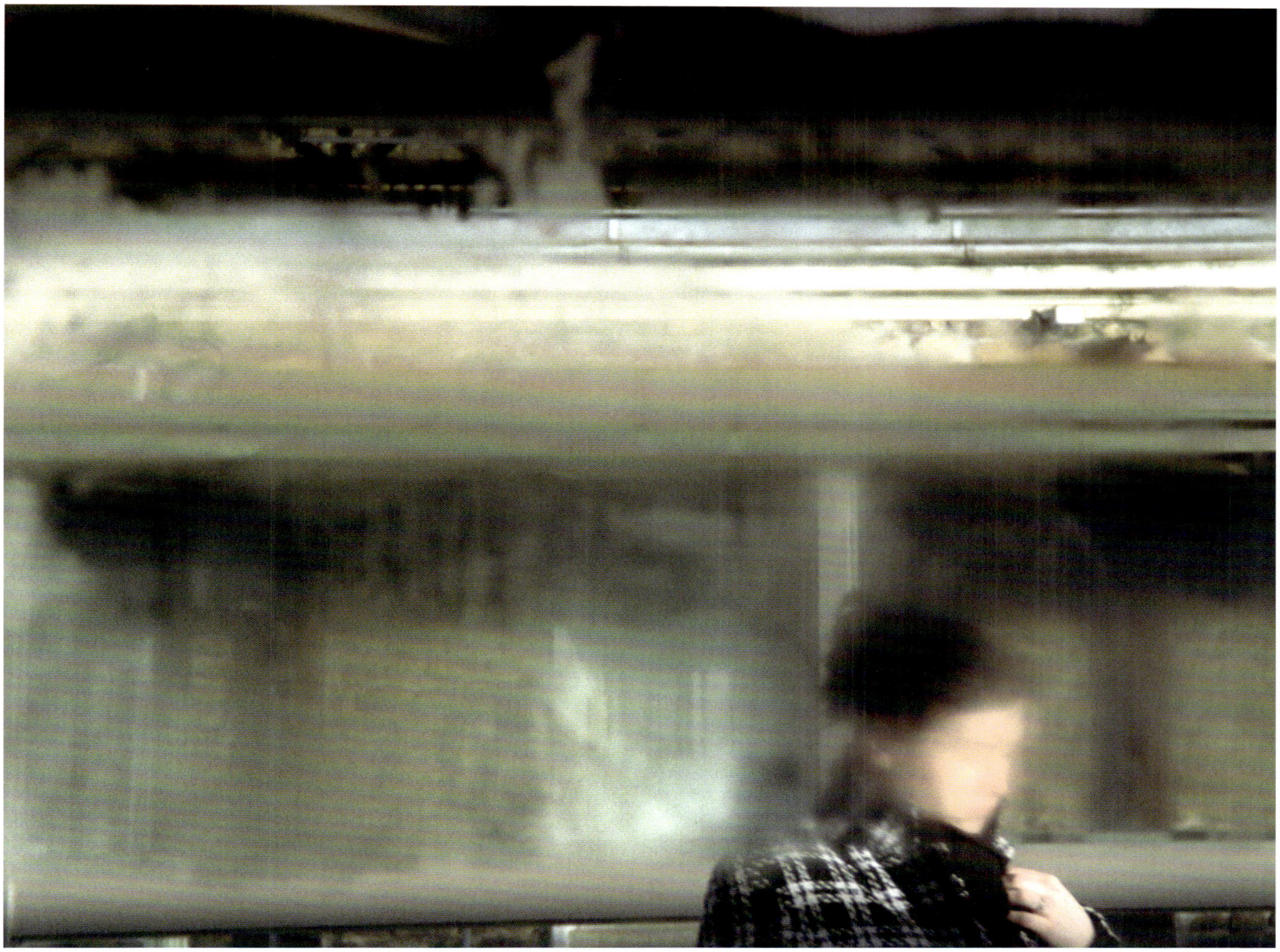

Elles pourront prendre forme dans un livre ou être associées à des sons, des musiques, des récits, des témoignages. Il faut imaginer. Il faut imaginer, en effet, mais pas n'importe quand, pas n'importe quoi, pas n'importe où : il faut imaginer sa vie. Celle des autres aussi.
Sortons dans le jardin car le printemps arrive.

INTERVENANTS

Personnalités invitées à intervenir à l'ENSP entre 1982 et 2005

Serge Abrahami ■ Henri Agel ■ Miguel Aguilar ■ François Albéra ■ Sabine Amoore ■ Dominique Angel ■ Georges Appaix ■ Jean Arrouye ■ Jane Evelyn Atwood ■ Yves Aubry ■ Dominique Auerbacher ■ Rodolphe Aute ■ Pierre-Eric Baida ■ Jean-Christophe Bailly ■ Patrick Bailly-Maître-Grand ■ Itsvan Balogh ■ Lewis Baltz ■ Dominique Baqué ■ John Batho ■ Edmond Baudoin ■ Jean-François Baumard ■ Gabriel Bauret ■ Jean-François Bauret ■ Michel Beaumont ■ Raoul Beceyro ■ Dominique Belloir ■ Uwe Bernhardt ■ Patrick Bernier ■ Patrick Bertholdy ■ Jacques Bimbini ■ Robert Blake ■ Patrick Blanc ■ Séverin Blanchet ■ Frédéric Bortolotti ■ Michel Bouvard ■ Patrick Box ■ Jean-Yves Brégand ■ Catherine Bremier ■ Claude Bricage ■ Pierre Brochet ■ Denis Bruckmann ■ Karl Bruder ■ Frank Buschardt ■ Jean-Marc Bustamante ■ Michel Cabellic ■ Giovanna Calvenzi ■ Bruno Capet ■ Jean-Paul Capitani ■ Anne Cartier-Bresson ■ Christian Caujolle ■ Michel Cegretin ■ Gintaras Cesonis ■ Camille Chaix ■ Daniel Challe ■ Serge Challon ■ Sylvain Charles ■ Enna Chaton ■ André Chene ■ Antoine Chené ■ Clément Chéroux ■ Florence Chevallier ■ Yves Chevrefils-Desbiolle ■ Jean-François Chevrier ■ Michèle Chomette ■ Luc Choquer ■ Roman Cieslewicz ■ Lucien Clergue ■ Lynne Cohen ■ Claude Collard ■ Georges Comet ■ Pierre Cordier ■ Maurice Coriat ■ Lucienne Cornu ■ Alain Coulange ■ Jean-Louis Courtinat ■ Bernard Coutaz ■ Francis Coutelier ■ Mario Cresci ■ Michel Cresp ■ Jean-Paul Curnier ■ Hubert Damisch ■ Jean Damoiseaux ■ Jean-Luc Daval ■ Michelle Debat ■ Thierry Defert ■ Jean-René Delcaire ■ Robert Delpire ■ Jean-Pierre Demoly ■ Pierre-Olivier Deschamps ■ Antoine Desjardins ■ Eric Dessert ■ Paul Devautour ■ Pierre Devin ■ Jean Dieuzaide ■ Geneviève Dieuzeide ■ Daniel Dobbels ■ Pascal Dolémieux ■ Claire Doutriaux ■ Tom Drahos ■ Roland Dufau ■ Jean-Marie Duhard ■ Georges Dupin ■ Régis Durand ■ Gilles Dusein ■ Yves Esquieu ■ Evergon ■ Yann de Fareins ■ Arlette Farge ■ Jean-Paul Fargier ■ Pierre de Fenoyl ■ Claude Ferrand ■ Alain Fleig ■ Alain Fleischer ■ Jean-Marie Floch ■ Marc Flores ■ Vilem Flusser ■ Philippe Foliot ■ Joséphine Forge ■ Catherine Fournial ■ Jean Frapat ■ Gisèle Freund ■ Michel Frizot ■ Peter Gabor ■ Dominique Gaessler ■ Marc Garanger ■ René Gardies ■ Max Garnier ■ Emmanuel Garrigues ■ Luce Garrigues ■ Christian Gattinoni ■ Guillaume Geneste ■ Ariane Gérin ■ Catherine Gfeller ■ Isabelle Giannattasio ■ Maryvonne Gilotte ■ Albert Giordan ■ Pierre Giquel ■ Thierry Girard ■ Françoise Giroux ■ Arno Gisinger ■ Marc Gissinger ■ Alain Glasberg ■ Jacques Godard ■ Itzak Goldberg ■ Adèle Goodine ■ Charles Goosens ■ Agnès de Gouvion Saint-Cyr ■ Bernard Goy ■ Michel Granon ■ Stanley Greene ■ Hubert Grooteclaes ■ Pascal Guédin ■ Yves Guillot ■ Jackie Guindet ■ André Gunthert ■ Antonio Guzman ■ Nathalie Hainaut ■ Christian Hannequin ■ Andreas Hartmann ■ François Hébel ■ Françoise Heilbrun ■ Jean-Pierre Hemery ■ Emmanuel Hermange ■ François Hers ■ Franck Hirsch ■ Ariadne Hourq ■ Françoise Huguier ■ Patrick d'Humières ■ Serge Hureau ■ Jacques Ingrand ■ Marguerite-Marie Ippolito ■ Marc Jacquin ■ André Jammes ■ Paul Jay ■ Alain Julien-Laferrière ■ Irmeli Jung ■ Jonathan Kaplan ■ Daniel Karlin ■ Beny Karmasine ■ Mindaugas Kavaliauskas ■ Jean Kempf ■ Michel Kempf ■ Michael Kenna ■ William Klein ■

Olivier Koechlin ▪ Bogdan Konopka ▪ Craig Koshyk ▪ Karl Kugel ▪ Arnaud Labelle-Rojoux ▪ Suzanne Lafont ▪ Rémi Lainé ▪ Bernard Lamarche-Vadel ▪ Frédéric Lambert ▪ Xavier Lambours ▪ Thierry Lamorlette ▪ Jean Larivière ▪ Chantal de Lassus ▪ Bernard Lattay ▪ Olivier Lavandet ▪ Bertrand Lavedrine ▪ Charles La Via ▪ Daniel Lebée ▪ Monique Legœuil ▪ Elisabeth Le Grand ▪ Jean-Claude Lemagny ▪ Yvon Le Marlec ▪ Guy Le Querrec ▪ Doreen Lindsay ▪ Sylvain Lizon ▪ Pierre Lobstein ▪ Alain Longuet ▪ Claude Maggiori ▪ Jean-François Malamound ▪ Loïc Malle ▪ Laurent Malone ▪ Dolorès Marat ▪ Bernard Marbot ▪ Jean-Yves Martin ▪ Michel Massi ▪ Claude Massu ▪ Nicolas Mattei ▪ Claudine Maugendre ▪ Michel Melot ▪ Claude Menges ▪ Jean-Michel Meurice ▪ Bernard Millet ▪ Jacques Minassian ▪ Joachim Mogarra ▪ Stéphanie Moisdon ▪ Pierre Montel ▪ Jean-Michel Montfort ▪ Jean-Pierre Montier ▪ Gilles Mora ▪ Sylvain Morand ▪ John Morris ▪ Yan Morvan ▪ Jean-Luc Moulène ▪ Pascal Mouton ▪ Michel Moy ▪ Hans-Walter Muller ▪ Isabel Muñoz ▪ Jean-Luc Nancy ▪ Anne Nancy-Bichvili ▪ Joseph Nègre ▪ Marie-Paule Nègre ▪ William Normand ▪ Marie-Claude Nouaille ▪ Pierre-Emmanuel Nyeborg ▪ Françoise Nyssen ▪ Hubert Nyssen ▪ Jean-Paul Oberthur ▪ Jacques Ostier ▪ Paul Ouazan ▪ Martin Paar ▪ Arnaud des Pallières ▪ Michel Paradinas ▪ Yann Paranthoën ▪ Christian Parducci ▪ Françoise Parfait ▪ Marc Pataut ▪ Yves Pauwels ▪ Maurice Pelinq ▪ Elvire Perego ▪ Pierre Pérouse ▪ Jean-Marie Pérouse de Monclos ▪ Catherine Perret ▪ Philippe Picquier ▪ Dominique Piollet ▪ Thomas Planque ▪ Monique Plon ▪ Bernard Plossu ▪ Eric Poitevin ▪ Michel Poivert ▪ Marie-Domitille Porcheron ▪ Lieve Prins ▪ Robert Pujade ▪ Françoise Quardon ▪ Hervé Rabot ▪ Mostafa Ramezani ▪ Richard Ramsdell ▪ Thierry Raspail ▪ Jean Rault ▪ Claude Raymond-Dityvon ▪ Sylvie Rebbot ▪ Jean-Pierre Rehm ▪ James Reilly ▪ François Reinhart ▪ Christine Reinke-Rousseau ▪ Siegfried Rempel ▪ Alain Renaudo ▪ Pierre-Lin Renié ▪ Gérard Réveillac ▪ Gilles Rey ▪ Françoise Reynaud ▪ Reza ▪ Marc Riboud ▪ Denis Roche ▪ Patrick Roegiers ▪ Michel Rohmer-Kretz ▪ Alexandra Rojo ▪ Claude Rollin ▪ Grant B. Romer ▪ Jean-Jacques Rose ▪ Naomi Rosenblum ▪ Walter Rosenblum ▪ André Rouillé ▪ Jean-Maurice Rouquette ▪ Eva Rubinstein ▪ Jean Sagne ▪ Djamila Sahraoui ▪ Philippe Salaun ▪ Sebastião Salgado ▪ Bernard Salignon ▪ Jacqueline Salmon ▪ Erik Samakh ▪ Philippe Schilling ▪ Jacques Serena ▪ Paola Seretti-Roussies ▪ Yan Slettenhaar ▪ Ed Sommer ▪ Pierrick Sorin ▪ François Soulages ▪ Radu Stern ▪ Benjamin Stora ▪ Christine Stotzenbach ▪ Michel Strauss ▪ Beat Streuli ▪ Jean-Pierre Sudre ▪ Marilyn Suriani ▪ Gabor Szilasi ▪ Paul Sztulman ▪ Jean-Pierre Tarnowski ▪ Catherine Tauveron ▪ Joyce Tennesson ▪ Jean-Pierre Thiebaut ▪ Serge Tisseron ▪ François Tisseyre ▪ Patrick Tosani ▪ Muriel Toulemonde ▪ Georges Tourdjman ▪ Nicolas Treatt ▪ Marc Trivier ▪ Michel Trois ▪ Christine Van Asche ▪ Madeleine Van Doren ▪ Jan Van Leeuwen ▪ Martine Vasselin ▪ Jean-Michel Vecchiet ▪ Lucien Veran ▪ Dejan Vekic ▪ Yves Vernhes ▪ Denis Vicherat ▪ Rosaline Videau ▪ Roger Vilder ▪ Jacques Vilet ▪ Jean-Louis Vinola ▪ Jean Vola ▪ Ghada Waked ▪ Isabelle Waternaux ▪ Teri Wehn Damisch ▪ Cuchi White ▪ Gérard Wurtz ▪ Irmelé Young

FRAGMENT PÉDAGOGIQUE

Arnaud Claass

Arnaud Claass est né à Paris en 1949.
Il a publié récemment Mémoire vive *(2004),* L'Image décentrée *(2003),* Patience *(2000) et prépare actuellement son prochain livre,* Nuit optimale.
Outre son enseignement à l'ENSP, il a été artiste invité à l'ICP de New York et à l'Ecole de Vevey de 1997 à 2002.

Au cours d'un débat diffusé voici quelques années, un artiste déclara qu'à son avis les écoles d'art devraient dispenser un enseignement académique afin de susciter chez leurs étudiants la révolte indispensable à toute création novatrice. Ce scabreux paradoxe perpétuait l'idée du conflit comme ferment idéal de la liberté. En cela il s'opposait à une double forme d'utopie collective et d'appel à la singularité, mise en œuvre par exemple au Bauhaus et plus tard au Black Mountain College, pour mentionner deux exemples cruciaux de l'histoire de l'enseignement artistique. Lorsqu'on observe de l'intérieur l'évolution d'écoles aussi atypiques que l'ENSP et d'autres établissements comparables à l'étranger, soucieux d'envisager la multiplicité des usages, réputés artistiques ou non, de la photographie, l'une des choses les plus remarquables est le changement de nature de la demande pédagogique formulée par ceux et celles qui s'en font une vocation. Le problème bien connu de la norme et de l'écart ne cesse de se déplacer.

Pour brosser à grands traits un tableau arlésien, je dirais qu'au début des années 1980, les jeunes gens qui entamaient leurs études avaient le sentiment diffus de s'engager dans une discipline qui présentait encore certains traits d'une contre-culture face à la respectabilité des arts établis. En art "pur" comme en photographie "appliquée", dans la pratique comme dans la théorie, il s'agissait pour eux d'affirmer la complexité et la profondeur d'un moyen d'expression jusque-là peu connu en France en dehors de quelques figures canoniques, réduit à la fonction d'ustensile, décidé aussi à réfléchir sur ses propres données.

Puis il y eut une seconde période, durant laquelle la photographie acquit, selon l'expression consacrée, ses lettres de noblesse et fut intronisée par la sphère muséale, jusqu'à ce que la recherche de l'exposant "art" commence à ressembler selon certains à une obsession maléfique.

Pour autant que je puisse en juger, nous sommes aujourd'hui dans une troisième phase où se pose parfois fortement la question du prix symbolique que pourrait avoir à payer la photographie pour sa respectabilité, cela pour deux raisons : d'une part le monde de l'art ne parvient toujours pas à énoncer de façon réellement convaincante les motifs pour lesquels il appose son label à telle ou telle pratique photographique et pas à telle autre (ce qui le pousserait à un examen de ses propres frontières encore plus audacieux que celui auquel il se livre actuellement) ; d'autre part il passe pour se réduire toujours plus à son marché, même (surtout ?) lorsqu'il se veut politique.

Derrière ces interrogations stimulantes a perduré à l'Ecole d'Arles, me semble-t-il, l'éternel défi de la photographie, qui est à la fois un art, un non-art, ni l'un ni l'autre et peut-être les deux à la fois, c'est-à-dire une discipline superbement indécidable. A la multiplicité de ses pratiques elle ajoute une apparente facilité d'accès – et donc une difficulté extrême pour celui qui met en elle ses plus hautes exigences. Son enseignement en est rendu à la fois passionnant et redoutablement complexe.

En effet, certains de ses aspects sont traversés par les mêmes lignes de contradiction que l'art tandis que d'autres, transhistoriques d'une certaine manière, leur sont indifférents. De vastes contrées de son territoire restent rebelles aux approches classificatoires ou hiérarchisantes, aux définitions génériques, aux récits linéaires dont l'histoire générale de l'art essaie au reste de se débarrasser. Je l'ai constaté une fois encore récemment après une étourdissante conférence sur la photographie par quelqu'un à qui je demandai ensuite si ses idées pouvaient s'appliquer à Jeff Mermelstein et qui me répondit : "Mermelstein ? C'est qui ?"

C'est à peu près comme si je faisais une conférence sur la musique de ces vingt dernières années sans savoir qui est Beth Gibbons. On le voit aisément lorsqu'on nourrit quelque passion pour la pédagogie, la nature résolument anomalique de la photographie, la multiplicité de ses usages, sa résistance à toutes les grilles d'approche héritées de l'art savant font merveille car elles ne cessent de réorienter les enjeux de la négativité. Il n'est pas étonnant qu'elle puisse servir parfois à un discours historiciste, qui peut parler de ce qu'il ne connaît pas, ou à un discours de supériorité "orienté art", qui ne retient souvent d'elle que ce qui convient à ses implicites ou à ses théories, c'est-à-dire à des opinions érigées en systèmes.

Objet d'une autonomie *relative*, d'un savoir, de modes de diffusion, d'édition, de monstration bien au-delà du monde de l'art au sens strict, la photographie n'a pas à lutter contre la vieille idée de la culture comme instance patriarcale et surplombante : elle déborde toujours déjà une telle conception car elle se distribue au carrefour des "beaux-arts", de l'industrie, des mass media et de la littérature. Sa culture innerve des circuits très divers et il y a en elle un élément "démocratique" au sens où l'entendait à sa manière Walt Whitman. Sans doute ce dernier était-il trop optimiste. Il fut néanmoins plus clairvoyant sur ce point que Baudelaire, immense poète mais dont le rapport à la photographie fut terriblement compliqué par une relation ambivalente (de dandy) à l'idée de démocratie.

Comme toutes les disciplines d'enregistrement optique du monde socialement répandues, la photographie est un puissant catalyseur des mutations de l'idée "art". L'enseigner, c'est aussi être aux premières loges pour assister au passage de cette idée à celle, plus mobile, de pratique culturelle, l'art au sens strictement institutionnel et spécialisé n'étant plus aujourd'hui qu'une pratique culturelle parmi d'autres.

Il y a un indicateur, à mon sens évident, de ce statut inassignable de la photographie : le temps où les étudiants pouvaient guerroyer pour telle ou telle conception univoque de cette discipline est révolu. Aucun des dogmes de ces vingt dernières années qui se sont disputé une hégémonie fantasmatique, avec leurs ambitions aussi majestueuses qu'illusoires, aucune des intimidations ou injonctions à la seule manière pensable de faire de la photographie ne dépasse aujourd'hui la fonction de tranches de livres parmi d'autres sur les indispensables rayonnages des bibliothèques. Ces conceptions subsistent mais leurs relations se sont pacifiées. Les situations de travail en groupe sont aujourd'hui empreintes d'un altruisme courtois, les étudiants aimant à parler des travaux de leurs collègues le font souvent avec une sorte de patience relativiste. C'est la décrispation post-postmoderne.

On pourrait craindre dans ce fléchissement du militantisme, cette fragilisation de l'idée de système et ce déclin des "ismes" une chute générale des valeurs, un "tout se vaut". Un simple regard sur la réalité de la création montre pourtant que l'évanouissement de l'idée emphatique de l'art n'annule pas la possibilité de grandes œuvres. Quant à la sempiternelle idée selon laquelle les jeunes gens d'aujourd'hui seraient incultes, Max Frisch a plaisamment montré qu'elle signait à chaque génération la pré-sénilité de ceux qui la soutiennent.

On pourrait croire aussi que l'enseignement de la photographie se trouve invalidé par la promiscuité de tout avec tout. Il n'en est rien : autre fait nouveau, un nombre croissant de jeunes gens sont désireux d'entreprendre des études de photographie après avoir fait un cursus dans des écoles dites généralistes (quel que soit leur niveau d'excellence) parce qu'ils y étaient peu satisfaits du statut incertain de leur médium d'élection. Le très fort retour de la demande en histoire de la photographie en témoigne.

Il serait erroné de voir dans ce désir celui d'un simple retour à la notion frileuse de spécificité. Tout se passe comme s'ils étaient à la recherche d'une spécificité, certes, mais pas ontologique, plutôt différentielle, pour reprendre la terminologie employée un jour par Marcelin Pleynet, et cherchaient une reconnaissance des conduites particulières à un médium (quitte éventuellement à les mettre à l'épreuve d'un autre, souvent la vidéo, dans un dispositif de transcodage). Nous sommes aujourd'hui dans une situation où la négation de toute idée absolue atteint même l'idée absolue de la négation. Pour le dire plus simplement : pendant de nombreuses années le refus de la spécificité (même différentielle) et le culte exclusif du transversal cherchèrent à s'ériger en vérités universelles. Cet excès fut sans doute nécessaire car il poussait à la redéfinition de chaque discipline. Les attitudes d'hybridation intermédiales (photo-vidéo, photo-installation, etc.) existent à leur tour, aujourd'hui, comme options parmi d'autres. La pratique de la seule photographie semble être de son côté aussi peu problématique que celle de la seule peinture, pour autant qu'elle se pose certaines questions sur ses présupposés et ne se borne pas à une innocence trompeuse.

Certes, ce contexte rend les choses difficiles. "Trop de choix tue le choix", telle est la condition de bien des étudiants d'aujourd'hui lorsqu'ils peinent à trouver une identité photographique, précisément parce que de telles identités se présentent à eux sous forme d'options, c'est-à-dire en termes d'*avoir* plutôt que d'*être*.

Dans ces conditions, la menace la plus tangible pour un jeune créateur est d'être paralysé par un excès de conscience de ce qu'il fait. Si tout est possible, il faut rendre compte de toutes ses conduites comme autant de choix à argumenter. Or la vraie création suppose toujours un point aveugle, faute de quoi l'art devient la banale exécution d'un programme. Cette pesanteur est augmentée par l'exigence de discours de justification, si anxiogène pour les intéressés. D'où la confusion, assez fréquente, entre unité de vision et unité de sujet, entre intelligence et rationalité discursive, avec au bout du compte l'ankylose et l'inhibition induites par cette prévalence donnée au seul intellect. A ceux qui soutiennent que cette exigence de contrôle absolu est une condition indispensable pour qui veut pratiquer l'art, il est pourtant facile d'opposer une référence de poids : Benjamin Buchloh, l'un des ténors de la théorie néomarxiste de l'art, quelqu'un que l'on peut difficilement soupçonner de démagogie spontanéiste, a eu l'intelligence de reconnaître que les pratiques reposant sur l'idée de la maîtrise absolue des effets de sens, sur l'autoréflexivité totale, finissaient par restaurer la vieille idée bourgeoise de l'artiste-démiurge. Il faut s'en souvenir si l'on ne veut pas produire des artistes-perroquets.

Là encore, la photographie expose combien l'art est difficile car il est à la fois transformation de soi et affirmation de soi.

LE CREUSET ARLÉSIEN

Christophe Laloi

Christophe Laloi
Directeur du festival Voies Off (Arles). Photographe, il conjugue par ailleurs de manière novatrice la scénographie et la création de supports plurimédias : photographie, infographie, vidéo, multimédia, création sonore. En charge des cours du soir de l'ENSP depuis 1997.

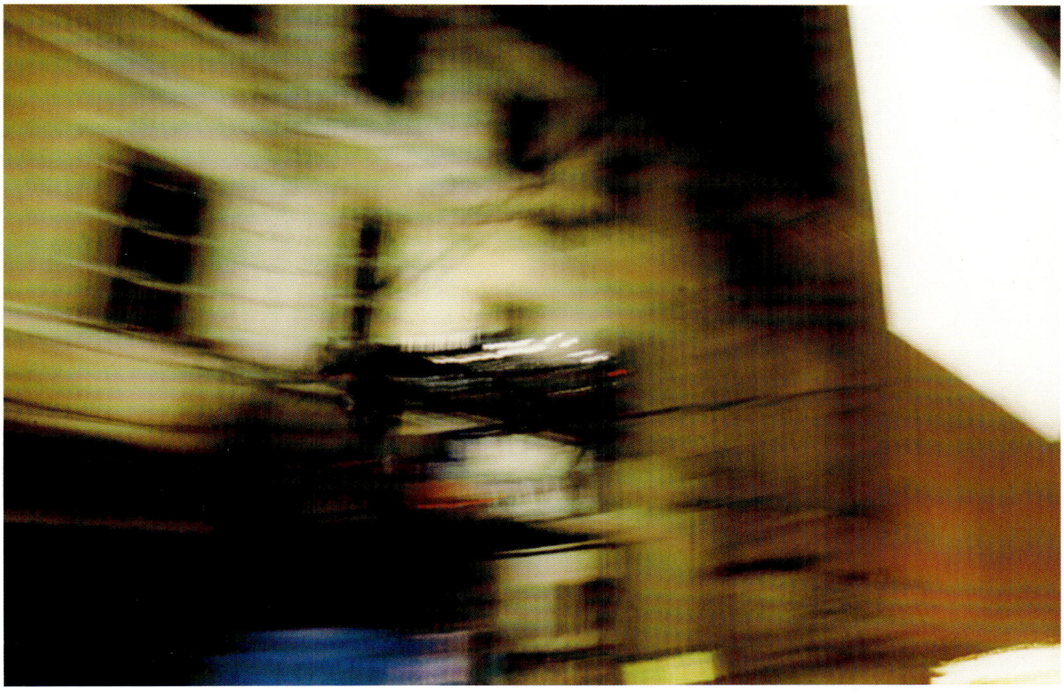

Alain Desvergnes
Festival Off

En juillet 2005, Voies Off a fêté la dixième édition du festival Off des Rencontres d'Arles. Dix ans d'une véritable aventure, à la découverte des évolutions les plus récentes de la photographie, en contact avec une multitude d'auteurs engagés et un public fidèle toujours croissant. Quoi de mieux pour persévérer, mes camarades et moi-même, à assumer contre vents et marées notre destin dans une ville où il fait bon vivre mais où les agacements réguliers du mistral font parfois perdre le sens de la mesure.

Né en février 1996 dans le creuset de l'ENSP, le festival Voies Off émanait d'une poignée d'étudiants de troisième année. Alain Desvergnes, alors directeur, doit être vivement remercié pour son soutien. Il nous offrit son entière confiance, sut guider notre équipe et alléger les soucis matériels. Par goût des défis, j'ai fondé cette manifestation, mais j'ai été soutenu et encouragé par un réseau constitué qui partageait un même intérêt pour l'Ecole et pour la ville d'Arles. Beaucoup d'attention nous a été prodiguée lors des premières années et, par la suite, lorsque la réputation de la manifestation a grandi, des relais informels se sont manifestés pour favoriser cette initiative. Notre évidente persévérance face aux difficultés et au manque récurrent de moyens nous a portés et, malgré tout, les résultats de chacune des saisons étaient salués par un succès croissant. Les évolutions de l'association ont conduit au conseil d'administration des membres du personnel ou d'anciens étudiants[1]. De 1996 à 2005, plus de deux cent cinquante étudiants ou diplômés ont pris une part active à l'organisation du festival Voies Off, en intégrant l'équipe, en proposant un travail photographique ou en intervenant à titre professionnel dans la programmation. Nous avons multiplié ainsi les échanges avec celles et ceux qui se chargeaient de nouveaux projets, telle la création des éditions 779 par Claire Guigal et Philippe Le Bihan. Nous les avons invités à participer aux Rencontres professionnelles où ils firent la connaissance de Charles Fréger, sélectionné en 2000 pour le prix du festival. De même, Sylvain Lizon a pu présenter le Centre photographique d'Ile-de-France dont il était le directeur, des commissariats de projections ont été attribués à Valérie Sarouy ou Awen Jones... En 1997, Christian Gattinoni, professeur à l'ENSP, a présenté quant à lui le collectif Photolangage qu'il animait. Les professeurs de l'Ecole ont d'ailleurs régulièrement encouragé de jeunes artistes à soumettre leurs œuvres pour le prix du festival Voies Off.

L'histoire de Voies Off repose sur un triangle dont les trois pointes sont : la ville d'Arles, l'ENSP de façon évidente et continue, et les Rencontres internationales de la photographie. La santé d'un festival reconnu pourrait se juger aux initiatives extérieures, aux satellites qui gravitent autour d'un noyau suffisamment dense pour conserver son pouvoir d'attraction. La vie de Voies Off a commencé dans le bureau des Rencontres, alors que Bernard Millet, délégué général, écoutait d'une oreille attentive le projet que je lui présentais. Notre travail a tendu à satisfaire les attentes d'un public exigeant et l'institution a vite considéré avec bienveillance nos actions, appréciant notre présence. En 2000, lorsque nous investissons la cour de l'Archevêché pour la première fois, nous accueillons, pour pallier le manque de place, le vernissage officiel des Rencontres.
Pourtant, faire le choix de la marge n'est pas simple. C'est d'emblée jouer avec l'aléatoire. Mais cette posture confère un atout inestimable : celui de l'indépendance. Dix ans plus tard, nous continuons à travailler comme si nous étions de passage. Entre-temps, deux emplois ont été créés, le budget a augmenté de vingt pour cent chaque année, et une activité de commande a été développée autour de la création d'expositions thématiques. La confiance des collectivités territoriales se mesure à un partenariat sans faille. La renommée du festival Voies Off a dépassé nos espérances des premiers jours.

Aujourd'hui le noyau dur de l'équipe est formé par Aliette Cosset (qui participe à toutes les tâches importantes de l'élaboration du festival) et Céline Clanet (qui prend en charge la réalisation audiovisuelle des soirées). Présences précieuses tant chacune aide à forger, depuis bientôt dix ans, l'identité du festival Voies Off. Trois permanents œuvrent pendant toute l'année : Claire Viguié, qui organise les Rencontres professionnelles, Aline Phanariotis, cofondatrice de Voies Off ayant joué un très grand rôle, et moi-même[2].

1. Anne Houssin, responsable de la bibliothèque, est aujourd'hui présidente, et Lionel Genre, en charge de l'enseignement numérique, a accepté d'être trésorier. Marie Le Mounier a cédé la place à Brigitte Bauer, au poste de secrétaire.
2. Qu'il me soit permis de remercier celles et ceux qui ont participé à l'aventure, et souvent su donner plus que de raison. J'aimerais saluer plus particulièrement Guillaume, Ruppert, Céline, Emmanuel, Valérie, Isabelle, Stéphane, Pascal...

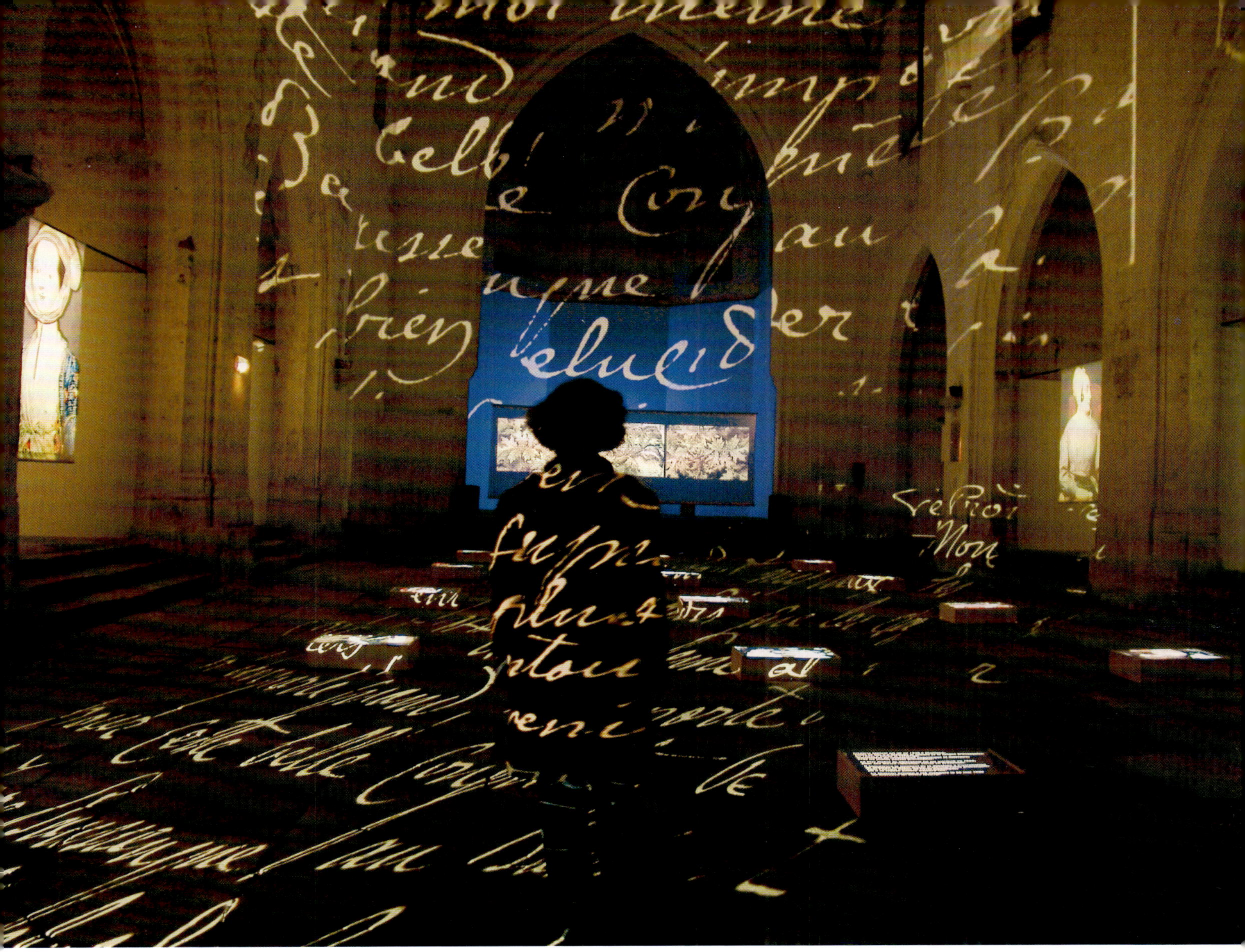

Christophe Laloi
Chapelle Sainte-Anne, 2005

Dix ans de passion, de recherche et de découverte

A l'heure du tout-image, il est important d'affirmer des choix artistiques forts et de développer un contexte et un environnement citoyens. Ainsi, nous défendons la diversité des points de vue et l'idée de la pluralité dans le paysage culturel. Notre action est volontiers située dans le champ du plaisir, nous n'avons pas envie de la cantonner dans celui du divertissement. La création artistique est affaire de nécessité et de partage.

Dans le fourmillement des propositions artistiques, la clarté était nécessaire pour jouer aussi bien un rôle de découvreur que de médiateur. Ces choix se sont égrenés au cours des dix dernières années grâce à une attention toute particulière portée à l'évolution des pratiques photographiques.
Notre terrain d'investigation s'étend aujourd'hui aux cinq continents. Nous avons présenté des artistes venus de plus de soixante pays, dont le Japon, le Canada, la Corée, les Etats-Unis, la grande majorité des pays de l'Europe occidentale, l'Australie. Mais nous avons aussi présenté la création photographique des pays émergents, comme le Maghreb, l'Afrique occidentale, l'Inde, les pays de l'Europe de l'Est. La circulation des

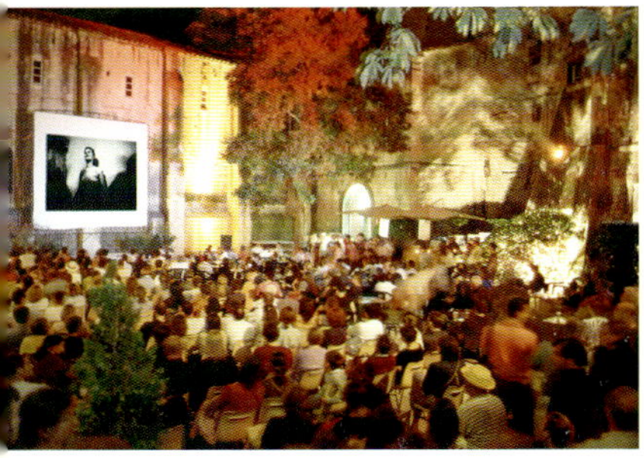

David Huguenin
Projection dans la cour de l'Archevêché

œuvres favorise la diversité de la pensée et des réalisations humaines. Les temps forts de cet arpentage ont donné lieu à des soirées de projections, de grands moments comme la présentation de quatre photographes algériens en 1997, pendant une période très difficile, ou la réussite, en 2000, d'une soirée qui présentait la photographie de l'Afrique de l'Ouest, réalisée par Aliette Cosset, Isabel Forner et Antonin Potoski. Nous avions invité, pour la première fois en Europe, la galerie Chab de Bamako, première galerie africaine dédiée à la photographie. Cette soirée a donné lieu à des échanges avec les Rencontres de la photographie africaine de Bamako.

Ecoles et jeune création

L'évolution du médium photographique a influencé les modes d'apprentissage. Dans ce contexte nouveau, nous avons souhaité montrer la vivacité de l'enseignement dans des lieux de renom. Chaque année, les étudiants de l'Ecole nationale supérieure de la photographie d'Arles sont invités à proposer leurs travaux. Mais aussi, régulièrement, ceux d'écoles internationales telles que l'ICP de New York, l'Ecole nationale de Vevey en Suisse ou l'Académie de photographie de Bergame en Italie. De plus, les écoles d'art ont souvent été partenaires de la programmation du festival Voies Off.

Cependant, il était juste de permettre aux personnes n'ayant suivi aucune formation de trouver une place dans la manifestation. C'est pourquoi un appel à candidature international est largement diffusé chaque année. Ciblant les structures photographiques, les responsables ou les photographes, il propose à ceux qui le souhaitent de participer à la sélection. En 2005, six cents dossiers, dont un tiers provenant de l'étranger, nous sont parvenus et une soixantaine d'artistes ont été présentés au public. Cette ouverture nous a permis de découvrir de nombreux créateurs, dont le plus emblématique demeure, en 1996, Antoine d'Agata, qui a depuis rejoint l'agence Magnum. Voies Off prend régulièrement le risque de montrer des inédits ou des photographes qui ne sont pas inscrits dans les circuits professionnels. De cette manière, nous défendons une idée de la création qui place le contenu artistique avant toute notion de notoriété.

Engagement artistique

Dès le début, nous avons défendu une certaine idée de notre vocation de médiateurs. Le festival Voies Off s'est attaché à offrir une création photographique de qualité au plus grand nombre afin de faire partager des problématiques actuelles de la création. Ces choix artistiques répondent à une éthique qui place l'humain au cœur de la réflexion, dans le contexte des grandes mutations politiques, économiques et sociales de notre temps. Les formes nouvelles du monde (urbanité, communautarismes, usages du corps...) y sont présentées par de nouveaux langages visuels. Plus que de reconnaître les formes artistiques du passé, il serait souhaitable de mettre au jour des formes nouvelles de la création.

PORTFOLIO

Brigitte Bauer

Pascal Bois

Céline Clanet

François Deladerrière

Géraldine Lay

Geoffroy Mathieu

Brigitte Bauer

Née en 1959 à Schwabniederhofen (Allemagne), ***Brigitte Bauer*** *vit et travaille à Arles.*
Diplômée de l'Ecole nationale supérieure de la photographie en 1990, elle obtient une maîtrise d'arts plastiques à l'université de Provence en 1995. De 1990 à 1995, elle est responsable de la régie des expositions aux Rencontres internationales de la photographie. Depuis, elle partage son temps entre son travail personnel, l'enseignement et les commandes, notamment "Le voyage d'Ulysse" en 1998 (Centre de la photographie, Nice), "Euroméditerranée" en 2002 et 2003 (ministère de la Culture/DRAC/ville de Marseille).
Dans ses photographies, Brigitte Bauer construit une culture du paysage empreinte de références picturales, littéraires voire musicales plus ou moins discrètes, à travers des séries telles que "La montagne Sainte-Victoire", "Ronds-Points", "La ville et le jardin", "Wegweiser" (Les indicateurs). Elle a reçu en 2001 une bourse du FIACRE pour son projet "D'Allemagne" – une enquête d'identité sous forme d'images – et réalise actuellement à Alexandrie la série "Privé-Public", suite à une première résidence dans cette ville en 2004. Brigitte Bauer est représentée par la galerie Polaris, à Paris, et en Allemagne par la galerie Martin Kudlek à Köln. Elle enseigne la photographie à l'Ecole supérieure des beaux-arts de Nîmes.

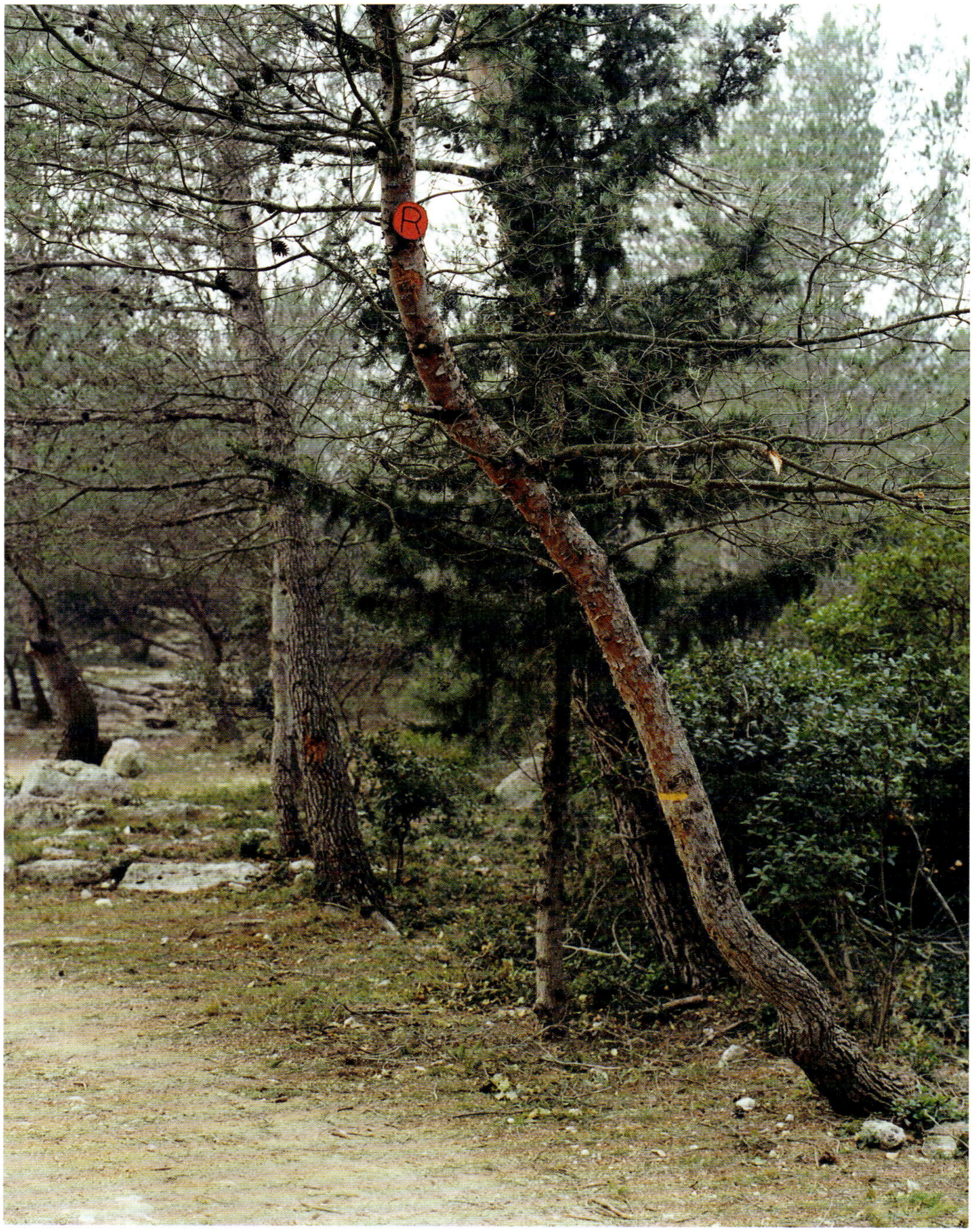

Sans titre, de la série "Wegweiser", 2005. Courtesy galerie Martin Kudlek, Köln

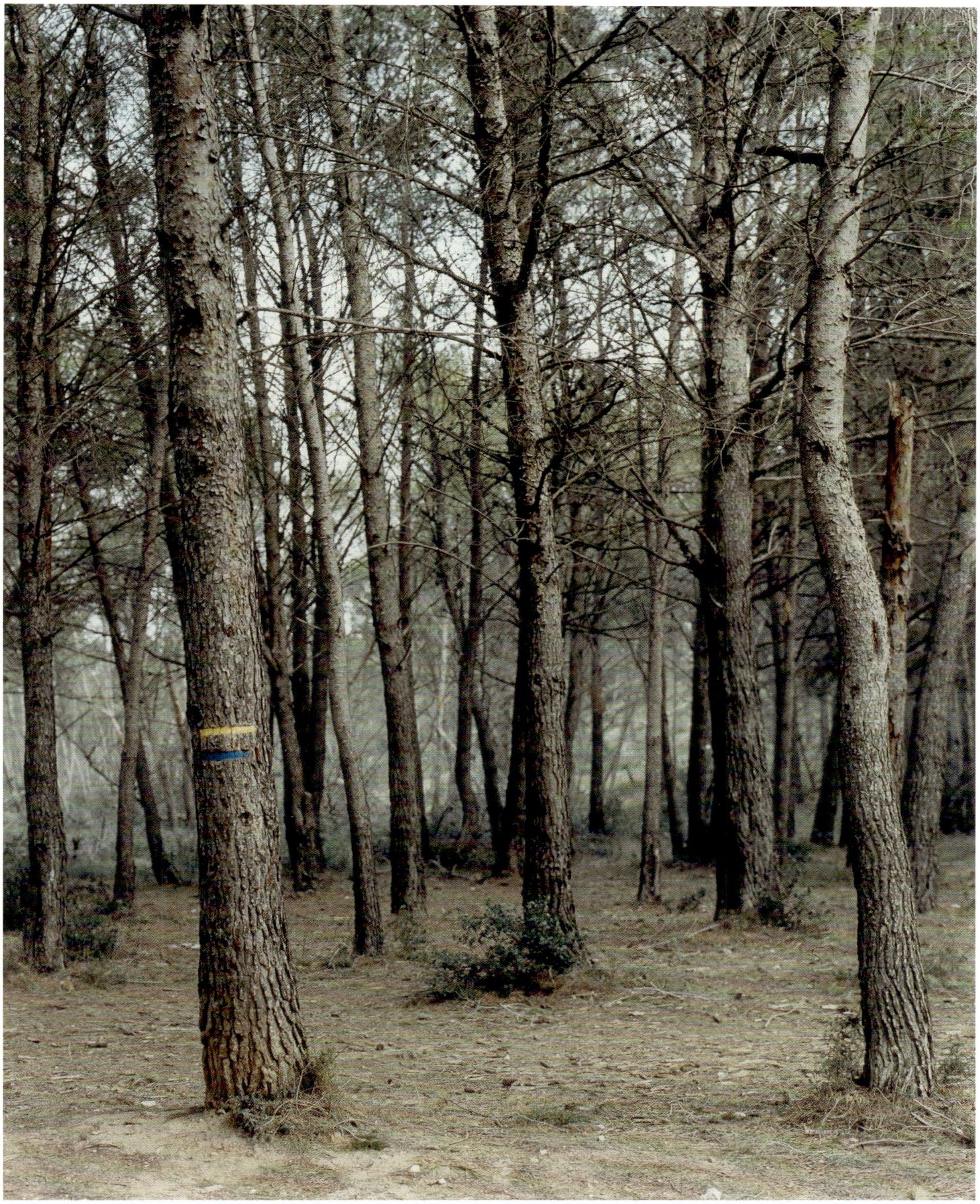

Sans titre, de la série "Wegweiser", 2005. Courtesy galerie Martin Kudlek, Köln

Pascal Bois

Né en 1956, ***Pascal Bois*** *est diplômé de l'Ecole nationale supérieure de la photographie d'Arles en 1987. Il s'installe à Paris et réalise des tirages pour l'agence Magnum et pour Sebastião Salgado. Il sera assistant de Raymond Depardon et de Guy Peellaert sur diverses fresques photographiques (*Gershwin, *d'Alain Resnais,* UGC Bruxelles, Festival de Cannes*). Il enseignera la photographie à l'Ecole des métiers de l'image, à l'Ecole des beaux-arts de l'île de la Réunion et, plus récemment, au centre culturel français de Douala, au Cameroun. Il a réalisé différentes missions photographiques dans les milieux carcéraux et psychiatriques ainsi que dans des quartiers urbains périphériques. Il est aujourd'hui responsable de l'association Regards et Mémoires et des projets pédagogiques pour l'Agence pour le patrimoine de la région PACA. Membre fondateur de l'agence photographique panoramique. com, il travaille exclusivement avec le format panoramique 360°. Dernières productions : "Sao Tomé et Principe", "Patrimoine antique", "La Havane", Lille : "AF32". Expositions : France, Espagne, Mexique, Cuba, Israël, Allemagne, Pays-Bas, Sao Tomé.*

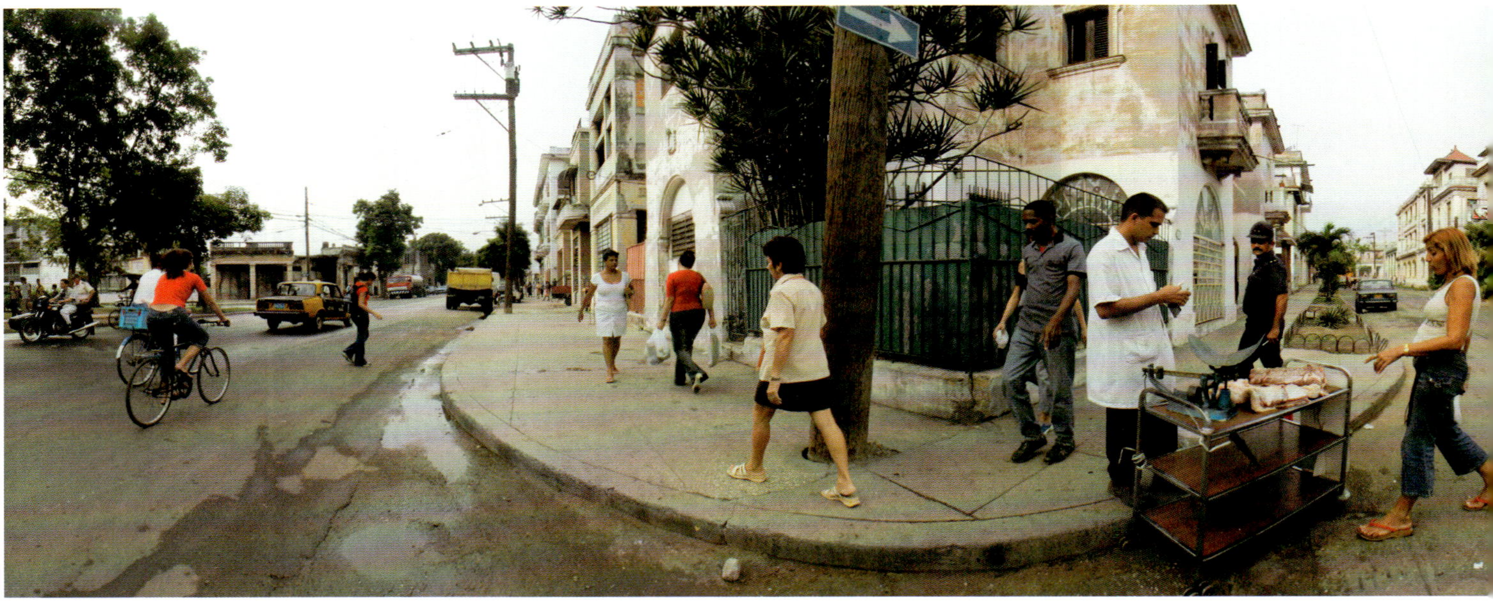

La Havane, Cuba, 2004.

La Havane, Cuba, 2004.

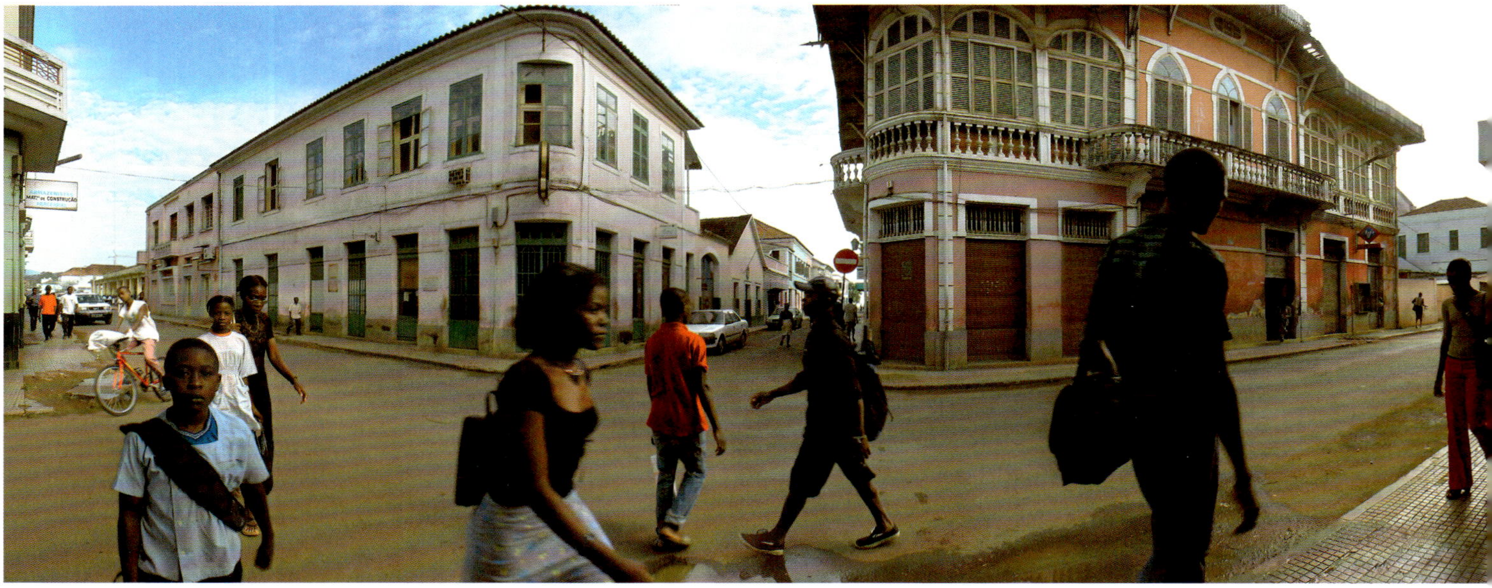

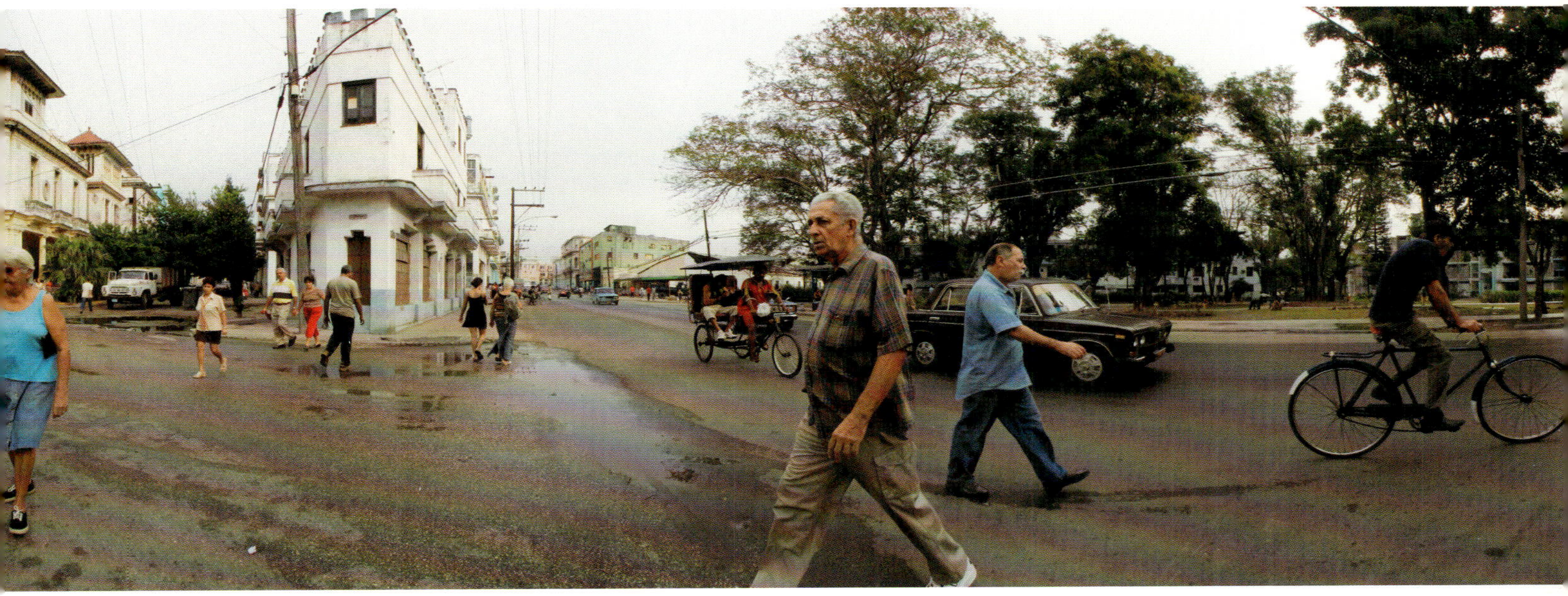

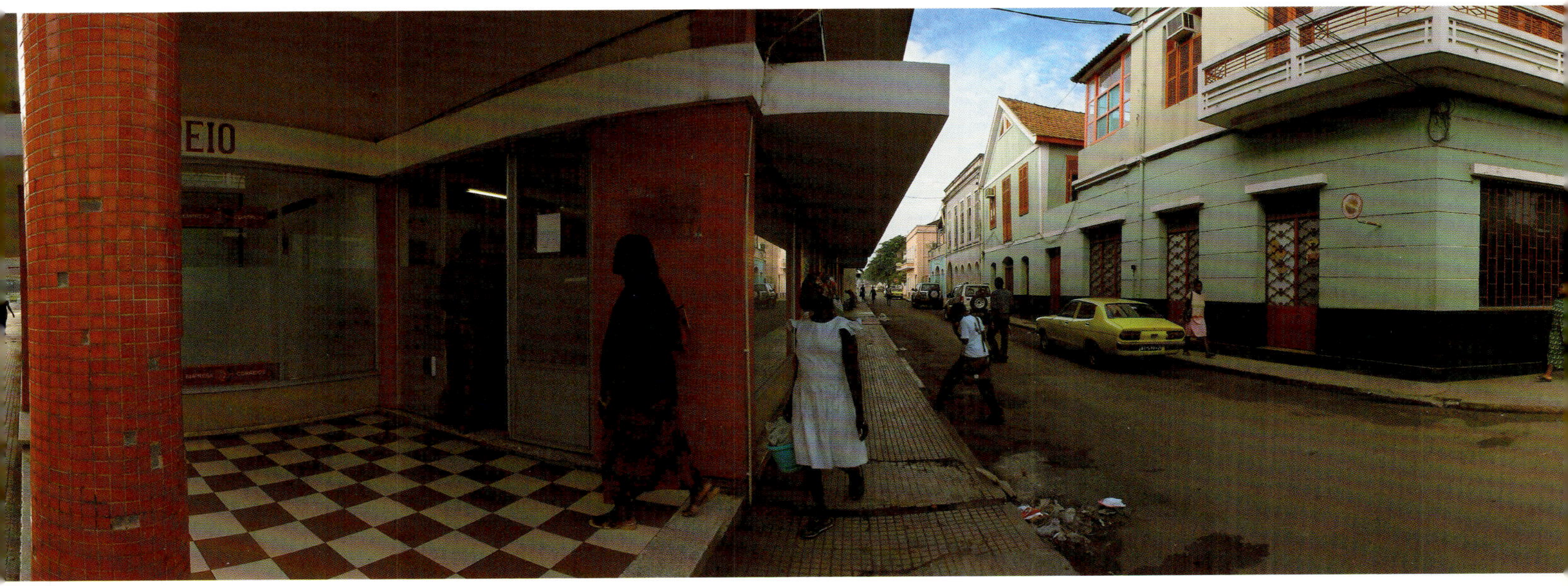
EIO

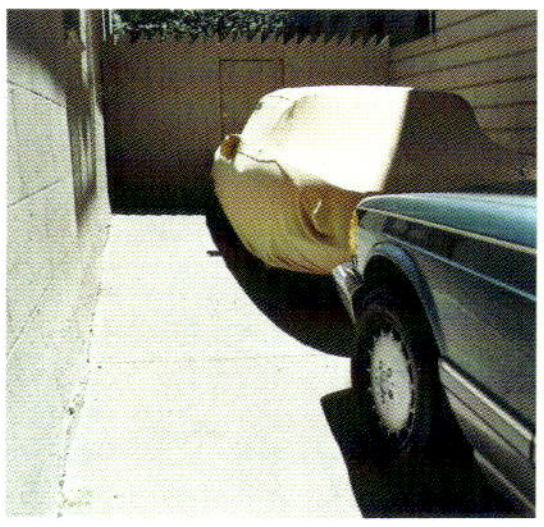 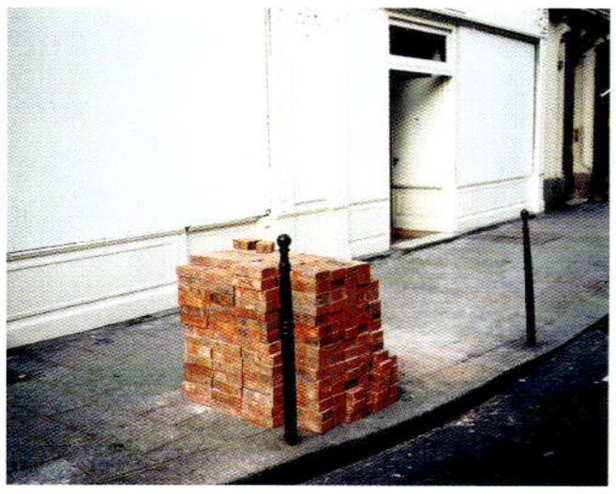 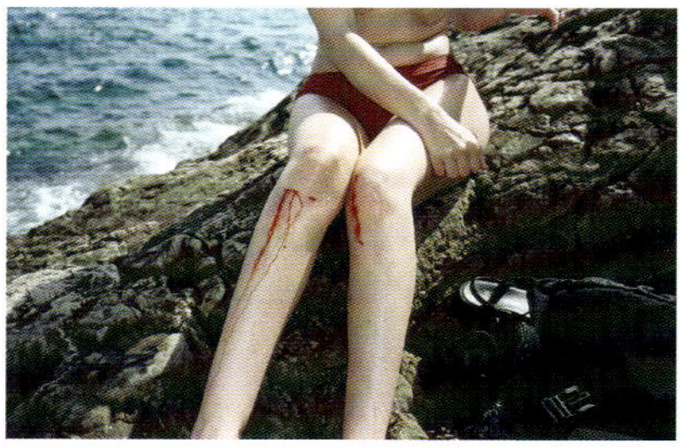 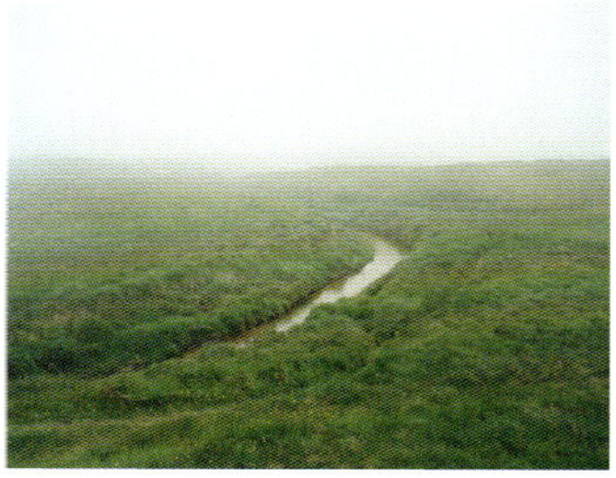

Céline Clanet, François Deladerrière, Géraldine Lay et Geoffroy Mathieu ont choisi de regrouper leurs travaux après avoir constaté non pas une communauté de regard ou de thématique, mais une distance et une acuité communes avec lesquelles chacun d'entre eux appréhende le monde. La volonté de ces quatre photographes de présenter leurs travaux ensemble traduit de façon transversale l'interrogation de jeunes auteurs sur tout un champ de la photographie contemporaine. Il règne un profond silence dans ces photographies, dans equel on finit par distinguer des densités, des intensités. Sans doute est-ce nous alors qui entrons en résonance avec ce silence.

Charlotte Devanz

Céline Clanet

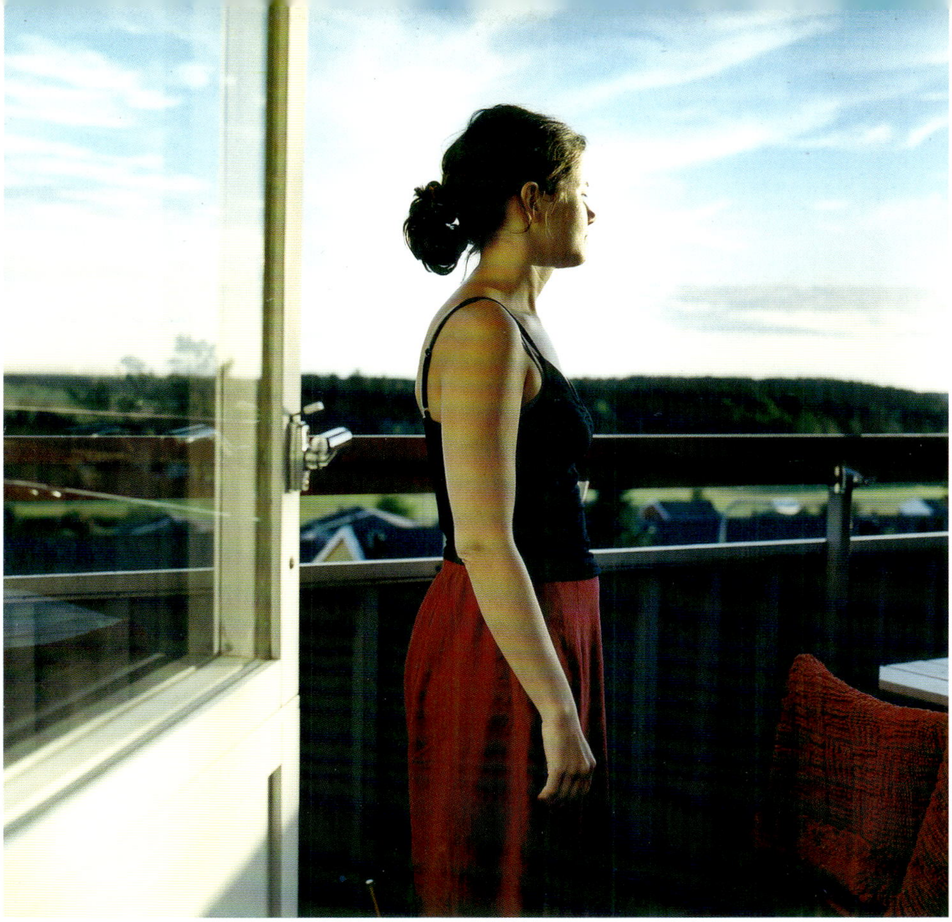

*Née en 1977 à Chambéry, **Céline Clanet** vit et travaille à Paris.*
Diplômée de l'ENSP en 1999, elle mène la double activité professionnelle de photographe et de graphiste indépendante. Elle participe chaque année depuis 1996 à la réalisation des projections du festival Voies Off des Rencontres d'Arles. Son travail photographique personnel traite à la fois de la mémoire individuelle et collective, du rapport des hommes à leur espace de vie, et questionne la relation formelle du portrait et du paysage. Elle est nominée en 2001 lors de la XIe Bourse du talent Kodak – Photographie.com pour "Leur(s) petite(s) histoire(s)", série sur des personnes âgées et leur intérieur/palimpseste domestique. Elle voyage au Japon en 2004 et réalise "Une mélodie japonaise", série d'images sur l'univers urbain japonais. En 2005, elle est lauréate de la Dotation Kodak et d'une résidence au Samisk Kunstnersenter de Máze (Norvège), afin de réaliser une série sur les Sâmes du Finnmark, amorce d'un travail photographique sur le territoire arctique européen.

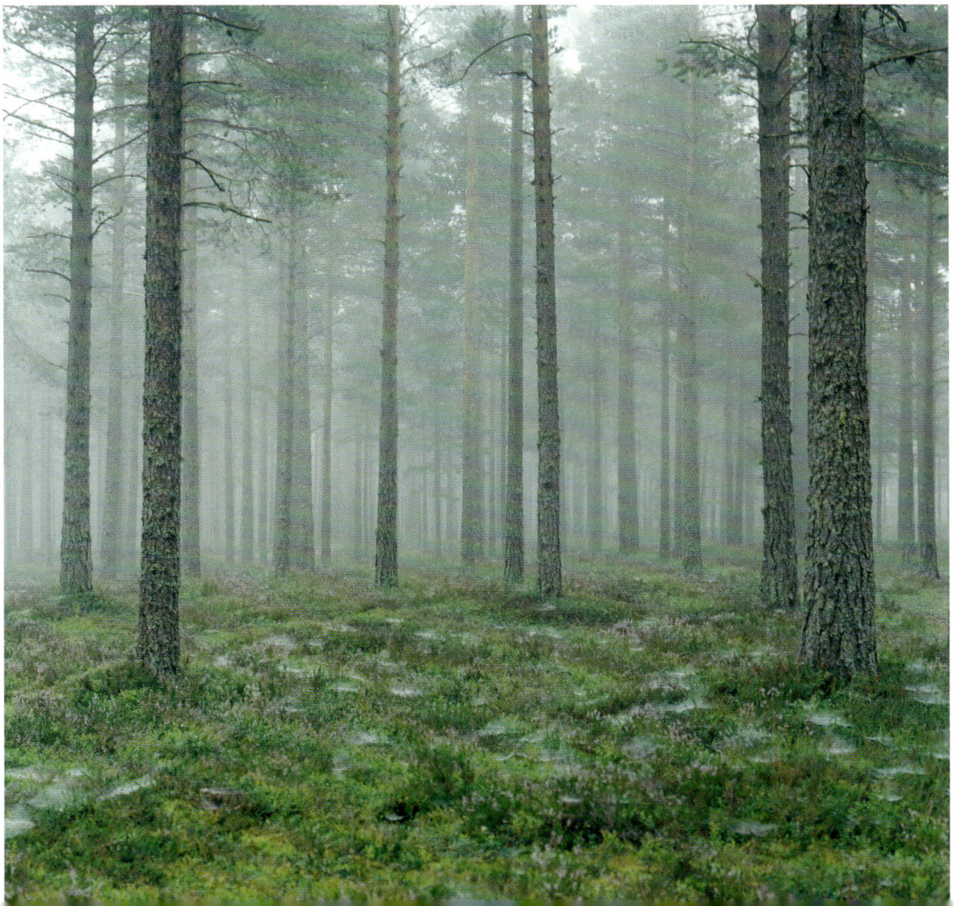

François Deladerrière

__François Deladerrière__ est né en 1972. Diplômé de l'ENSP en 1999, il vit et travaille à Arles. Il a débuté une activité de photographe professionnel en septembre 1999. Professionnellement, il réalise des travaux de commande et des projets photographiques, principalement autour des thèmes du paysage et de l'architecture. Ses images sont régulièrement publiées dans différents titres de la presse magazine. Parallèlement, il poursuit une pratique photographique personnelle en élaborant des séries d'images au cours de voyages fréquents en France ou à l'étranger. Il ne s'agit pas de reportages ou de documentaires, mais plutôt d'un moyen de construire un certain regard sur le monde.

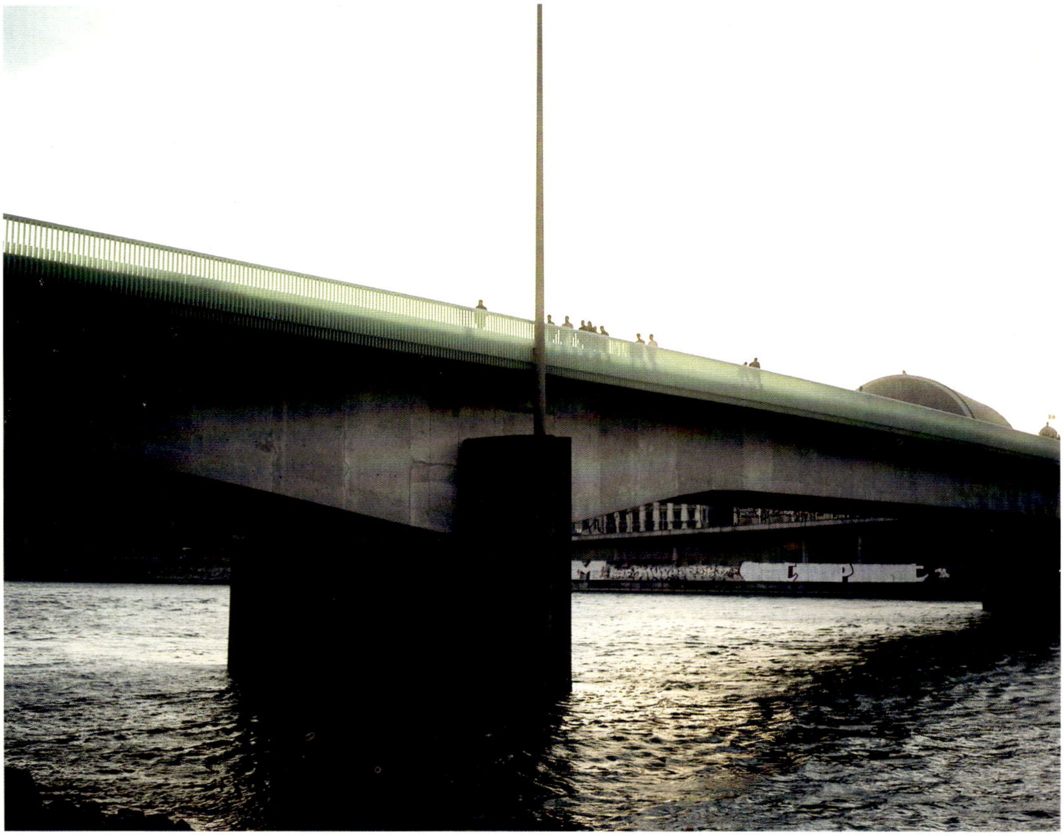

Courtesy galerie du Réverbère II, Lyon

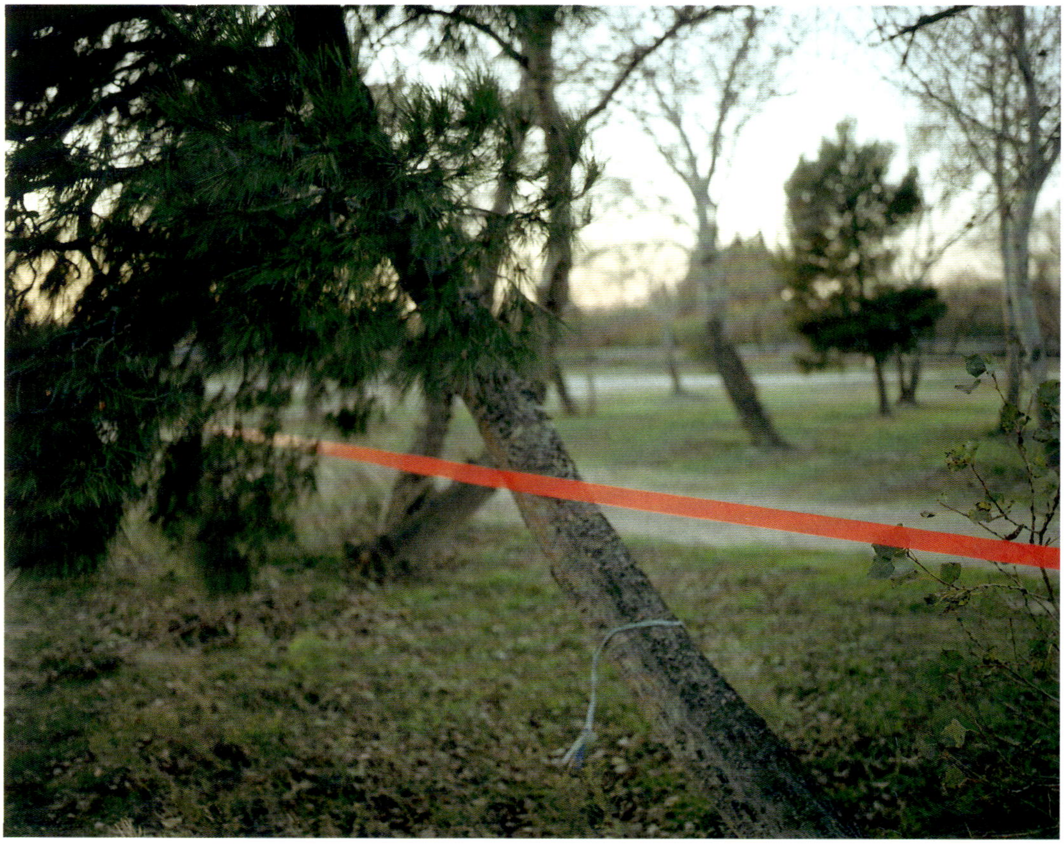

Géraldine Lay

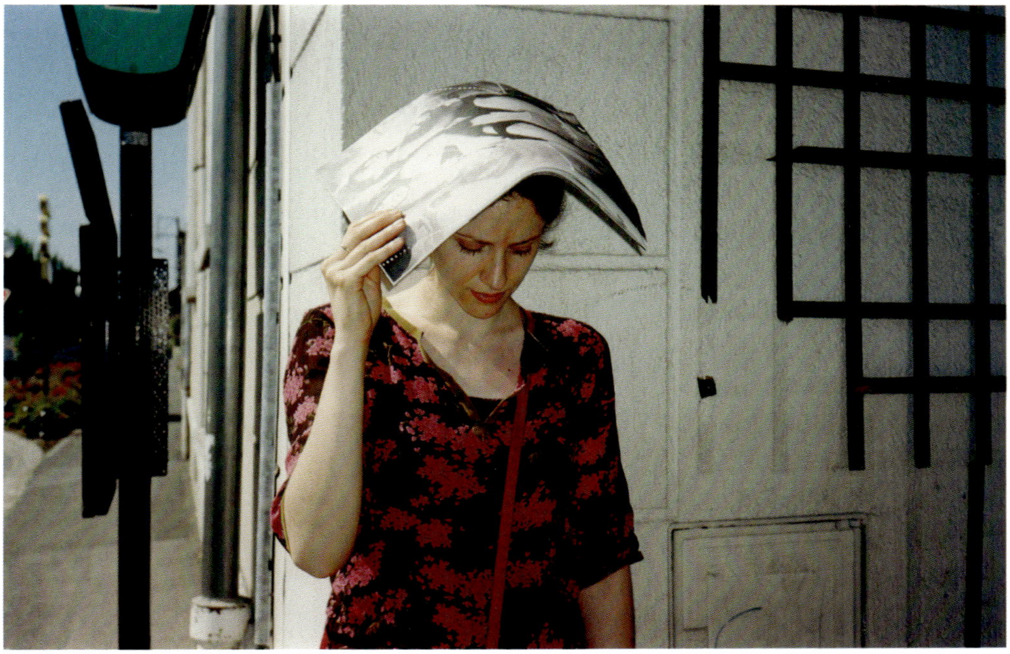

Courtesy Galerie du Réverbère II, Lyon

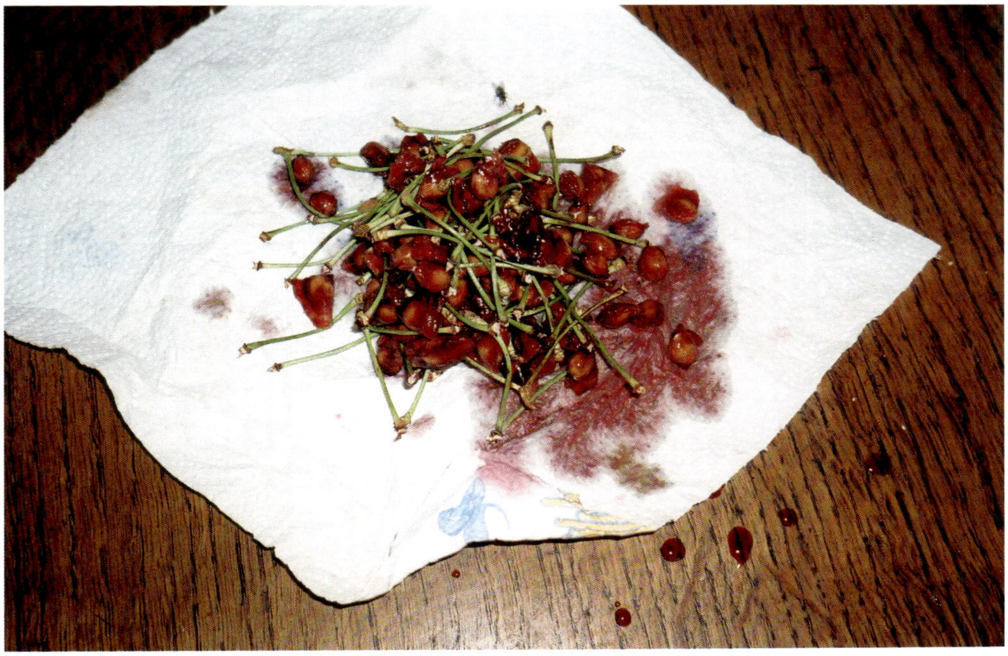

Géraldine Lay *est née en 1972.*
Diplômée de l'ENSP en 1997, elle vit et travaille à Arles. Après une formation aux métiers du livre à Nantes (CECOFOP), elle commence en 1998 à travailler aux éditions Actes Sud. Elle est aujourd'hui responsable de fabrication et s'occupe essentiellement du suivi de production des beaux-livres. Ses photographies sont issues d'une pratique quotidienne, scènes intimes ou extraits de voyages. Cette série est présente dans l'exposition collective "Un mince vernis de réalité".
Avant cela, elle est partie en 1996 faire un reportage en Colombie pour lequel elle a obtenu la bourse Défi-Jeunes et le prix de la BNP. Elle est nominée à la bourse du Talent FNAC en 2002.

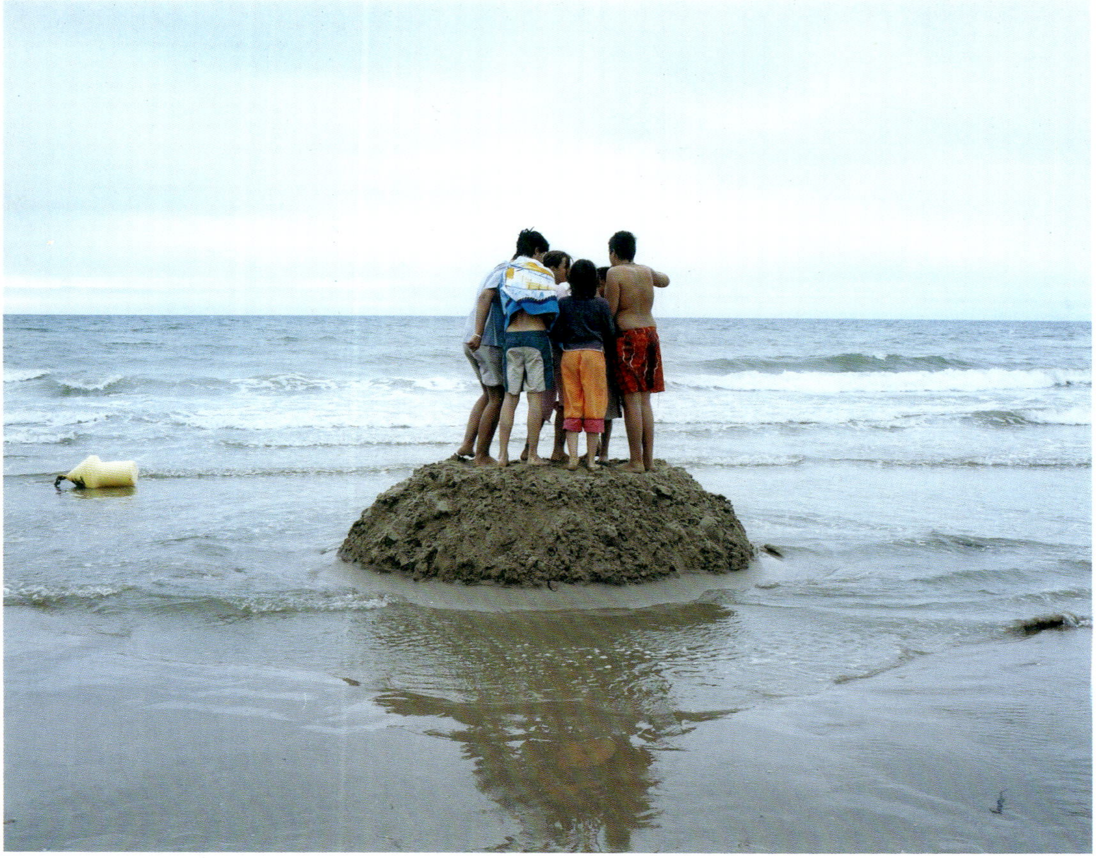

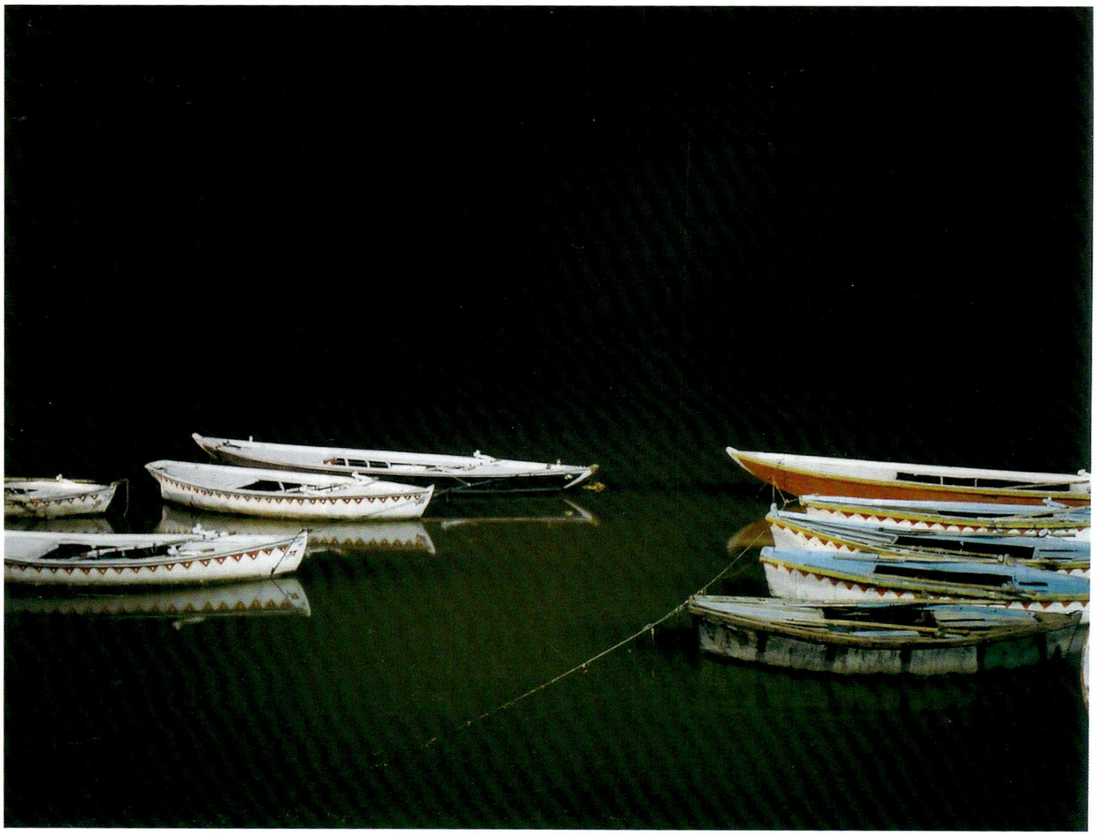

Geoffroy Mathieu

Né le 21 août 1972, diplômé de l'Ecole nationale supérieure de photographie d'Arles en 1999, ***Geoffroy Mathieu*** *vit et travaille à Marseille. Photographe indépendant, il collabore régulièrement avec les agences Editing Server et Opale et travaille comme portraitiste pour la presse et en commande pour des agences de communication.*
En 2000, il finalise un projet entrepris pour son diplôme de fin d'études : "4 villes et leurs plages", doubles séries réalisées à New York, Le Caire, Bombay et Marseille, qu'il expose à l'Atelier de Visu (Marseille).
Entre 2002 et 2004, il travaille à l'exposition collective "Un mince vernis de réalité" avec Céline Clanet, Géraldine Lay et François Deladerrière. En 2004, ils exposeront ensemble leurs travaux à l'Atelier de Visu, à la galerie Madé à Paris puis au festival Voies Off d'Arles. Un livre clôture l'aventure collective aux éditions Filigranes en 2005. Entre 2002 et 2005, Geoffroy Mathieu photographie le paysage autour du chantier du viaduc de Millau et de l'A75. Une exposition intitulée "MUE" est prévue en octobre 2005 au musée de Millau et un livre aux éditions Images en Manœuvres. Il réalise en 2005, avec l'association Les Panoramistes, un Observatoire photographique du paysage au parc naturel régional des Monts d'Ardèche et prévoit un nouveau projet pour 2005 autour de six villes de la Méditerranée : "Dos à la mer".
Il est par ailleurs responsable de l'association Labomatic qui propose en libre service à une quinzaine de photographes un laboratoire de tirage argentique couleur.

PARCOURS

Christine Barthe *"Bref, je me débrouille"*

Denis Baudier *L'anthropogénie : une philosophie de rupture*

Noël Bourcier *Rébus*

Erik Bullot *Dactylographie*

Serge Challon *Presse et photographie : subversive et conventionnelle*

Clément Chéroux *Ecrire sur la lumière*

Rémy Fenzy *Petites considérations à propos de la création*

Marcel Fortini *Entretien avec Gilles Graziani*

Gwenola Furic *La conservation-restauration du patrimoine photographique*

Claire Guigal et Philippe Le Bihan *Entretien avec Patrick Talbot*

Gilles Kagan *La photographie numérique, nouvelles images ou merveille de la technologie moderne ?*

Luce Lebart *De l'inclassable au déclassé*

Sylvie Lécallier *Photographies de mode*

Jocelyne Le Hanvic *Sur le terrain, l'humeur, quoique morose, est "utopienne" et tant mieux : le virus a pris*

Sylvain Lizon *Entretien avec Patrick Talbot*

Sylvie Nayral *Ecrire sans cordes*

Erika Nimis *Histoire d'une photographie*

Antonin Potoski *Futuristik – Carnet de route, 2004-2005*

Pierre-Lin Renié *Notes pour une petite histoire des images imprimées*

Paul Sztulman *Photogénie*

Yannick Vigouroux *Le laboratoire des mots et des images*

Claude Vittiglio *Profession Web reporter*

"D'un moment à l'autre" *exposition, abbaye de Montmajour, Arles, été 2005*

"BREF, JE ME DÉBROUILLE"

Christine Barthe
Responsable scientifique des fonds photographiques du musée du quai Branly (Paris)

***Christine Barthe** passe le diplôme de l'ENSP en 1991. A la fin de cette même année, elle réalise pour le musée de l'Homme un premier bilan des collections photographiques puis, en 1992, participe, dans ce même musée, à des travaux de recherches et d'inventaire sur les collections les plus anciennes, à la réalisation de l'exposition "Peaux-Rouges autour de la collection anthropologique du prince Roland Bonaparte" et à la publication qui l'accompagne.*
Durant les années qui suivent, elle élabore les dossiers de financement et de restauration des collections inventoriées. En 1995, nouvelle publication : Cap Horn, 1882-1883, rencontre avec les Indiens Yahgan. *En 1996, elle participe à l'exposition "L'aventure polaire" et monte un projet de mécénat.*
En 1997-1999 puis à nouveau en 2001-2002, elle copilote avec Anne-Laure Pierre les deux premiers programmes de constitution d'une base d'inventaire des collections photographiques, financés par le Getty Grant Program. En 2003 elle publie un article intitulé "Les éléments de l'observation" dans le catalogue de l'exposition "Le daguerréotype français" au musée d'Orsay. En 2004 elle participe à l'exposition et à la publication sur "Charles Cordier, l'autre et l'ailleurs". Cette même année, les collections photographiques du musée de l'Homme sont transférées au musée du quai Branly.
Christine Barthe est actuellement responsable scientifique des collections photographiques du musée du Quai-Branly, elle y prépare notamment pour 2006 une exposition consacrée à Désiré Charnay.

"Le résultat de tout cela aboutit à des catégories bien étranges ; par exemple, une chemise pleine de papiers divers et sur laquelle est écrit A CLASSER ; ou bien un tiroir étiqueté URGENT 1 et ne contenant rien (dans le tiroir URGENT 2 il y a quelques vieilles photographies, dans le tiroir URGENT 3 des cahiers neufs). Bref, je me débrouille" Georges Perec, *Penser/Classer*, "P – Comment je classe".

"D) SOMMAIRE
Sommaire – Méthodes – Questions – Exercices de vocabulaire – Le monde comme puzzle – Utopies – Vingt Mille Lieues sous les mers – Raison et pensée – Les Esquimaux – L'Exposition universelle – L'alphabet – Les classifications – Les hiérarchies – Comment je classe – Borges et les Chinois – Sei Shônagon – Les joies ineffables de l'énumération – Le livre des records – Bassesse et infériorité – Le dictionnaire – Jean Tardieu – Comment je pense – Des aphorismes – «Dans un réseau de lignes entrecroisées» – Divers –?"

SOMMAIRE
Ce sommaire est emprunté à Georges Perec (*Penser/Classer*, Hachette, 1985, p. 151)

MÉTHODES
Ecrire pour *Infra-mince*, oui, carte blanche, ah, un texte qui "s'ancre dans la réalité" ? Cette demande m'a ramenée quelques années en arrière. Et inévitablement, tout ce que j'ai pensé à écrire sur la réalité de mon travail est passé par le biais des souvenirs que j'ai gardés d'Arles. Dans le même temps, c'est un moment un peu particulier pour moi : j'ai effectué depuis une dizaine d'années une exploration dans les collections photographiques du musée de l'Homme, dans les conditions spécifiques de ce qu'était ce musée. Maintenant rattachée au musée du quai Branly, et travaillant en grande partie sur les mêmes collections, il s'agit d'une nouvelle période : préparation d'exposition, projets divers, rien n'est encore visible, et tout est futur.
Alors oui, c'est un moment un peu particulier pour "s'ancrer dans la réalité". En feuilletant Georges Perec, et en voyant ce sommaire, j'ai pensé que ce serait un moyen commode, et drôle aussi, de parler de l'avant-hier (au musée de l'Homme) à travers hier (à Arles) pour vous laisser imaginer demain (le musée du quai Branly ouvre en 2006).

QUESTIONS
En 1992, l'ensemble des photographies du musée de l'Homme était organisé selon un système précis. Cet ensemble (la collection et la logique de son organisation), dont l'usage comme document avait été pensé et défini entre 1929 et 1937, a représenté une source inépuisable de sujets d'interrogation : qu'est-ce qu'une fiction, qu'est-ce qu'un auteur, que signifie collecter des photographies, qu'est-ce qu'un document, un ensemble...

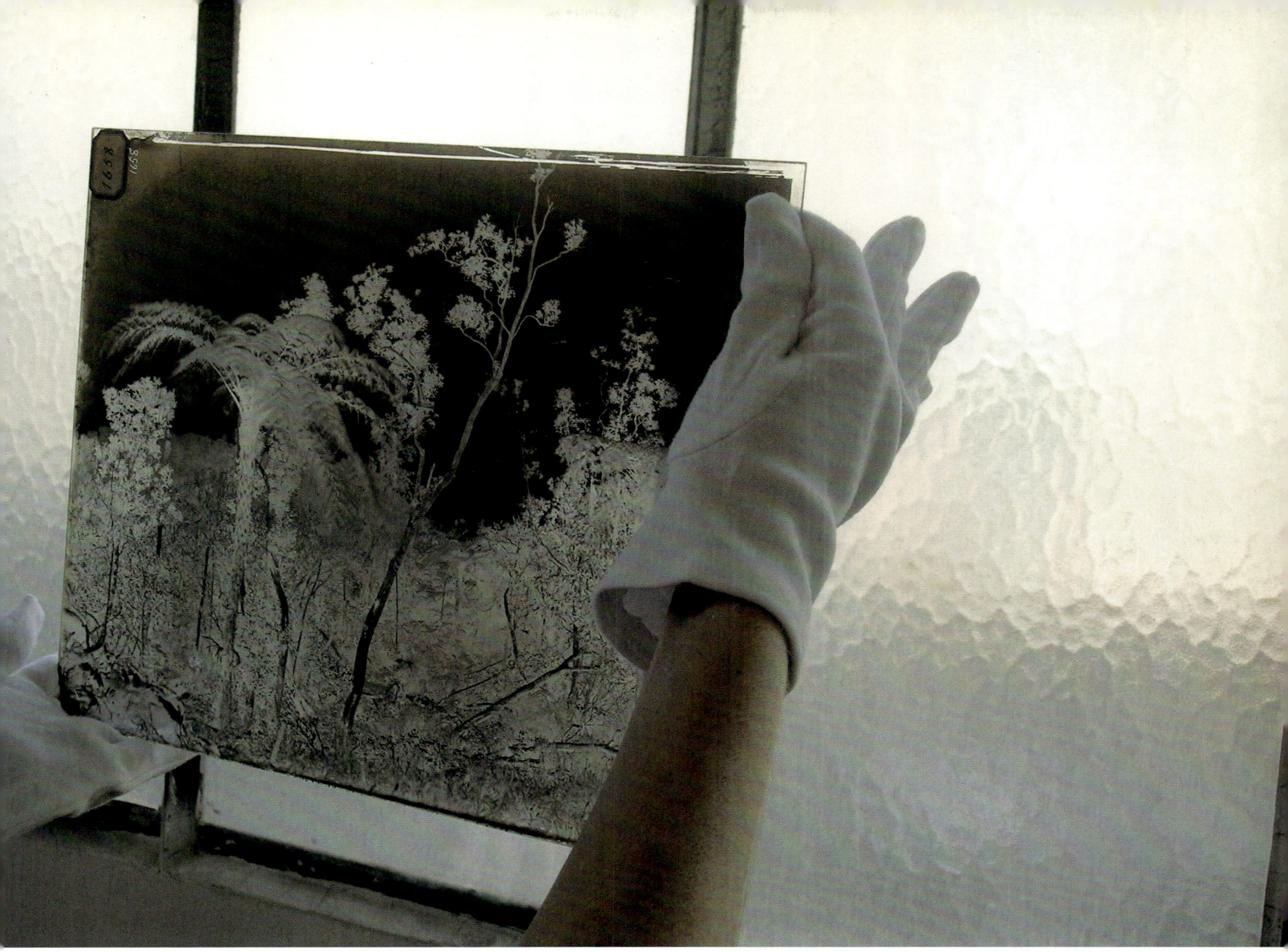

Frédéric Druot
Préparation de l'exposition de Désiré Charnay au musée du quai Branly,
2005

EXERCICES DE VOCABULAIRE

Ces questions ont amené des exercices de vocabulaire : quels sont les mots que l'on emploie pour qualifier ces photographies, en fonction de l'usage auquel on les assimile, on les destine ou on les cantonne. En vrac, et pour l'exemple : création, illustration, documentation, collection, fiction, reconstitution, ou encore auteur, donateur, vendeur, producteur, collectionneur...

LE MONDE COMME PUZZLE

Alors oui, revenons-y. Non seulement cet ensemble de photographies organisé en tiroirs géographiques et en catégories descriptives obligeait à des questions, mais c'était aussi un système total complet où se concrétisait matériellement la volonté de compiler le plus d'images possible dans le but de recréer une représentation globale du monde. Un monde à l'image de l'ethnologie en train de se constituer en 1930 : extra-européen, non urbain, celui des espaces vus comme naturels et des activités traditionnelles.

La confrontation quotidienne avec ces milliers d'images montrant la plupart du temps des personnes dont le trait commun était leur exotisme a induit une distance par rapport aux notions de typologie, et en même temps une véritable fascination pour les significations et les mécanismes de ces typologies. Selon le même mouvement s'est installée une certaine familiarité avec des images réputées exotiques ou curieuses.

UTOPIES

Oui, une utopie, un monde simplifié, en miniature, sur 270 m², un ou plusieurs tiroirs par pays et une travée par continent. Une organisation fixée, et un monde fini, figé dans le temps.
Même si des photographies plus récentes ont continué après 1937 à être intégrées, le cadre, le sens qui leur étaient assignés sont restés les mêmes.

RAISON ET PENSÉE

Une fois la fascination remise à distance (voir le monde comme puzzle), comment faire pour en dire autre chose qu'un constat de "précieux témoignage du passé" ? Comment se réapproprier ces images et les faire exister autrement qu'à travers le filtre normatif de leur organisation d'il y a soixante-dix ans ? En fait, assez peu d'images avaient été faites dans le but d'intégrer ensuite cet ensemble. Le processus de création, transmission, utilisation, modification, réutilisation passait par beaucoup de détours et ne formait pas un continuum immuable et sacré. Il était possible de remonter la piste : en partant d'une photographie décrite et classifiée d'une certaine façon, retrouver qui l'avait faite, quand, et dans quelles conditions. Quelquefois c'était parlant, on pouvait constater une réelle adéquation entre le processus de réalisation de la photographie et la logique de son classement dans le système. D'autres fois la contradiction des deux projets apparaissait flagrante et n'en était pas moins signifiante.

LES ESQUIMAUX

On devient à ce jeu de décryptage (voir Raison et pensée) assez attentif quant aux qualificatifs accolés au mot photographie. Alors bien sûr, la douzaine de mots employés par les Esquimaux pour désigner la neige nous renseigne moins sur la neige que sur l'usage et l'image qu'en ont les Esquimaux. De la même façon, j'observe avec circonspection les vocables qui déclinent la photographie en ethnologique, artistique, scientifique, médicale, documentaire, etc.

L'EXPOSITION UNIVERSELLE

Par exemple, nous avons commencé à identifier de nombreuses photographies simplement classées dans la catégorie "Afrique, types et vêtements" comme étant des portraits réalisés à l'occasion de l'Exposition universelle de 1889, à Paris. Bonne occasion de vérifier que la donnée géographique est un qualificatif comme un autre, soumis lui aussi à interprétation. "Afrique" accolé à un portrait d'Africain à la fin du XIXe siècle peut signifier tout autre chose que "départ vers l'aventure, moustiquaire, et chasse au lion" (voir *Scoop* d'Evelyn Waugh), ce peut être "voyage vers l'Europe mystérieuse, représentation musicale, photographie pour la

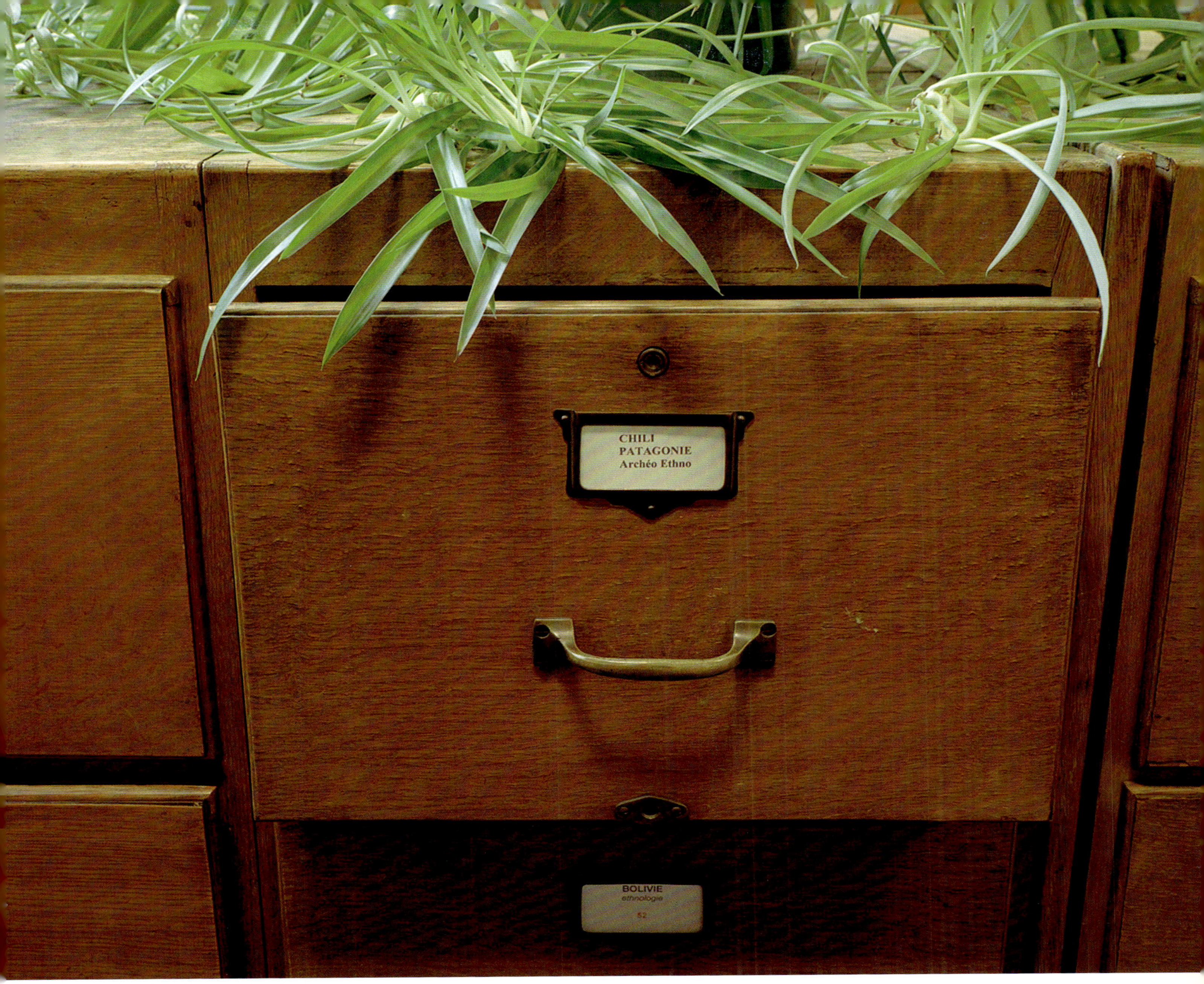

Jean de Calan
Musée de l'Homme, photothèque,
2002

presse" ou encore "transport en Europe, exposition à titre de spécimen, photographie". Ici encore, des situations complexes et des questions à peine soulevées par la recherche.

L'ALPHABET
Voir Dictionnaire.

LES CLASSIFICATIONS
Mais je ne vous parle que de ça… Voici les quatorze rubriques utilisées au musée de l'Homme depuis 1937 pour classer les photographies : cartes et paysages (se subdivise en : vues aériennes, faune et flore), types et vêtements (se subdivise en : vêtements, coiffures, parures et accessoires, techniques du corps qui se divise à nouveau en déformation, mutilation, ornementation), habitat (se subdivise en : habitation, construction,

mobilier, éclairage, chauffage), acquisition (se subdivise en : eau, cueillette, chasse, pêche), production (se subdivise en : élevage, agriculture), alimentation (se subdivise en : préparation, conservation, consommation, stimulants et narcotiques), techniques (se subdivise en : bois, cuir, feu, imprimerie, métal, pierre, poterie et céramique, tapa, textile, vannerie et nattage), transports (se subdivise en : terrestre, navigation), vie sociale (se subdivise en : scènes diverses, commerce, monnaie et échanges, mariage, naissance, vie familiale et domestique, hiérarchie sociale, bâtiments publics, fêtes, jeux et jouets, justice, guerre, politique, sociétés secrètes, musique, danse, théâtre), religion (se subdivise en : personnel religieux, lieux et monuments de culte, objets de culte et de piété, rites et cérémonies, rites et monuments funéraires, magie, sorcellerie), masques (à subdiviser par destination), arts (se subdivise en : architecture, sculptures et bas-reliefs, peintures et fresques, céramique, orfèvrerie), sciences (se subdivise en : enseignement, écriture, calcul du temps, calcul des nombres, calcul de la direction, calcul de la distance, hygiène, médecine, sciences appliquées), apports extérieurs (se subdivise en : chroniques et cartes anciennes, réceptions et personnages, constructions administratives et individuelles, chasse et pêche, production et industrie, transport et voies de communication, administration civile, administration militaire, religion, arts, enseignement, médecine).

LES HIÉRARCHIES
Voir Bassesse et infériorité.

COMMENT JE CLASSE
Vous aurez compris : en déclassant surtout.

BORGES ET LES CHINOIS
Ne parlons plus de classification, chinoise ou borgésienne, mais juste, pour un clin d'œil à Milo, de la carte de l'Empire de même taille que l'Empire lui-même : "Dans les Déserts de l'Ouest, subsistent des Ruines très abîmées de la Carte. Des Animaux et des Mendiants les habitent. Dans tout le Pays, il n'y a plus d'autre trace des Disciplines Géographiques."

SEI SHÔNAGON
Pour rester dans les listes de choses, voir les "choses que l'on ne peut comparer" ou les "choses qui perdent à être peintes" ("les œillets ; les fleurs de cerisier, de kerrie. Le visage des hommes et des femmes dont on vante la beauté dans les romans") puis les "choses qui gagnent à être peintes" ou encore les "choses qui sont éloignées, bien que proches" et les "choses qui sont proches, bien qu'éloignées". Sei Shônagon, *Notes de chevet*, Gallimard/Unesco, 2003.

LES JOIES INEFFABLES DE L'ÉNUMÉRATION

"On peut tout recenser."

BASSESSE ET INFÉRIORITÉ

Reparlons cartographie : à l'occasion d'un projet concernant une grande partie des collections, nous avions tenté de dessiner, sur l'idée d'Anne-Laure, une carte du monde. La taille des continents était déterminée par le nombre de photographies décrites de ces continents. Ni la carte surréaliste de 1929, ni celle du *National Geographic*, cette carte montrait que l'Océanie était un grand continent. Madagascar avait la même taille que l'Amérique du Nord.

LE DICTIONNAIRE

Voir Alphabet.

JEAN TARDIEU

Voir Sei Shônagon.

COMMENT JE PENSE

"Dans un réseau de lignes entrecroisées", comme sont ces notes.

DES APHORISMES

(Genre de mot d'esprit qui amène à des interrogations sans fin sur les points communs entre la photographie, les tondeuses à gazon, les voitures de course par exemple.)

"DANS UN RÉSEAU DE LIGNES ENTRECROISÉES"

Depuis Arles il y a

– ceux que j'ai vus encore hier
– ceux que je croise régulièrement
– ceux avec qui j'ai travaillé
– ceux que je vois de temps en temps
– ceux que je ne vois pas, mais dont je sais qu'ils ont un livre à moi
– ceux que je n'ai pas vus depuis longtemps
– ceux que je ne peux plus croiser (Patrick Martin) même si je les ai revus longtemps (Tage Kristensen).

DIVERS

Le divers c'est pour la suite, les choses non encore démêlées et les projets. Côté "actualités", notamment une exposition Désiré Charnay, au musée du quai Branly, en 2006.

L'ANTHROPOGÉNIE : UNE PHILOSOPHIE DE RUPTURE

Denis Baudier
Rédacteur en chef de R & D, magazine de la recherche et développement de Renault

*Après l'ENP, **Denis Baudier** se tourne vers l'écriture. Il fait ses premières armes comme critique d'art pour le magazine* Art Press *avant de rejoindre, à la fin des année 1980, l'agence Totema pour rédiger la partie culturelle de* "L'Art et sa Méthode", *une encyclopédie de peinture à vocation pédagogique. Il commence ensuite à travailler pour la presse d'entreprise. Il collabore notamment pendant dix ans au journal interne d'Air France, dix ans assez intenses, la compagnie ayant vécu au cours de cette décennie à peu près tous les cas de figure que peut rencontrer une entreprise : crise majeure, conflits multiples, redressement, fusion tumultueuse avec Air Inter, prise d'otages de Marseille, alliances internationales, ouverture du capital, 11 septembre, développement… Depuis 2002, il est le rédacteur en chef de* R & D, *le magazine de la recherche et développement de Renault.*

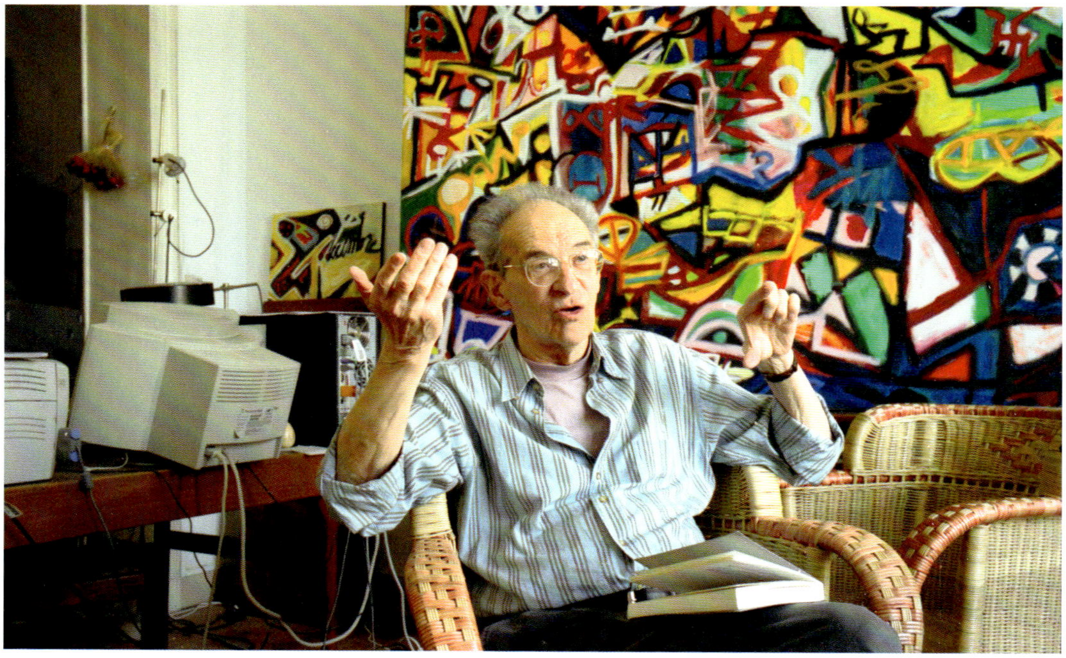

Denis Baudier
Henri Van Lier,
2005

Ils se sont habitués. Mes amis savent qu'au fil d'une discussion avec moi, il y a de très fortes chances pour qu'au bout d'un certain temps j'en vienne à parler d'Henri Van Lier, le philosophe qui, entre autres choses, a écrit *Philosophie de la photographie* et *Une histoire photographique de la photographie*, le premier ouvrage figurant au concours d'entrée à l'ENP lorsque je m'y suis présenté en 1984. Ils ne partagent guère mon enthousiasme à son propos mais, comme ils sont bienveillants, ils mettent cette obsession sur le compte d'une petite bizarrerie personnelle, d'une petite névrose sympathique, du même mécanisme qui voit les élèves des classes de terminale des lycées tomber amoureuses de leur prof de philo. Tout le monde a ses marottes… Oui mais voilà, il y a erreur sur le diagnostic. En fait, le mal est bien plus profond qu'ils ne l'imaginent. Non seulement je suis un fervent adepte de la philosophie du monsieur, mais en plus, je considère qu'il est un peu l'équivalent d'un Galilée ou d'un Newton pour les sciences humaines…

Qu'est-ce qui peut bien motiver un tel élan compulsif pour un philosophe de quatre-vingt-trois ans assez peu connu et reconnu ? Avant d'essayer de répondre à cette question, disons d'emblée que, même si beaucoup des textes qu'il a écrits au cours de sa vie, notamment *L'Animal signé* et *Les Arts de l'espace*, sont importants, le travail le plus magistral qu'il ait réalisé et qui motive mon admiration inconditionnelle est son *Anthropogénie*[1], que je considère comme l'un des grands chefs-d'œuvre de l'esprit humain. C'est une œuvre

1. L'anthropogénie est accessible sur le site www.anthropogenie.be

de vieillesse, sur laquelle il a commencé à travailler au début des années 1990, vers soixante-dix ans, et qu'il a achevée vers 2002/2003, même si un tel ouvrage, ayant pour objet une philosophie de l'être humain, n'est jamais tout à fait terminé.

Alors, pourquoi cet élan ? Si j'étais mauvaise langue, je répondrais déjà négativement en disant que sa philosophie présente un premier mérite, celui de ne pas appartenir au champ de la philosophie bavarde, moraliste ou philologique (la philosophie passant son temps à relire la philosophie), qui représente à peu près 95 % de la philosophie "visible". Mais comme ce serait une facilité indigne d'un *anthropogéniste*, mettons que je n'aie rien dit.

Plus sérieusement, la vraie rupture introduite par l'anthropogénie tient au fait qu'il s'agit d'une philosophie "par le bas", *bottom up* plutôt que *top down* comme disent les financiers. C'est-à-dire qu'au lieu de raisonner à partir de concepts *a priori* – Beau, Vrai, Conscience, Liberté, Justice, etc. –, elle commence par le commencement, c'est-à-dire l'homme (désigné sous l'appellation générique "homo") : son corps, sa morphologie, son système nerveux, sa vue, son ouïe, etc. Elle s'attache donc aux performances basiques d'homo, puis remonte ensuite progressivement vers ses "accomplissements" : les signes, les images, le langage, l'architecture, l'écriture, les théories, les vies, etc. En ce sens déjà il y a rupture puisque Van Lier rompt ainsi avec un certain présupposé philosophique qui veut que l'on puisse raisonner sur l'être sans en passer par la science et la technique, par "le simple effort de l'esprit". Cette orientation n'est pas le fruit du hasard. Elle a, d'une certaine façon, été rendue possible par la fantastique accumulation de savoirs enregistrée depuis soixante ans dans à peu près tous les domaines de la science : paléoanthropologie, physique, astrophysique, biologie, biochimie, neurologie, neurophysiologie, informatique mais aussi histoire des civilisations, etc. Toutefois, Van Lier ne se contente pas de réaliser une synthèse et d'assembler les différentes pièces disponibles du puzzle humain – ce qui serait déjà beaucoup et mériterait en soi une haute estime, car cela n'a rien d'évident de regrouper des briques aussi dispersées et souvent complexes.

Non, il va beaucoup plus loin : il produit en plus le "ciment" philosophique qui permet de les faire tenir ensemble. Grâce à la paléoanthropologie, on connaît par exemple assez bien les caractères morphologiques qui permettent de différencier un hominidé d'un grand singe : station debout, larynx, pouces oppositifs. Mais on ne savait pas très bien jusqu'à présent pourquoi ils avaient provoqué ce basculement, et ouvert ce chemin inédit dans l'histoire de l'évolution.

Sur ce point, Van Lier apporte de nombreux éléments nouveaux : il fait ainsi ressortir des dimensions telles que l'angularité, la transversalité, la segmentarisation, qui n'apparaissent pas en tant que telles dans la littérature scientifique. Van Lier est ainsi le premier à mettre en avant la transversalité d'homo comme une sorte de révolution dans l'ordre animal, dominé jusqu'alors par l'orientation "avant-arrière" ou "tête-queue". La transversalité qui va susciter "la panoplie, le protocole, l'image, la schématisation, le texte, et donc le monde". "Le texte que lit présentement le lecteur est là devant lui, frontal et transversalisé, comme il l'a été pour celui qui l'a écrit, en vertu du plan transversalisant de la station debout", écrit-il dans un petit

raccourci évocateur. Et qui, en dehors de lui, a repéré que "*seule la station debout, avec ses trois dimensions orthogonalisées et les pivots des deux talons, a inauguré la marche, et même la démarche*" et que cette dernière, "*comporte «l'un PUIS l'autre», «l'un ET l'autre», «l'un OU l'autre», «l'un SI l'autre», et prédispose aux synthèses logiques : consécution, association, disjonction, condition*". En arrière-plan, se dessine évidemment une approche assez nouvelle des relations "corps-esprit".
Mais il est difficile de résumer quelque chose d'aussi dense et d'aussi nouveau. Le paragraphe sur la transversalité fait quelques lignes dans un ouvrage de plus de mille pages... Alors, pour essayer de faire partager mon enthousiasme, je dirais plutôt que ce texte répond à toutes les questions que personnellement, en tant que spécimen hominien à la croisée des deuxième et troisième millénaires, je me suis toujours posées. Par exemple, et dans le désordre : quelle est la différence entre un computer vivant (cerveau) et un computer non vivant (ordinateur)? Quelles sont les grandes catégories de signes? Qu'est-ce que l'art? Qu'est-ce que la "conscience"? D'où vient ce sentiment que l'on a changé de monde à la fin de la Seconde Guerre mondiale? Comment les mentalités évoluent-elles? Pourquoi les hommes accordent-ils autant d'importance à la religion? Comment le "miracle grec" est-il advenu? Comment naissent les ruptures artistiques? Quelles sont les grandes différences entre les principales civilisations actuelles? Pourquoi les mathématiques semblent coller si bien au réel? Quelle est la part de détermination, de conditionnement et de liberté chez un être humain? Quel crédit accorder aux sciences humaines?...
Je ne crois pas, par exemple, avoir jamais rien lu avant lui de sérieux sur ce qu'était l'art. Il en est question un peu partout, il s'écrit chaque année des quantités anapurnesques de textes sur l'art, à propos de l'art, mais presque personne n'a jamais sérieusement défini ce qu'était l'art, ce qui en faisait la singularité fondamentale, à l'exception toutefois d'un paragraphe dans *Stabilité structurelle et morphogenèse* de René Thom, le mathématicien-philosophe, père de la théorie des catastrophes. Tout le monde tourne autour du pot, fait comme si la question était tranchée, dépassée, voire ringarde, alors qu'en fait, elle n'a tout simplement jamais été résolue. Van Lier, là encore, apporte des éléments nouveaux, en plusieurs étapes. Il définit d'abord la notion d'effets de champ, en distingue les différentes catégories – statiques, cinétiques, dynamiques et excitées –, introduit la distinction entre les thèmes d'une œuvre et son sujet, définit ce qu'est un sujet d'œuvre, et distingue encore art quotidien et art extrême, deux catégories toutes simples qui permettent notamment de faire la différence entre Enrico Macias et Beethoven.

Même travail de fond avec la "conscience". Aujourd'hui, en dépit des progrès accomplis par l'imagerie médicale, la neurologie, la biochimie, l'endocrinologie ou l'informatique du cerveau, les scientifiques continuent à se heurter à ce problème, que certains scientifiques considèrent comme LE problème des neurosciences. Là encore, Van Lier fait vraiment avancer le schmilblick, d'une façon à la fois radicale et pour le coup, franchement philosophique. Il offre sur la question la réflexion la plus précise, la plus argumentée, la plus méthodique et la plus convaincante qui soit, et la plus déroutante aussi. Ce n'est pas lié à ses thèses mais à la

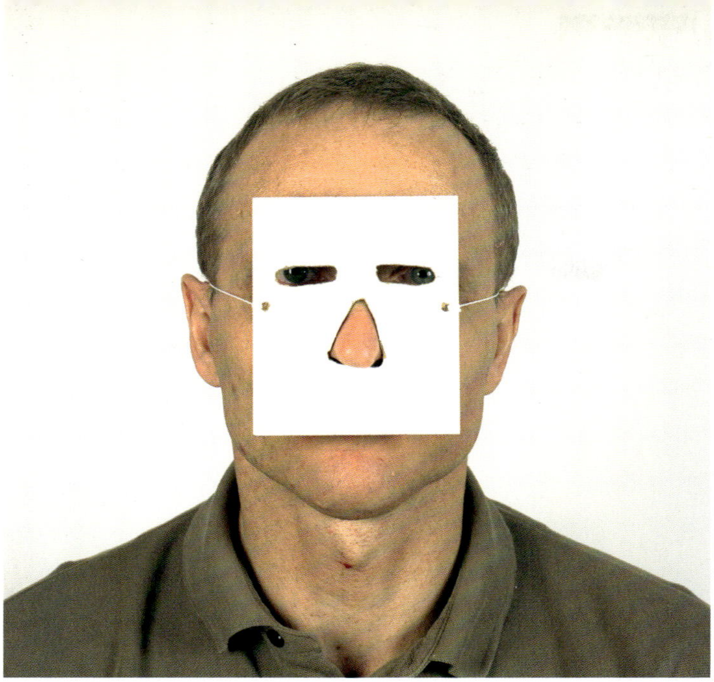

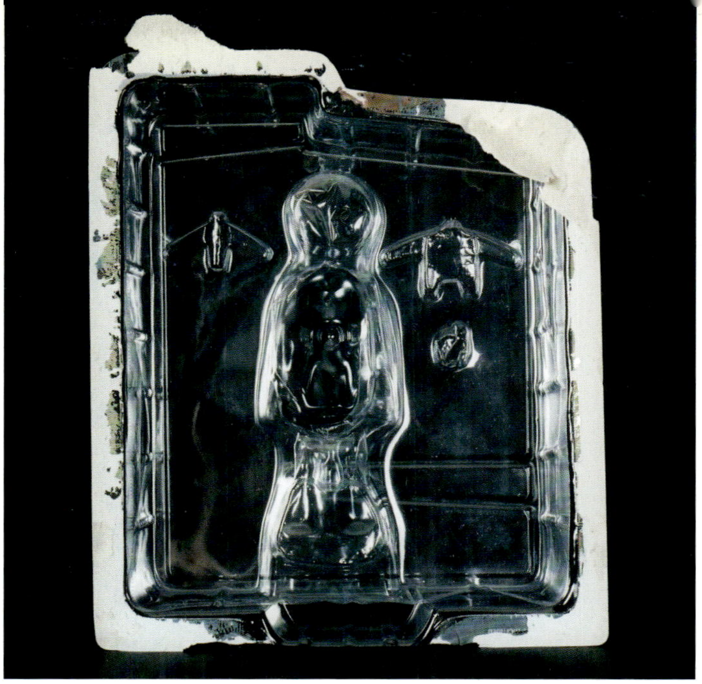

Denis Baudier
Pascal

Denis Baudier
Sans titre, de la série "Blisters"

nature même de la "conscience", qu'il préfère appeler "présence" ou encore "auto-translucidité". Je reste délibérément évasif pour introduire un peu de suspense et vous donner envie d'aller y jeter un œil. En tout cas, ses thèses sur le sujet éclairent d'un jour nouveau mille questions qui tournent autour des religions, des civilisations, de cette dichotomie irritante entre matière et esprit.

Mais il est peut-être maladroit d'aborder ainsi son anthropogénie par des sujets aussi extrêmes et controversés que l'art et la conscience. Il ne s'agit jamais que d'exemples de sujets qu'il fait avancer. Il y en a bien d'autres.

En vrac, quelques éléments qui me font aimer sa pensée : les choppers, bifaces et autres pierres taillées appartiennent aux ancêtres des images ; les signes se décomposent en quatre catégories : indices, index, signes analogiques, signes digitaux. Il établit une distinction importante entre images tracées (dessin, peinture) et images granulaires (photo, vidéo, etc.), chacune étant aujourd'hui le foyer privilégié d'une catégorie d'effets de champs. Pour lui, le comportement général de l'être humain n'est pas modélisable, ce dernier étant un animal "possibilisateur", mais enfin, il ne faut pas exagérer non plus, homo reste un mammifère supérieur qui a un *ethos*, c'est-à-dire des tendances comportementales assez stables, qui ne sont pas si nombreuses que ça. Par ailleurs, bien des traits de caractère s'expliquent chez lui par sa fragilité constitutive, et il s'est donc inventé un grand nombre de passe-temps pour les contrer. L'escroquerie n'est pas un travers réservé à quelques malfrats, c'est une dimension essentielle de l'être humain – l'escroquerie est partout.

Alors voilà, mille pages plus loin, le lecteur dispose d'une grille de lecture incomparable sur l'être humain, qui devient ainsi beaucoup plus lisible.

L'Anthropogénie n'est certes pas un ouvrage facile, parce qu'il comporte beaucoup de concepts nouveaux, qui s'additionnent les uns aux autres au fur et à mesure. Et il tranche aussi avec les habitudes du genre, qui assimilent la "belle écriture" avec la profondeur de l'esprit. Il n'y a pas de citations – l'une des friandises favorites de l'intellectuel français – dans *L'Anthropogénie*, ni d'effets de manche, mais des thèses argumentées, précises et méthodiques, dans une approche archimédienne. Pas un travail très sexy donc, mais d'une invraisemblable fécondité. J'en ai peur, mes amis n'ont pas fini d'en entendre parler.

RÉBUS

Noël Bourcier
Graphiste indépendant

Diplômé de l'Ecole nationale de la photographie (Arles, 1987), **Noël Bourcier** *a écrit des articles sur la photographie dans* Art Press, Le Provençal, Photographies magazine, Réponses Photo, Encyclopædia Universalis. *A partir de 1991, il est chargé à Patrimoine photographique (ministère de la Culture) de la conservation et de la diffusion des fonds Denise Colomb puis André Kertész. Pendant onze années, il organise des expositions au palais de Tokyo puis à l'hôtel de Sully (Paris). Directeur artistique, il assure la communication visuelle de Patrimoine photographique à partir de 1998. Parallèlement, il commence une activité de graphiste free-lance : affiches de la marche et du concert de l'Europride 1996, couvertures pour les éditions Balland, charte graphique de la galerie 14-16 Verneuil (Paris), beaux-livres pour les éditions Léo Scheer* (Man Ray-Rayographies) *et les éditions du Seuil* (Dorothea Lange, Kirikou, Karambolage). *Depuis 2003, il est graphiste indépendant, photographe et enseignant.*
Sa dernière publication, Photo-Les Contraires *(Seuil Jeunesse, 2005) est un livre de photographie destiné aux enfants.*

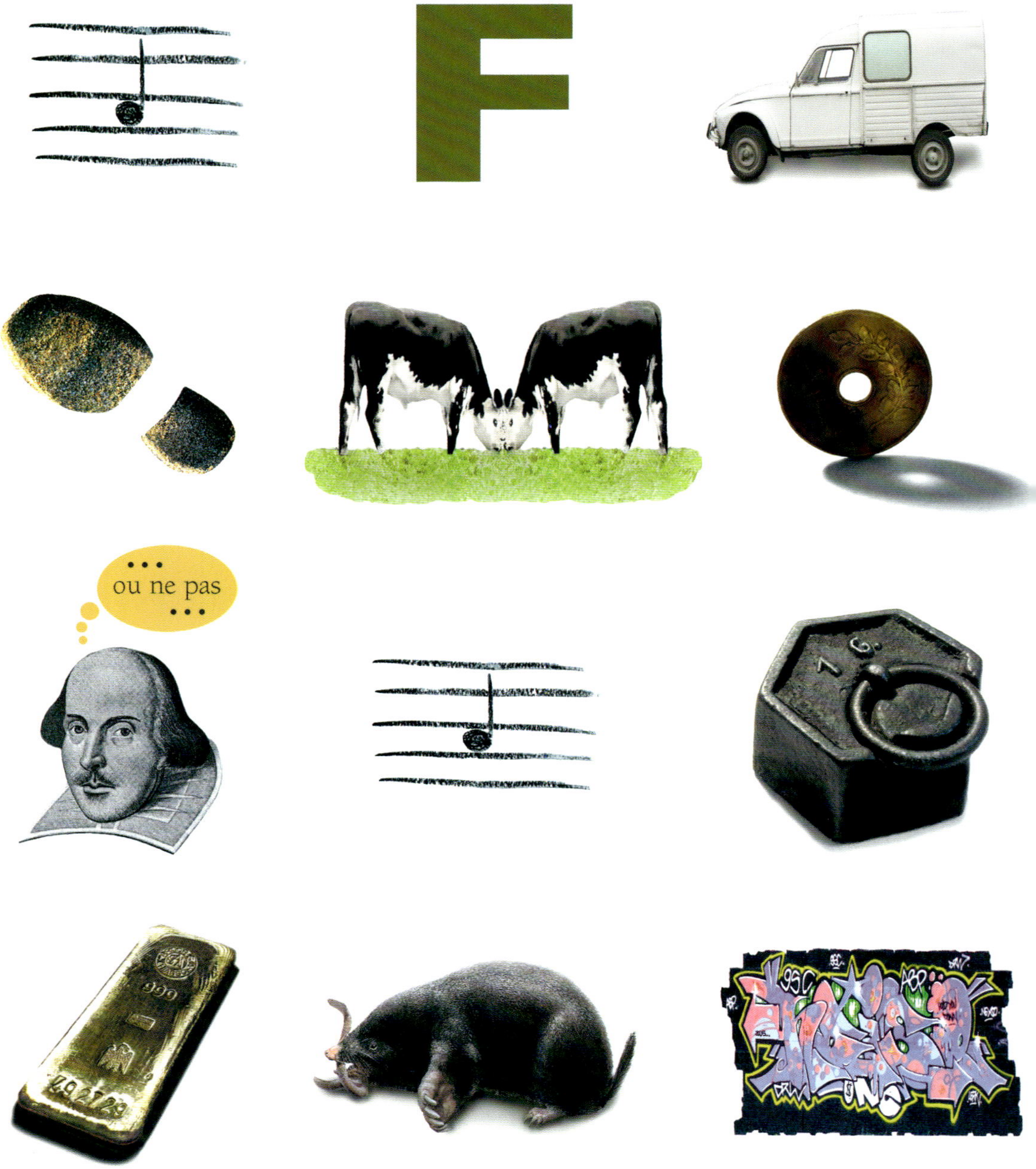

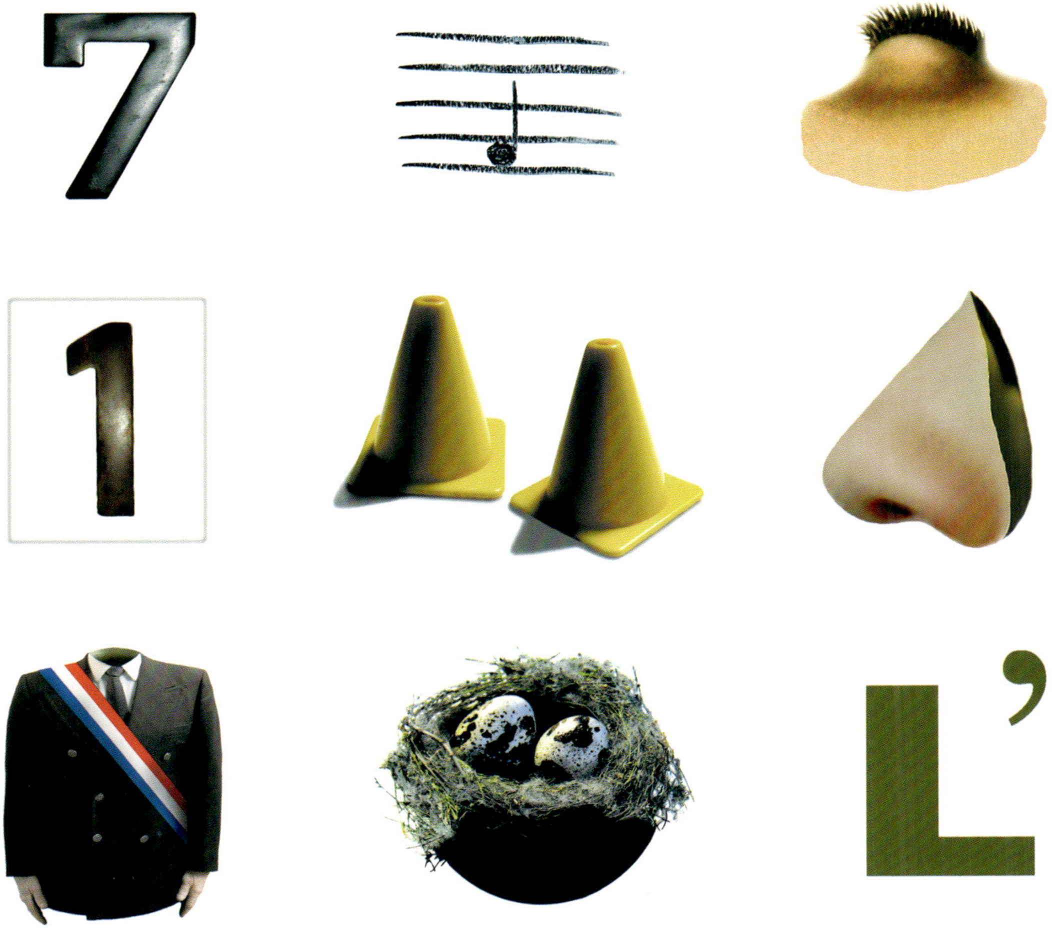

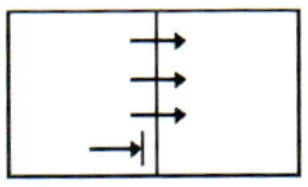

Solution

La-F-Auto-Sept-Fa-Cils-Pas-Bœufs-Sou-Un-Deux cônes-Nez-Être-La-Gramme-Maire-Nid-L'-Or-Taupe-Graphe
La photo c'est facile, pas besoin de connaître la grammaire ni l'orthographe.

DACTYLOGRAPHIE

Erik Bullot
Cinéaste, écrivain

***Erik Bullot** est né en 1963.*
Après des études à l'Ecole nationale de la photographie et à l'Idhec, il est pensionnaire en cinéma à l'Académie de France à Rome.
Auteur de nombreux films, à mi-chemin du cinéma d'auteur et du film d'artiste, il les présente dans différents musées et festivals.
Une monographie, accompagnée d'un DVD, lui a été consacrée en 2003 aux éditions Léo Scheer avec un texte de Jacques Aumont.
Cofondateur de la revue Antigone, *revue littéraire de photographie, il a publié un roman (*Tombeau pour un excentrique, *Deyrolle, 1996), un essai (*Jardins-rébus, *Actes Sud, 1999), divers catalogues (*L'Attraction universelle, *galerie Snapshot, 1994;* Le Singe de la lumière, *Le Crédac, 2002).*
Il est membre du comité de rédaction de la revue Cinéma *et collabore régulièrement à* Trafic.
Parallèlement à son activité de cinéaste, il a enseigné à l'Ecole supérieure des beaux-arts de Marseille, au Fresnoy, Studio national des arts contemporains à Tourcoing, à l'Ecole d'art d'Avignon.
Il enseigne actuellement à l'Ecole nationale supérieure d'art de Bourges.

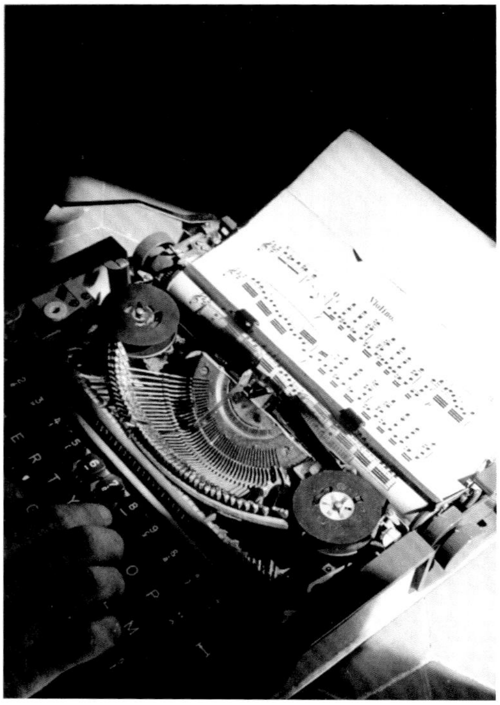

Erik Bullot
De la série "Le Singe de la lumière",
1996-2000

Une ferveur inquiète gagne l'assemblée dans la salle du temple. A haute voix, le souffle court, certains des fidèles lancent leurs prières d'un ton précipité en criant presque parmi la foule attentive. Peu à peu, ces cascades de louanges et de remerciements, psalmodiées d'une voix pressante, haletante, reprises par d'autres, s'accélèrent et se métamorphosent sans crier gare en pure glossolalie. Langue imaginaire, inspirée, vocalique et liquide. Flux des syllabes, langue des oiseaux. La transe prophétique délivre le chant glossolalique. Au milieu des fidèles qui lèvent les bras, chantent en chœur psaumes et cantiques, j'assiste, émerveillé, au "don des langues" lors d'un culte pentecôtiste, à Paris, un dimanche matin d'hiver. Je ne laisse pas d'être étonné de ma présence au sein de cette assemblée. Certes, ma place est celle d'un simple observateur, mais le sentiment qui émane de la cérémonie reste quelque peu étrange, inattendu, trouble.

*

Ecriture et langage entretiennent une relation paradoxale avec le cinéma. Non seulement ce dernier s'est pensé à ses débuts comme une langue universelle (la création de l'espéranto est peu ou prou contemporaine de celle du cinéma), mais la technique cinématographique elle-même peut trouver sa place parmi les divers systèmes d'écriture tels que, dans des registres très divers, le hiéroglyphe, l'idéogramme, l'alphabet, la sténographie, le morse, le braille, la cryptographie, etc. Une généalogie du cinéma liée à l'histoire de ces techniques serait à inventer. Citons, par exemple, la *Mimographie* d'Auguste Bébian, où l'auteur propose une "écriture mimique propre à régulariser le langage des sourds-muets", les diverses tentatives plus ou moins cocasses de photographie de la parole (celle du Solitaire de Montretout, notamment) ou la notation de Rudolf Laban relative aux mouvements de la danse. Le cinéma aura-t-il été le graphe du signe? Cette hypothèse généalogique, née d'une première rencontre avec le langage des signes qui suppose une sorte d'interpolation entre le mot et l'image, a nourri certains de mes films, construits pour la plupart sur un mode allégorique, liés à la langue des signes *(Ombres chinoises)*, à l'alchimie *(Les Noces chymiques)*, à la cryptographie *(Cryptogramme)*, aux synesthésies *(Le Singe de la lumière)*. Actuellement, je tourne une vidéo sur le langage intitulée *Glossolalie*. Conçue comme une "lettre filmée", elle confronte différents modes de communication en vue de produire des heurts, des éclats, entre l'image et la parole : langues étrangères, glossolalies, transmissions militaires, cours d'espéranto, improvisations de poésie sonore, langue des signes, exercices calligraphiques, code morse, machines à chiffrer, comptines exotiques, etc. A l'heure de répondre à l'invitation d'écrire pour une revue liée à la photographie, placée sous le signe de Marcel Duchamp, la relation de l'image à la lettre me semble curieusement faire écho au passage de la photographie au film qui aura marqué ma propre expérience. J'aimerais éclairer la nature de ce double déplacement.

*

La brièveté de l'expérience photographique dans la biographie de certains artistes ou savants est frappante. Après quelques années de pratique intense, parfois fébrile, d'invention et de mise au point de différentes techniques, de déclinaison singulière d'un répertoire de motifs, le médium photographique est délaissé pour d'autres préoccupations : théorie des ensembles, déchiffrement des hiéroglyphes, littérature, etc. Je pense ici, bien sûr, à William Henry Fox Talbot et Lewis Carroll. La photographie semble se révéler sous le sceau exclusif de la soudaineté. Le noyau obscur d'une œuvre (mais peut-on encore parler d'œuvre au sens traditionnel?) se trouve révélé et cartographié sur un laps de temps relativement court. Est-ce faire preuve d'excès de romantisme que d'observer une même fulgurance temporelle chez certains photographes qui, contrairement à Talbot ou Carroll, n'ont jamais totalement délaissé le médium photographique? Les premières images de Cartier-Bresson en Espagne ou au Mexique ou l'aventure de la FSA pour Walker Evans semblent relever d'expériences décisives où se dessinent avec intensité les traits déterminants de la formation d'un style. Même s'il est possible de deviner dans les dernières images d'Evans une anticipation fine et subtile de nombreuses pratiques de l'art contemporain, l'intensité de la "première fois" reste saisissante. La photographie est-elle marquée par une force de fulguration qu'il s'agit dès lors de conjurer? En apposant par contact des plaques de verre sur son ruban de pellicule pour le *Retour à la raison* en 1923, Man Ray a fait du film, au sens littéral, avec de la photographie. Le cinéma aura-t-il été l'une des arêtes, sans doute la plus aiguë, de la photographie? La brèche grâce à laquelle la question de la soudaineté trouvait enfin sa relève? Le film est-il l'accélération de la photographie, pour reprendre l'expression de Marshall McLuhan?

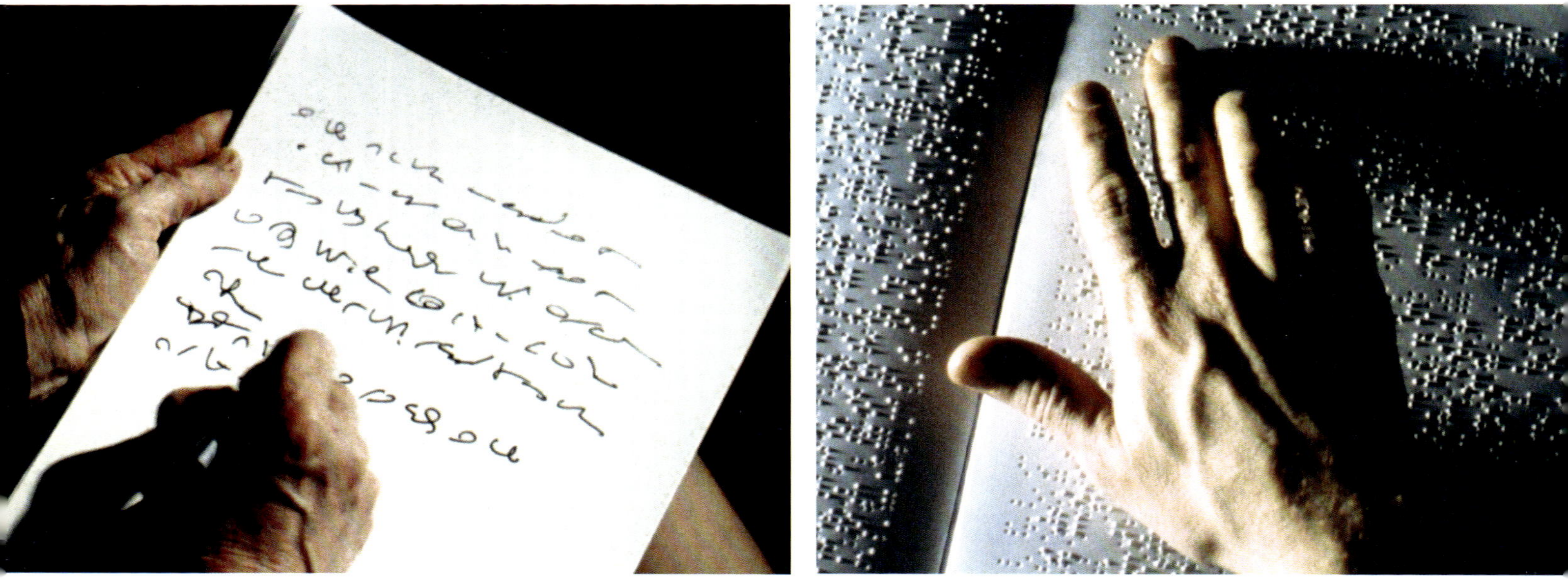

Erik Bullot
Le Singe de la lumière
(photogramme), 16 mm, 23 min, 2002

L'image fixe doit-elle être comprise comme un chapitre instantané de l'histoire du cinéma? "Une photographie fixe est tout simplement une image isolée qu'on a «sortie» du cinéma infini", écrit Hollis Frampton[1]. Aujourd'hui, cette ligne de démarcation s'est déplacée. Sa continuité reposait sur l'impératif moderniste de l'autonomie de chaque médium. Sans avoir totalement disparu, la frontière est désormais plus discontinue. Elle dessine un pointillé qui fait vaciller l'écart même entre fixité et mouvement. Le numérique est la griffe qui rogne avec ruse cette bordure.

*

Si le cinéma a largement allégorisé sa fin, aussi bien dans les films que dans son discours critique, la photographie est restée plutôt silencieuse sur ce point. Le cinéma, art du temps, avait-il pour vocation de réfléchir sa propre finitude? La photographie est-elle vouée au contraire à disparaître de manière soudaine?
Pourtant, dans mon souvenir, les séries des fenêtres de Josef Sudek ou des plages de Harry Callahan ("Cape Code", 1972) ont signifié assurément une fin de la photographie par la mélancolie profonde de leur sujet, leur fascination pour la pure surface, leur intense vibration atmosphérique, leur évidement. Je choisis ces exemples à dessein. Ce furent les deux séries découvertes en Arles à la toute fin des années 1970 qui me laissèrent soupçonner la dimension spirituelle de la photographie. La révélation d'un art s'accompagne-t-elle

1. Hollis Frampton, "Pour une métaphysique du film" (1971), trad. C. Wasjbrot, *Trafic*, n° 21, 1997, repris in *L'Ecliptique du savoir*, éditions du centre Georges-Pompidou, Paris, 1999, p. 107.

du pressentiment de sa fin ? Il est curieux d'observer en effet que le caractère indiciel de la photographie, de nature analogique, sur laquelle Barthes élabore les règles de sa *Chambre claire*, prolongeant le célèbre article de Bazin sur l'ontologie de l'image photographique, ne coïncide plus, au moment même de sa publication, avec le mode de production numérique des images. En dessinant méticuleusement ses clichés sur ses carnets avant le développement de ses films, conjurant quelque accident technique toujours possible, l'enfant Lartigue, au début du XXe siècle, exerce un "art de mémoire", à mi-chemin de l'anticipation et de la réminiscence, qui rapproche l'exercice photographique du *calcul mental*. L'enregistrement indiciel ne fut-il pas toujours mêlé de construction, à l'instar d'une image calculée ?

*

C'est moins la frontière avec le film qui inquiète aujourd'hui la photographie que le transport de l'image au sein des techniques de communication. Le livre ou le pli postal ne sont plus les seules modalités de son envoi. La photographie est émise à une vitesse prodigieuse sous la forme de fichier numérique, envoyée par satellite, traversant l'éther à la recherche d'écrans où s'afficher, à la manière des simulacres dans les théories astronomiques de Camille Flammarion. Soudaineté accrue sans délai ni révélation. L'image est devenue un calcul, une table au sens que Walter Peterhans lui donna peut-être dans ses cours du Bauhaus. La machine confond le texte et l'image, le son et le film. Je photographie sur les touches de mon ordinateur. J'écris, calcule, enregistre, monte mes films du bout des doigts, à tâtons, tel le promeneur aux yeux bandés qui illustre la *Dioptrique* de Descartes, une canne à la main pour éprouver le relief. Je suis un photographe dactylographe. En 1873, Latham Sholes, imprimeur, conçoit la première *type-writer* dont il dépose le brevet. Il signe un contrat d'association avec le fabricant d'armes Remington pour une fabrication industrielle. Proximité entre la machine à écrire, la caméra et l'arme : on pense à la photographie de Jean George Auriol, directeur de la *Revue du cinéma*, au congrès de La Sarraz en 1929, utilisant sa machine à écrire comme une mitraillette dans la pochade filmée par Eisenstein. La première machine sort des usines Remington en 1874. Curieusement, l'écriture reste invisible. Il faudra attendre 1893 pour que les lettres apparaissent aux yeux du dactylographe. Dans *The Big Store*, Harpo Marx use d'une machine délirante, couplée à un grille-pain, dont le chariot volant sort de son axe (il doit le rattraper à la main, filant dans les airs). Détective privé quelque peu excentrique, Groucho observe du coin de l'œil, incrédule, son secrétaire frénétique. Le bruit assourdissant de la machine l'empêche d'entendre quoi que ce soit aux propos de sa cliente véhémente. Dans *The Great Dictator* de Chaplin, Hynckel est stupéfait : les mains de la dactylo crépitent longuement pour un seul mot, et ponctuent d'un geste bref un long discours. Le temps de l'émission correspond rarement à celui de la trace.

*

Créée en Arles en 1985, *Antigone*, "revue littéraire de photographie", se proposa d'explorer les associations d'idées, les tropes, les dérives inspirés par la photographie. L'éventail des thèmes proposés, tels que "l'idée de la Chine", "les jardins abandonnés", "le démon de l'analogie", "la distraction", "la poussière", "la foudre" ou "le son des choses", avait pour objet de cartographier une réserve imaginaire, à l'intersection du lisible et du visible. Le choix du titre, *Antigone*, en hommage à la fille qui guide les pas de son père, Œdipe, aux yeux crevés, supposait un lien secret et décisif entre la vue et l'aveuglement. De la littérature ou de la photographie, qui est le guide?

*

J'achète régulièrement des livres anciens ou curieux : traités de sténographie, livres d'héraldique, planches de codes secrets, manuels de cryptographie, pages d'idéogrammes, dictionnaires français-coréen, atlas, guides de voyage, etc. J'observe à la loupe leurs codes secrets, leurs arabesques, leurs signes étranges. Je photographie (ou filme) leurs pages énigmatiques. "Lettres filmées", au sens littéral. Si cet intérêt visuel pour la chose écrite relève d'une actualité sur la nature de l'image aujourd'hui, toujours impure, toujours entremêlée de texte, ce geste reconduit par ailleurs celui des précurseurs de l'image fixe, de Niépce à Talbot. Reproduire des lettres fut le moteur de l'invention de la photographie. (Ecrire avec le crayon de la nature.)

*

Au vu d'une commande de porcelaines de la part d'Occidentaux, les Chinois prirent le modèle reçu *à la lettre*. Les chiffres tracés sur le patron ne renvoyaient plus pour eux à un nuancier; ils furent reproduits tels quels, à la stupéfaction des clients qui ouvrirent, médusés, leurs colis. Cette histoire m'a toujours fasciné. Littéraliser la métaphore, selon l'expression des formalistes russes, est l'une des leçons de l'art. En montant ces courtes propositions elliptiques, je procède d'une manière volontiers allégorique. L'allégorie n'est-elle pas la figure qui court-circuite ce rapport énigmatique entre l'image et le texte? "Une planche d'un traité d'escrime, une mine de sel, une chambre noire d'avant la photographie, la chasse aux martinets dans une ville italienne vers 1570 ou aux canards sauvages par des Chinois coiffés de demi-courges évidées, il n'est rien qui ne fournisse occasion à ce fantastique masqué de faire une entrée sournoise[2]." L'image procède parfois à la manière d'une allégorie obscure, bruissante de légendes. La photographie est allégorique (ou ne sera pas).

2. Roger Caillois, *Au cœur du fantastique*, Gallimard, "Folio", Paris, 1976, p. 165.

PRESSE ET PHOTOGRAPHIE : SUBVERSIVE ET CONVENTIONNELLE

Serge Challon
Directeur de l'agence Editing

Après avoir travaillé dans les domaines de l'éducation spécialisée et la psychiatrie, ***Serge Challon*** *intègre la première promotion de l'Ecole nationale supérieure de la photographie en 1982. Il enchaîne ensuite diverses activités dans l'édition et l'imprimerie et rejoint le service photo du journal* Libération *en 1986 avant de prendre la direction du service photo de* Lyon Libération. *En 1988, il quitte le journal et fonde l'agence de presse photographique Editing qu'il dirige encore aujourd'hui. Parallèlement à cette activité professionnelle, Serge Challon a de nombreuses activités liées à la photographie (rédaction d'articles consacrés à l'image, participation à des colloques sur le droit à l'image et sur la place du photojournalisme dans la société de l'information notamment). Désireux de travailler aussi avec des universitaires sur ces thématiques, il obtient un diplôme d'études approfondies en sciences de l'information et de la communication à l'université Lyon-2 en 1999. Serge Challon est président du SAPHIR (Syndicat des agences photographiques d'information et de reportage), membre du conseil d'administration de la Fédération française des agences de presse et membre de la Commission paritaire des agences de presse.*
Il intervient régulièrement à l'ENSP d'Arles et participe à son projet de développement d'une mission d'enseignement de la photographie à Hô Chi Minh-Ville au Viêt-nam.

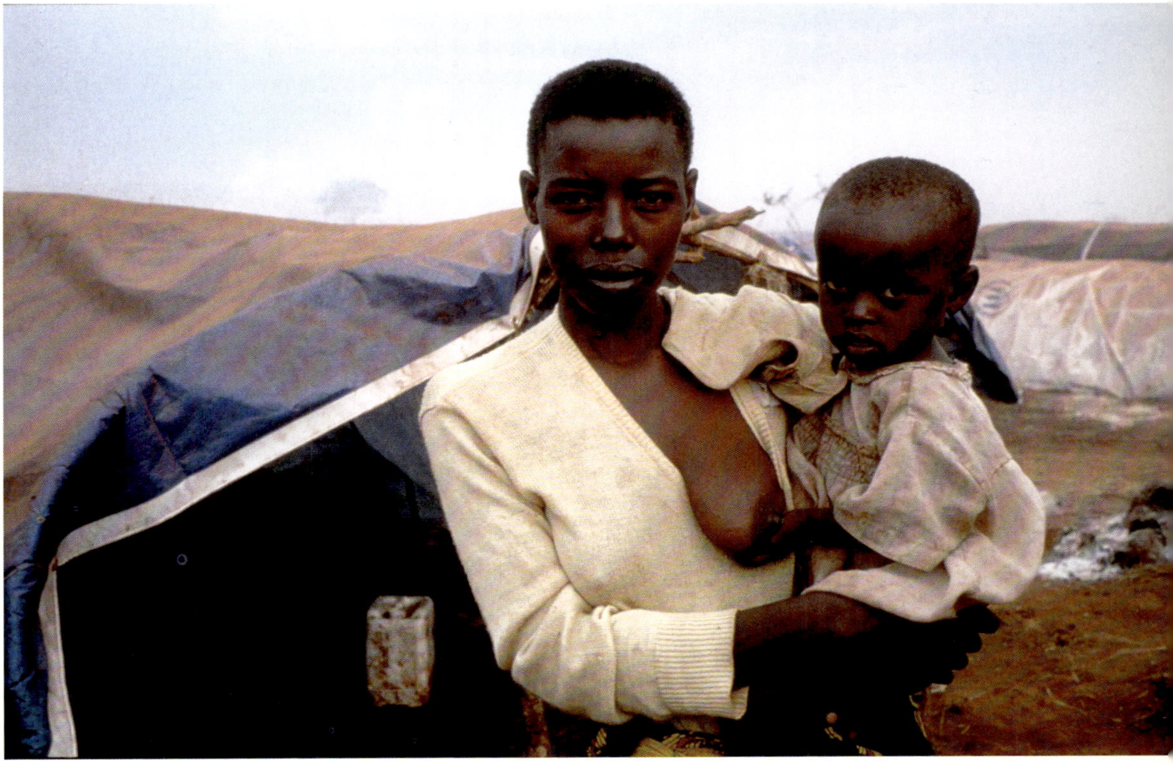

Jean-Paul Bajard/EDITING
Réfugiée Hutu, Benako, Tanzanie, juin 1994

Femme, noire, portant un enfant, enfant, noir, soutenant le sein de sa mère dans sa paume ouverte, regard, photographe, blanc, étranger, Tanzanie 1994. Une image qui n'est jamais parue. Parce qu'elle n'a jamais répondu à une question dont elle aurait été la réponse. Alors cette femme, cet enfant et ce photographe n'en ont pas terminé avec cette image. C'est l'histoire d'une détresse non photographiée, hors du champ, ou plutôt d'une détresse photographiée mais non signifiée, alors devenue invisible aux regards. Information marchandise, inadaptée à la demande, invendue. Non vue. Mal vue. Malentendus.

C'est l'histoire d'une image, comme une autre, comme il en est produit des milliers, des dizaines de milliers dans le monde chaque jour. Certaines répondent à la question, d'autres la précèdent ou la créent. Les photographes se dévouent dans une unanimité inquiétante pour produire, pour rapporter, pour transmettre de l'image. Et l'on prétend encore que la bonne photographie est celle qui paraît. La profession continue de croire que les images sont porteuses d'information, et, pire encore, certains orthodoxes sont toujours convaincus que la guerre du Viêt-nam s'est terminée grâce à leur seule force.

Le malentendu est pourtant bruyant. Nul besoin d'être très attentif pour comprendre le rôle que la photographie remplit dans la presse et percevoir les rouages qui la déconstruisent afin de l'entretenir dans une fonction illustrative. Une photographie est créée parmi mille possibilités lors de la prise de vue, choisie encore parmi des centaines entre celles qui sortiront de la mémoire pour "libérer de la mémoire/pixels" et celles qui porteront quelques heures la fonction de la représentation, puis encore et encore soumise aux sélections telle une succession de calibrages, comme le fruit avant sa mise en caisse. L'image parvient ensuite à rendre son service : être publiée, autrement dit cernée, étalonnée et élaguée par une garde attentive de caractères gras, de titres et de sous-titres, dans un format choisi au mérite, proportionnel à l'intérêt qu'on lui porte. Inlassablement l'image continue d'assumer son destin dans la presse : rendre plus que plausible le discours auquel elle doit la chance d'être utilisée, dire que "la chose" a existé, et apporter à chaque lecteur une sensation de réalité par la reconnaissance visuelle d'éléments déjà attendus.

La photographie pour la presse remplit une fonction pauvre, et doit obéir à une sémiologie simple : utiliser un alphabet et une syntaxe élémentaires. Le cadrage doit être clair, l'horizon bien équilibré, les gestes des personnages visibles, le fond de l'image doit évoquer le lieu de l'événement, et il y a parfois même un regard... On doit se demander pourquoi tant de répression, pourquoi l'image se voit immédiatement mise au cachot après avoir été exposée au grand public et pourquoi cette apparition fugitive a été l'objet de tant de préoccupations.

J'aimerais répondre que l'image est subversive et que la seule preuve que je détiens de cette puissance subversive réside justement dans l'apparent besoin de la censurer, de la canaliser, de la réduire à de si simples expressions. Il n'y aurait pas de nécessité de mettre en marche une telle armada sémantique si elle ne disposait pas intrinsèquement d'une véritable puissance déstabilisatrice.

Parfois, lorsqu'il n'y a rien à voir, c'est au photographe en personne que sont réservés tous les bandeaux d'annonces. Les "vu par..." et les "de notre envoyé spécial..." se multiplient pour créer un événement quand l'événement lui-même est pauvre ou, bien plus souvent encore, parce que l'image fixe n'est pas le bon support pour en parler. Ainsi le photographe peut être consommé comme un produit de presse, il prend sa part de célébrité et devient lui-même l'événement, le *people*, le grand témoin, héros d'une saga inédite dont la célébrité soudaine et fabriquée permettra d'ouvrir une nouvelle rubrique au champ éditorial. Ce procédé permettra parfois aussi d'échapper à une simple narration factuelle pour introduire un lyrisme à l'échelle de l'événement. On a vu ainsi un grand magazine français déployer l'intégralité de la bonne conscience et de la morale occidentales sur le fond d'une série de doubles pages publiant les images à bords perdus d'un seul photographe américain sur l'attentat du World Trade Center à New York en septembre 2001. Le nom du photographe placé en caractères gras, en haut de l'affiche et les images attentivement choisies, légendées de commentaires dignes de l'un de ces rédacteurs mis au service des hauts dignitaires d'une politique occidentale convenue et libérale. La photographie colportait ainsi dans cette revue l'inventaire de tous les piliers de la grandeur morale touchée par cet attentat, la nationalité et la notoriété de l'auteur apportant encore leur propre dimension aux images devenues témoignage par la béatification de leur auteur.

La représentation des grands drames de la planète interpelle la presse au point que semblent nécessaires la mise en spectacle, la création d'un habillage supplémentaire pour tenter de donner toute sa dimension à l'événement. Comme si écrire et illustrer ne pouvaient suffire au lecteur pour comprendre. Peut-être parce que la presse se croit obligée de donner du sens à tout ce qu'elle retient de l'actualité du monde, jusqu'au plus imprévisible des événements géologiques. Il s'agit là peut-être d'une conséquence de la profusion d'images et de leurs incessants détournements au profit de n'importe quel discours et message marchand. Ainsi le tsunami de décembre 2004 a suscité des recherches de réponses que la photographie ne peut apporter. Alors on s'attarde sur quelques images noir et blanc portant en elles la tradition d'une pudeur humaniste pour intégrer à bonne dose l'incontournable et nécessaire "dignité humaine". Car voir ou apercevoir le drame ne peut se faire que sous le couvert de la "dignité", celle des regardés pour protéger celle des regardants. Un concept inquiétant car il extrait de la misère toutes les odeurs, tous les bruits, tous les sentiments de haine et de désespoir dont notre humanité ne veut pas être troublée. Un cadavre "ça pue et ça fait du bruit" racontait une photographe frustrée par l'impossibilité de reproduire par la photographie ces sons et ces odeurs. La photographie ne peut être moins indigne que ce qu'elle représente. Ainsi un auteur d'images en noir et blanc se voit lui-même utilisé pour faire écho à un problème de conscience devant un drame sans échelle et sans mot, un de ceux pour lesquels il ne reste finalement que des ruines et des images... Le signe distinctif du N & B (NB = proximité, humanisme, vocation non marchande) vient compenser dans cette revue, dont le lectorat est réputé déjà bien informé, toutes ces vues d'amateurs signifiant à la fois l'avidité du preneur d'images et l'appétit visuel vorace des lecteurs, leur voyeurisme. Car l'amateur est un être étrange, lequel, plus encore que le paparazzi, pense à faire des images, caméra ou téléphone portable à l'œil ou au poing, alors que tout s'écroule autour de lui. Obnubilé par cette idée au-delà des besoins vitaux de ses proches ou, pire encore, de lui-même !

Photographier, c'est passer instantanément de la fonction d'acteur à celle de spectateur. Comme si cet appareil à numériser le réel permettait de fait d'en dénier immédiatement toute existence et tout impact sur soi ! Jusqu'à ce que la vague animée par le jeu vidéo sorte de l'écran pour emporter le joueur imprudent. Le monde devient une immense console qu'il suffirait d'éteindre pour que le jeu s'arrête. Etrange tendance qui vise à donner au réel un statut de fiction dans une époque où les genres se mélangent et où, justement, depuis le sauvetage du soldat Ryan, la fiction finit par se rendre plus crédible que le document original qu'elle a cherché à cloner, confortée par les travaux des historiens et outillée des notes des journalistes.

Mais la photographie ne terrorise pas simplement les éditeurs de presse, elle choque aussi toute une génération de plaignants et de magistrats. Jamais la justice n'aura été autant représentative de ce peuple au nom duquel elle rend ses attendus tant attendus ! Aucun crime, hormis ceux contre l'humanité, n'est affublé d'une telle période de protection avant prescription : trente ans après publication, les propriétaires de visages et de corps photographiés (seuls à ne les avoir jamais vraiment vus comme nous les voyons et qui pourtant revendiquent la propriété de ce droit de les voir) peuvent prétendre à toucher quelques subsides au nom de "l'atteinte à la vie privée". Convaincu comme beaucoup d'autres, sauf dans le corps des magistrats, que ces démarches, dont les années 1990 ont vu la pleine expansion, relevaient d'une simple opportunité financière, je crains que cet engouement à remettre en cause la représentation des individus dans la presse ne soit lui-même porteur d'une preuve nouvelle de la subversivité de l'image photographique. Les politiques ont assisté au jeu de massacre arguant de leur incapacité à réagir, satisfaits eux-mêmes de pouvoir choisir le jour et l'heure de la visite à la maison du photographe pour bénéficier d'un reportage qui les rapprochera de leurs électeurs sans craindre une quelconque atteinte à une quelconque vie privée. On a même connu la loi dite "Guigou", laquelle, selon les propos de son auteure, "si elle n'avait à protéger qu'une seule personne dans toute l'histoire de son application trouverait toute sa justification". La protection de la présomption d'innocence n'empêche donc pas le magistrat de choisir de faire passer le prévenu devant les caméras et donc de l'exposer, ni de lui mettre les menottes qui restent pourtant à sa discrétion, mais contraint simplement les photographes à cadrer plus haut. On appelle ça un plan américain, coïncidence étonnante pour le développement d'un tel puritanisme !

Les photographes sont mal vus alors que l'on continue à multiplier les odes à la mémoire et à glorifier les ouvrages ou expositions pour dire ce qui était, pour rappeler des moments au cours desquels l'image aurait peut-être pu contribuer à interdire à ceux qui savaient de dire qu'ils ne savaient pas.
L'image est subversive parce que sans dire la vérité personne n'ose prétendre qu'elle ment.
L'image est subversive parce qu'elle se contente d'évoquer, d'insinuer, de laisser croire à une présomption de réalité.
Et, pour ne rien arranger, le procédé tout mécanique ou électronique qu'il soit est bien enclenché par une machine pensante et sélective. Là encore la subversivité de la photographie bouscule jusqu'au pratiquant lui-même. Car le photographe entretient un autre rapport au monde qui préside à ses actes et à son obsession photographique. Il installe entre lui et le dehors un outil relevant du paravent japonais comme du magicien qui fige les oiseaux en plein ciel. Le temps s'arrête et la chose a existé !
Le photographe crée du passé.

ÉCRIRE SUR LA LUMIÈRE

Clément Chéroux

Historien de la photographie

Clément Chéroux est historien de la photographie, docteur en histoire de l'art. Il a publié L'Expérience photographique d'August Strindberg *(1994),* Fautographie, petite histoire de l'erreur photographique *(2003),* Fotografie und Geschichte *(2004). Il a codirigé les catalogues des expositions "Mémoire des camps. Photographies des camps de concentration et d'extermination nazis, 1933-1999" (2001) et "Le troisième œil. La photographie et l'occulte" (2004), dont il était également commissaire. Il est rédacteur en chef adjoint de la revue* Etudes photographiques *et dirige une collection de monographies de photographes contemporains éditée par la Société française de photographie et les éditions 779. Il a enseigné à l'université de Paris-I, de Paris-8 et à l'Ecole nationale supérieure de la photographie d'Arles. En 2004, il a bénéficié d'une bourse de recherche (Gould fellowship) de l'université de Princeton. En 2005-2006, il sera pensionnaire à l'Académie de France à Rome.*

L'Ecole nationale supérieure de la photographie, par la voix de son directeur, me convie à additionner ma fine tranche d'expérience à ce premier numéro d'*Infra-mince*. Elle me demande de décrire le métier d'historien que j'ai choisi, il y a maintenant dix ans, après avoir achevé un cursus d'études en son sein. Elle m'enjoint d'expliquer ce qui, dans l'exercice quotidien de cette profession, m'attire et m'anime, bref, *ce qui me meut*, pour reprendre le joli titre d'un court-métrage de Cédric Klapisch. Ce n'est pas, à vrai dire, avec la plus grande aisance que je réponds à cette demande. Car si j'ai choisi le métier d'historien, plutôt que celui d'artiste auquel l'Ecole semblait davantage préparer, c'est, précisément, parce qu'il me tenait plus à cœur de parler du travail des autres que du mien. Mais trêve de coquetterie ; il est des dettes de reconnaissance, envers cette école qui a contribué à ma formation, auxquelles je ne peux me soustraire. Je m'acquitte donc.

Je dois dire, pour commencer, que le choix de cette orientation s'est imposé naturellement et rapidement. J'ai réalisé, dès l'Ecole, que je préférais regarder les images que les fabriquer, les voir plus que les concevoir. Il m'a fallu quelques années de plus pour comprendre qu'il m'importait bien davantage d'examiner la masse des photographies existantes plutôt que d'en produire de nouvelles. Une récente étude sociologique a établi que les internautes se répartissaient en deux catégories distinctes, non totalement exclusives l'une de l'autre, mais révélatrices de tendances comportementales différentes : ceux qui envisagent la toile comme un vaste champ de connaissance à explorer et ceux qui créent leur propre site. C'est résolument dans la première catégorie que se situe mon intérêt pour l'image photographique.

L'histoire de la photographie ancienne et contemporaine m'apparaît aujourd'hui comme un immense territoire de formes et d'idées dont la carte n'aurait été qu'imparfaitement établie. Il subsiste encore nombre de régions inexplorées, de zones d'ombres peuplées de chimères ou de personnages mythologiques. Les contrées les mieux connues ne le sont souvent que superficiellement, elles recèlent parfois dans leurs sous-sols des richesses inexploitées. Mon plaisir est simple ; il est de parcourir ce territoire en tous sens, d'explorer ses confins, d'user mes semelles à le connaître intimement. Mon activité découle de ce plaisir, elle consiste à le faire partager en expliquant la géographie de ce pays, en le faisant découvrir ou visiter.

Ainsi mon activité se répartit-elle en deux temps. Il y a un temps pour la recherche, le plus souvent dans les collections, les agences, les archives, les bibliothèques, parfois dans les caves ou les greniers. C'est la part obscure de mon travail. Vient ensuite le temps où le fruit de cette recherche doit être mis en lumière : cela prend au choix la forme de cours, de conférences, d'articles, de livres ou d'expositions. Ces deux temps comportent à part égale leur lot de bonheurs et d'ennuis. La première phase est longue, patiente et solitaire, souvent poussiéreuse, mais la plupart du temps récompensée par le ravissement de la trouvaille – matérielle ou intellectuelle. Elle allie le plaisir de l'enquête à la poésie de l'objet trouvé. La seconde phase est plus vivante et altruiste, mais se heurte parfois à l'incompréhension. Je suis aujourd'hui convaincu que

Photographe amateur anonyme
Porteur de lumière en ombre portée,
années 1930
Collection privée, Paris

ces deux moments doivent être équilibrés, si ce n'est correctement proportionnés l'un par rapport à l'autre. Les recherches personnelles ou les travaux de commande m'ont amené à enquêter sur des sujets parfois très différents. L'attrait du Nord orienta ma première curiosité d'historien vers les pratiques, pour le moins originales, de deux géants du septentrion : le peintre norvégien Edvard Munch et le dramaturge suédois August Strindberg. Entre le début du XXe siècle et les années 1930, le premier réalisa d'étonnantes séries d'autoportraits photographiques qui prolongent la quête introspective entamée dans sa peinture : il utilise volontiers la surimpression, le flou, ou les déformations optiques; il se photographie depuis des points de vue inusités, parfois en tenant l'appareil à bout de bras afin de fixer son visage en gros plan. Quant à Strindberg, son intérêt pour la photographie s'inscrit pleinement dans le prolongement de ses préoccupations littéraires. Ainsi, lorsqu'en 1886, il photographie la campagne française – parfois même depuis la fenêtre d'un train en marche –, puis réalise un ensemble d'autoportraits et de mises en scène avec sa femme et ses enfants, c'est avec l'intention d'illustrer les livres qu'il rédige alors : une étude sur la paysannerie et son autobiographie. A la toute fin du XIXe siècle, puis au début du suivant, il réalise également d'intrigantes expérimentations photographiques qui sont, cette fois-ci, davantage en phase avec ses interrogations scientifiques : il entame des recherches sur la photographie des couleurs, mais tente aussi de fixer sur la plaque sensible la forme des cristaux, la carte du ciel et même l'âme humaine.

Ces deux premières enquêtes monographiques aiguisèrent mon intérêt pour les pratiques photographiques marginales, expérimentales, et la plupart du temps non professionnelles. J'ai prolongé quelques-uns des questionnements entamés alors au sein d'une réflexion plus large sur les pratiques amateurs au tournant du siècle. Outre quelques articles, j'ai consacré ma recherche de thèse à l'usage ludique que les amateurs des années 1890 à 1910 firent du photogramme, du photomontage, de la surimpression, de la plongée ou de la contre-plongée et de tout un répertoire de formes réunies alors sous l'appellation générique de "récréations photographiques". Il s'agissait non seulement d'analyser les conditions d'émergence de ce nouveau vocabulaire visuel, mais aussi de comprendre comment les avant-gardes photographiques des années 1920-1930 s'étaient emparées de ces formes *récréatives* pour les convertir en de véritables propositions *créatives*, au service d'un projet esthétique. Un questionnement similaire, où il s'agissait de comprendre comment la plupart des accidents opératoires du XIXe siècle (décadrage, flou de bougé, déformation optique, surimpression, etc.) étaient devenus, sous l'impulsion des avant-gardes du XXe siècle, d'authentiques effets de style, me fournit également la matière d'un petit essai intitulé *Fautographie*.

Dans un même temps, je poursuivais une recherche sur un sujet dont l'étude sur Strindberg m'avait laissé présager la richesse. Lorsque je découvris qu'en 1892, à Berlin, il avait tenté de photographier l'âme humaine, j'étais cependant loin d'imaginer qu'à la même époque nombre d'autres opérateurs s'évertuaient à fixer sur la plaque sensible non seulement l'âme, mais aussi le fluide vital, le magnétisme animal, les auras,

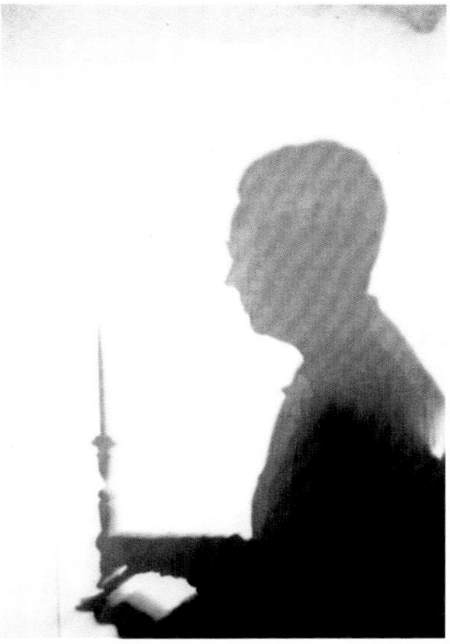

les pensées, les rêves ou les fantômes de l'au-delà. Des recherches dans diverses collections européennes, l'accès aux archives de plusieurs sociétés occultes me permirent de croiser de singuliers personnages aux pratiques photographiques non moins étranges : Edouard Isidore Buguet qui fut, en France, le premier photographe spirite à proposer à ses clients de les photographier en compagnie du spectre d'un proche défunt... Louis Darget qui s'endormait le soir, une plaque photographique sur le front, afin d'enregistrer ses rêves... ou encore Hippolyte Baraduc qui n'hésitait pas à sacrifier de petits animaux au-dessus d'une plaque sensible pour fixer leur dernier soupir.

Parallèlement à cette étude des pratiques photographiques qui, à la fin du XIXe siècle et au début du XXe, se sont développées en marge des productions courantes, je mène également une analyse plus théorique sur l'usage de la photographie comme source historique. Cette réflexion est née lors de la préparation de l'exposition "Mémoire des camps, photographies des camps de concentration et d'extermination nazis, 1933-1999". Elle a été formulée dans la préface de l'ouvrage qui accompagnait la manifestation puis, sous une forme plus développée, dans un essai publié par la revue *Etudes photographiques*. J'ai poursuivi ce questionnement sur l'usage de la photographie par l'historien en interrogeant à diverses reprises (exposition, cours, conférences, articles) les représentations photographiques de la guerre. Je le prolonge encore actuellement à travers l'analyse du traitement médiatique des attentats du 11 septembre 2001.

Qu'y a-t-il de commun entre ces différentes sphères de recherche? Le lien ténu de ma propre curiosité. Pas grand-chose, en somme, si l'on se contente de poser la question en termes de sujets. Mais c'est moins dans les sujets eux-mêmes que dans la manière de les aborder que se situe le fil rouge de mon interrogation. Mon approche est simple. Elle consiste à considérer les images photographiques comme le produit d'un système. Qu'est-ce qu'un système photographique? Dans une interview de 1967, Man Ray remarquait ingénument qu'un appareil seul ne pouvait pas prendre de photographie. *"To make a picture, you need a camera, a photographer, and above all a subject"*, ajoutait-il. Il y a derrière l'apparente naïveté de cette déclaration une singulière intelligence de la photographie. Je partage volontiers avec Man Ray cette conception de la photographie comme un système constitué de trois éléments nécessaires, corollaires et solidaires. *"A camera"* : un dispositif technique, que j'étendrais volontiers, par-delà le support et l'appareil de prise de vue, au mode de tirage et d'exposition. *"A photographer"* : un opérateur qui détermine les paramètres du dispositif technique et le fait fonctionner. *"A subject"* : un sujet, c'est-à-dire ce qui fait l'objet de la photographie.

Cette conception de la photographie comme système ne doit cependant pas paraître figée, comme inscrite dans le marbre. Il est au contraire important de considérer chacun des éléments de ce système comme une variable potentielle. En fonction des situations, le dispositif technique peut être plus ou moins élaboré, ou très rudimentaire. Au gré des productions, l'opérateur est plus ou moins interventionniste, il fixe son sujet tel qu'il est, l'arrange, un peu, beaucoup, ou l'élabore entièrement. Enfin, selon les cas, le sujet peut être très ancré dans le réel, ou au contraire très construit, figuratif ou abstrait, etc. L'équilibre entre ces différents éléments au sein du système, l'importance accordée à l'un ou à l'autre varient évidemment en fonction de l'opérateur, du contexte historique et du type de production photographique : expérimentale, artistique ou documentaire. Aborder l'histoire de la photographie à l'aune de ce système, c'est, en somme, comme observer la représentation schématique de la musique sur le vu-mètre d'une chaîne hi-fi, c'est regarder, fasciné, la danse des petits bâtons de lumière en espérant déchiffrer leur secrète chorégraphie et comprendre ainsi la mélodie dans ses moindres variations, à travers le jeu de ses différentes composantes.

Je dois dire ici que je n'ai pas de préférence pour une configuration particulière du système photographique où l'un de ses éléments prédominerait sur les autres. Je n'ai, à vrai dire, pas une grande estime intellectuelle pour ceux qui s'érigent en juges et décrètent, à grand renfort d'élucubrations ontologiques, que la "meilleure", la "grande", la "vraie" photographie est, au choix, celle qui "parle du médium", celle qui donne libre cours à "l'expression de l'auteur", ou encore celle où l'opérateur et son dispositif s'effacent derrière "la célébration de leur sujet". Je ne prêche pas non plus pour une répartition des éléments du système à proportions égales. Non, bien plus que d'élire un "idéal" calibrage du système photographique, comme on livrerait une recette ou une formule magique, je préfère interroger des moments particuliers où les différentes composantes de ce système laissent échapper des signes de leur coprésence, manifestent leur importance, se laissent entrevoir ou se donnent à voir. Ce qui m'intéresse, en définitive, ce sont les configurations du système où s'instaure, par hasard ou par nécessité, une tension inhabituelle entre ses éléments constitutifs qui met en évidence leurs fonctionnements et leurs interactions.

Un exemple parmi d'autres : dans la photographie documentaire, telle qu'elle est pratiquée au XIXe siècle pour les relevés d'architecture, les vues topographiques, ou les reproductions d'objets, c'est le sujet qui prime. Pour le formuler autrement : c'est ce qui est posé devant l'objectif qui constitue la raison d'être de la prise de vue. Il en découle une série d'obligations : de clarté, d'immédiateté et de lisibilité du sujet, auxquelles l'image doit impérativement souscrire. Si l'opérateur et le dispositif technique ont été bien évidemment nécessaires à la réalisation de la photographie, leur présence n'est toutefois pas perceptible à l'image ; ils ont été volontairement gommés au profit de la parfaite visibilité du sujet. Pourquoi le flou ou l'apparition de l'ombre de l'opérateur au bas du cliché sont-ils, dans ce contexte, considérés comme des erreurs, des "insuccès", des "billevesées" ou des "petites misères opératoires" comme on les appelle à l'époque ? Parce qu'ils viennent altérer la perception du sujet. Parce qu'ils rappellent, à ceux qui contemplent l'image, qu'elle n'est pas – comme sa fonction le voudrait – un pur analogon de son sujet, mais bien une re-présentation de celui-ci à travers le filtre d'un opérateur et d'un dispositif technique. Pour l'époque, la résurgence de la technique ou de l'opérateur est donc considérée – à juste titre d'ailleurs – comme un défaut.

Aujourd'hui, ces images défectueuses m'intéressent, précisément parce qu'elles mettent en évidence le fonctionnement du système photographique, un peu à la manière des lapsus ou des actes manqués qui, dans la théorie freudienne, révèlent l'inconscient. Quel que soit le thème abordé, c'est cette même volonté de comprendre le travail interne du système photographique qui, en filigrane ou plus explicitement, a toujours guidé ma recherche depuis une dizaine d'années.

Comme tout *système*, celui que je viens de décrire est bien sûr trop *systématique*. Je n'ai pas la naïveté de croire qu'il est infaillible. Je préfère au contraire penser que c'est précisément lorsque ce système est lui-même mis en danger, ou en échec, qu'il devient le plus intéressant. J'ai, par ailleurs, parfaitement conscience que si l'analyse combinée du dispositif, de l'opérateur et du sujet permet de mieux appréhender le temps de production des images, il laisse de côté les questions tout aussi passionnantes de leur diffusion ou de leur réception. Il est évident qu'une histoire du système dans son ensemble devrait prendre en compte ces trois temps du photographique. On me demande parfois de quelle histoire je me sens le plus proche : histoire sociale ou culturelle, histoire de l'art ou des techniques, histoire tout court, etc. Après ce qui vient d'être dit, on comprendra aisément que l'histoire du système photographique, telle que je l'envisage, ne peut se fondre dans aucune de ces catégories, mais doit emprunter un peu à chacune. La bonne compréhension des dispositifs employés requiert certaines connaissances en histoire des techniques. L'histoire de l'art a fourni quelques outils précieux qui permettent d'appréhender plus sereinement la notion d'auteur. L'histoire elle-même est nécessaire pour mieux saisir les différents contextes dans lesquels les sujets ont été photographiés. Enfin, les questions de diffusion ou de réception des images ne peuvent s'envisager sans quelques réflexes empruntés à l'histoire des médias, aux sciences de la communication, voire à la psychologie. C'est bien la difficulté de la photographie que de se situer ainsi au carrefour de ces différents champs historiques ; c'est en même temps ce qui en fait toute la richesse.

Mais par-delà le besoin de comprendre ou d'expliquer, ce qui est au cœur de mon activité, c'est l'image elle-même, "ma grande, mon unique, ma primitive passion", disait Baudelaire. Ce sont les images qui m'attirent, à la différence d'autres historiens qui préfèrent travailler sur les témoignages, les discours, ou les textes. Ce sont encore des images qu'il m'importe de transmettre. Car "c'est par la force des images", comme l'écrivait magnifiquement André Breton, "que, par la suite des temps, pourraient bien s'accomplir les vraies révolutions. En certaines images, il y a déjà l'amorce d'un tremblement de terre". L'histoire de la photographie, d'hier et d'aujourd'hui, est pleine de ces séismes potentiels. Voilà, en somme, en quoi consiste mon travail : faire passer les images, propager l'onde, bref, écrire sur la lumière sans en atténuer l'éclat.

PETITES CONSIDÉRATIONS A PROPOS DE LA CRÉATION

Rémy Fenzy
Directeur de l'Ecole supérieure d'arts de Brest

Après un Deug d'histoire de l'art, ***Rémy Fenzy*** *sort diplômé de l'ENP en 1989. Il séjourne ensuite deux années en Islande avant de reprendre un cycle d'études à l'université Paris-I Panthéon-Sorbonne et d'obtenir un DEA d'esthétique en 1993. Il poursuit parallèlement une carrière artistique jalonnée d'expositions en France, notamment au musée des Beaux-Arts de Toulon (1992), au Printemps de la photographie (Cahors, 1993), au musée d'Art moderne de Villeneuve-d'Ascq (1993), et à l'étranger (Rochester, Canterbury, Montréal, New York, Liège, Rome et Lisbonne). En 1993, il débute une carrière d'enseignement artistique et devient professeur à l'Ecole supérieure d'arts d'Aix-en-Provence. Son implication croissante l'incite, en 1998, à s'installer à Marseille où il prend en charge la programmation de la galerie des Grands Bains-Douches de la Plaine. Dès lors, ses activités de pédagogue, de critique et de programmateur prennent le pas sur sa production personnelle. En juin 2004, il est appelé à la tête de l'Ecole supérieure d'arts de Brest.*

"C'EST TOUJOURS SUR UN FOND DE DÉJÀ COMMENCÉ QUE L'HOMME PEUT PENSER CE QUI VAUT POUR LUI COMME ORIGINE".
Michel Foucault.

Quelle que soit la valeur éternelle de l'art, nous n'avons affaire qu'à des œuvres, individuelles ou collectives, productions uniques ou reproductions innombrables, qui ne peuvent entrer dans chacun de nos musées imaginaires (ou en sortir) qu'au prix d'une consécration doublement ambiguë : qui donc est autorisé à dire que *l'œuvre est là* et qui, ensuite, est habilité à dire *ce qu'elle est*?... Certes, ce genre de questionnements peut sembler, à notre époque, parfaitement dérisoire, désuet et même comique. Chacun – l'artiste, le critique, le marchand, le spectateur, l'acheteur, le collectionneur, etc. –, dans la société apparemment très hiérarchisée de l'art, joue un rôle, possède un titre et occupe une place propres à répondre *idéalement* à ce genre d'interrogations. Cependant, celles-ci resteront toujours légitimes tant les intérêts et les enjeux des uns ou des autres divergent radicalement. Du coup, comme la plupart des sciences humaines, la sociologie s'est également emparée de ces questions[1]. Elle ne cesse d'étudier, avec un soin et un enthousiasme parfois très académiques, le fonctionnement de la communauté artistique qui, depuis l'aube de la révolution industrielle, s'inféode chaque jour davantage aux modes éphémères et lucratives, faisant naître des attitudes manichéennes entièrement soumises au cycle de la consommation et à la raison économique. De ce point de vue, le cinéma nous rappelle régulièrement que cet état social n'a rien de caricatural. Si l'essor (et le relatif succès) des publications des sociologues de l'art[2], pourtant habitués aux notes de bas de page, est désormais avéré, leurs abondantes recherches s'accompagnent, de plus en plus fréquemment, d'analyses critiques[3] incombant habituellement aux historiens d'art, aux théoriciens de l'esthétique ou (au pire) à certains censeurs avisés. Intéressantes ou pas, ces analyses se substituent à celles d'autorités reconnues, expérimentées, dont l'activité aujourd'hui s'annule dans une espèce d'automatisme professionnel, dépourvu de souffle, de vigueur et de générosité. Intéressantes ou pas, ces analyses de sociologues s'épanouissent, en tout cas, à la faveur d'une étrange désertion et profitent de cette occasion inespérée pour dénoncer les hypocrisies d'un système duquel elles tirent cependant un substantiel profit. A quelques exceptions près – comme celle, par exemple, de Paul Ardenne qui, dans un numéro de *Art Press*[4], a stigmatisé quelques raisonnements

1. Nous savons, au moins depuis Marcel Mauss (voir "L'art et le mythe d'après M. Wundt" in *Œuvres 2*, Minuit, Paris, 1974, p. 210), que les artistes ne sont pas les seuls producteurs de l'art. L'art (comme le mythe) est une institution sociale et doit être analysé comme tel par le sociologue.
2. Evidemment, les sociologues français se divisent continuellement sur la place qu'il convient de faire à l'analyse des œuvres. Au risque de simplifier, nous avons d'un côté les travaux de Francastel, Simmel, Bastide ou Duvignaud dont le projet, qui vise à traiter directement de l'art comme une activité matérielle et symbolique de portée sociologique générale, est toujours considéré (à juste titre) comme relevant plus de l'anthropologie culturelle, voire de l'esthétique philosophique, que d'une sociologie proprement dite. Et de l'autre côté, Goldmann, Moulin ou Bourdieu, adeptes du "sociologisme", qui s'en tiennent uniquement à l'analyse de la production de la valeur sociale de l'œuvre (et oubliant, de ce fait, qu'il faut d'abord que l'œuvre soit).
3. Voir Bruno Péquignot qui a rédigé un véritable plaidoyer en faveur d'une sociologie esthétique qui ne renierait pas ses origines philosophiques. Kant, Nietzsche ou Heidegger devraient, selon lui, figurer au rayon des lectures obligatoires du sociologue. Il écrit page 198, dans son ouvrage *Pour une sociologie esthétique* (L'Harmattan, Paris, 1993) : "Sociologie parce qu'il s'agirait de comprendre ce qu'une œuvre produit, transforme, questionne du monde, et ce qu'elle nous en apprend; esthétique parce que seraient rigoureusement établies les spécificités, dans le cadre de l'ensemble des productions humaines, de l'activité des artistes."
4. Paul Ardenne, "Nathalie Heinich, misère de la sociologie" in *Art Press*, n° 234, avril 1998, p. VIII.

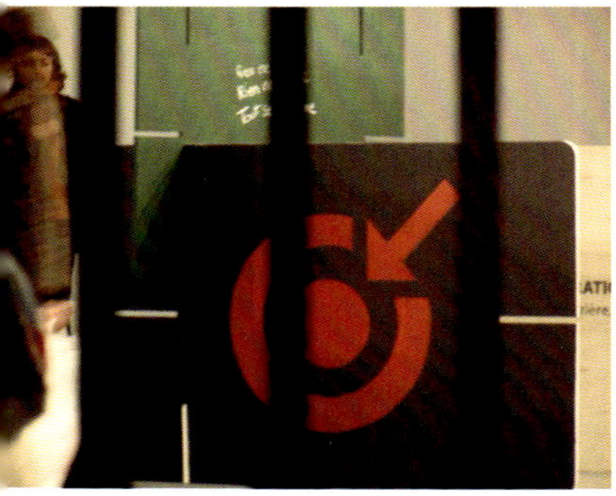

Jacques Bocoyran
Workshop Peinado,
mars 2004

frauduleux énoncés par Nathalie Heinich dans l'une de ses dernières livraisons –, les réactions se font plutôt discrètes. Finalement, nos critiques d'art, nos esthéticiens, nos théoriciens préfèrent raffiner leur propre image et la notoriété de leur ego plutôt que la pertinence de leurs observations sur l'art actuel. Ou peut-être, est-ce l'art du moment, aux pratiques routinières, sempiternellement réactualisées, qui les ennuie ? En tout cas, l'effet de ce moment de l'histoire devrait nous fournir le moyen d'évaluer la place du sens (ou de l'absence de sens) dans les pratiques artistiques. Ici, il nous fournira seulement le prétexte à rappeler succinctement, à travers quelques principes fondamentaux *a priori* connus de tous (mais, justement, ce n'est pas certain), comment une œuvre *peut* être.

Prenons cette banale situation, considérée comme LA problématique d'une des plus convaincantes argumentations de l'esthétique actuelle, posée par Arthur Danto dans *La Transfiguration du banal, une philosophie de l'art* : "Supposons que la cravate de Picasso *(La Cravate)* soit exposée parmi d'autres œuvres du maître, et qu'un spectateur passant devant elle marmonne que même son enfant serait capable d'en faire autant...[5]" Cette sorte de commentaire, exprimée par ce spectateur candide, est suffisamment répandue pour toujours recevoir des applications pédagogiques généralement désastreuses (nous pourrions d'ailleurs nous demander dans quelles mesures, à l'inverse, ces mêmes enseignements ne seraient pas à l'origine de ce genre de commentaire). Combien d'enseignants semblent encore persuadés que chaque être humain, chaque adolescent ou chaque enfant en particulier, est forcément doué de *créativité* ? Combien sont-ils à croire que celle-ci, puissance innée mais fragile, risque fort de dépérir si elle ne trouve pas d'emploi en temps utile ? Combien sont-ils à soutenir avec foi qu'il faut développer la créativité par des exercices appropriés ?... Et combien en existe-t-il encore pour gober, telles quelles, toutes ces âneries ?... Il n'en est pas moins vrai que si chez certains sujets, chez certains enfants notamment, il existe des faits tangibles annonçant une aptitude plus ou moins forte à créer, des circonstances extérieures susceptibles d'arrangement peuvent favoriser le développement de cette prédisposition. Malheureusement, l'émerveillement provoqué par celle-ci fait trop souvent oublier que l'activité créative est aussi susceptible d'organisation dialectique et rationnelle. Danto nous rappelle d'ailleurs que peut être définie comme œuvre d'art toute entité incarnant une intentionnalité artistique (naturellement inexistante chez la plupart des enfants). Autrement dit, toute œuvre d'art doit, selon lui, obéir à une intention, à un projet, à un "sens visé[6]".

Alors couramment employé en anglais *(creativity)* et en italien *(creatività)*, le terme français "créativité" fut finalement reconnu par les sociétaires du palais Mazarin, vers 1965, comme un néologisme dérivé de l'adjectif "créatif[7]". Aussitôt, les riants rédacteurs du *Petit Larousse illustré* présentèrent la créativité comme une "capacité d'imaginer des solutions originales et meilleures dans n'importe quel domaine[8]" tandis que ceux du *Petit Robert*, plutôt jansénistes, la définirent comme "un pouvoir de création ou d'invention[9]". Depuis, le

5. Arthur Danto, *La Transfiguration du banal, une philosophie de l'art*, trad. Claude Hary-Schaeffer, Le Seuil, "Poétique", Paris, 1989, p. 84-94.
6. Idem.
7. Notons que l'adjectif "créatif" est lui-même d'un emploi plutôt récent.
8. *Petit Larousse illustré*, Paris, 1985, p. 263.
9. *Le Petit Robert 1*, rédaction dirigée par A. Rey et J. Rey-Debove, Paris, 1991, p. 419.

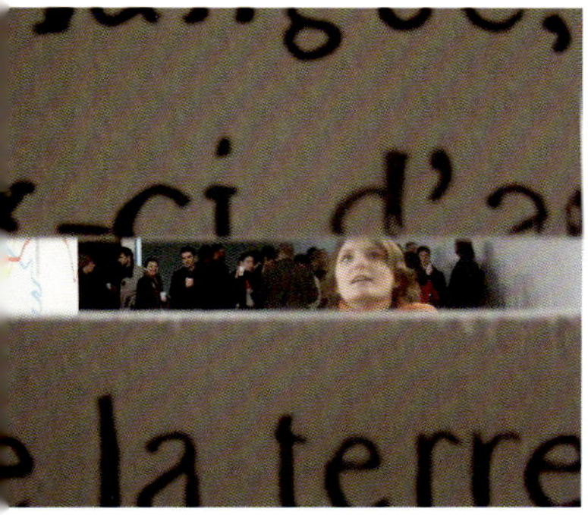

Jacques Bocoyran
Workshop Peinado,
mars 2004

terme de créativité, qui vise donc à exprimer à la fois un *pouvoir* et une *propension* à créer, est rapidement devenu (dans une certaine indifférence) un très arrangeant lieu commun. Pourtant, il s'agit d'un vocable qui, bien au-delà de l'usage parfois excessif dont il souffre, renvoie à une notion d'un maniement autrement plus délicat. En effet, la *création artistique* apparaît comme un phénomène beaucoup trop complexe pour être réduite à une aptitude spécifique. Et en art, les fortes différences de fécondité dépendent de causes trop hétérogènes pour être ramenées soit à une unique intervention de facteurs inhibiteurs externes, soit à une simple impulsion interne. Comme il peut aussi arriver que le hasard soit en cause ou que la procédure intellectuelle, consistant à reprendre des champs déjà exploités tout en révélant de nouvelles applications possibles, aboutisse finalement à d'authentiques créations (lesquelles, au passage, peuvent merveilleusement suppléer à une insuffisance de la faculté créatrice supposée). Sur ce dernier point, il semble toutefois qu'il y ait plutôt création méthodique sans faculté spécifique de créativité[10].

En vérité, derrière la notion de créativité, telle qu'on l'envisage aujourd'hui, c'est l'idée même de *création* qui paraît insuffisamment définie. Le terme "création", qui a donné lieu à d'innombrables hypothèses, thèses et systèmes métaphysiques (en relation, bien sûr, avec les problèmes théologiques), signifie l'acte par la propriété duquel une chose (ou un être) commence à exister. Pour qu'il y ait création artistique, plusieurs facteurs concourants sont évidemment exigibles parmi lesquels certains, fondamentaux, continuent de poser des problèmes singulièrement complexes. D'abord, toute *action créatrice* doit être attestée par l'existence d'une *œuvre*, mais sans qu'il s'agisse nécessairement et exclusivement d'un objet matériel[11]. A présent, une idée, un style, un effet artistique, une forme d'art, un geste, un rien[12] peuvent être considérés comme d'authentiques créations, même si nous éprouvons toujours d'innombrables difficultés à déterminer leur *mode exact d'existence* ainsi que le *moment précis* où cette existence débute. Mais l'ensemble de ces problèmes ne saurait être tranché par des critères nets ; c'est l'appréciation, souvent délicate, de tout un ensemble de faits, de circonstances et de qualités, qui permet de décider dans chaque cas particulier s'il y a authentiquement création et quelle part revient à chacun des agents qui y ont participé. En tout cas, juridiquement, il faut qu'il y ait la possibilité de "déposer" la création (pour, par exemple, l'attribution ou la répartition des droits d'auteur) et, à cet égard, le cas de la danse, comme celui du ballet, pose encore problème. En effet, l'acte de représentation n'existe que dans l'instant où il se réalise et, comme il n'y a pas vraiment de mode de notation des figures ou des mouvements universellement et officiellement reconnu par une loi, certains chorégraphes perdent toute autorité sur leur propre travail (du reste, après Serge Lifar, Karine Saporta lutte aussi activement pour la reconnaissance et la protection des créations relatives aux arts de la danse[13]).

10. Comme en témoignent, à cet égard, certains travaux des artistes Sherrie Levine, Dara Birnbaum, Martha Rosler, Michael Asher ou Louise Lawler. Notons également comment André Gide n'a pas hésité à réexploiter, dans *La Symphonie pastorale*, des thèmes chers à Victor Hugo ou comment, dans *Les Caves du Vatican* ou dans *Les Faux-Monnayeurs*, il a su prêter à ces personnages (Lafcadio ou Bernard) des traits de caractère directement empruntés aux héros des histoires hilarantes et déconcertantes de Villiers de l'Isle-Adam (*Le Convive des dernières fêtes, Maryelle ou l'Appareil pour l'analyse chimique du dernier soupir)*.
11. Voir, par exemple, Florence de Mèredieu et son *Histoire matérielle et immatérielle de l'art moderne et contemporain*, Larousse, "In Extenso", Paris, 2004.
12. Voir l'enquête, légèrement abusive, réalisée par Jean-Yves Jouannais sur les artistes sans œuvres *(I would prefer not to)*, Hazan, Paris, 1997.
13. Voir *Le Monde*, vendredi 10 juillet 1998, page XII.

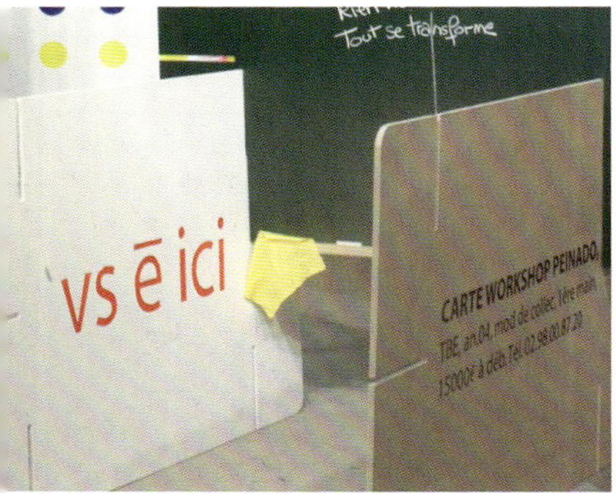

Jacques Bocoyran
Workshop Peinado,
mars 2004

Par ailleurs, toute œuvre créée doit dévoiler une véritable et suffisante *nouveauté* sans quoi elle apparaîtra comme un recommencement ou une imitation, mais non comme une véritable création[14]. Or, chacun sait (ou sent) que la nouveauté absolue n'existe pas. Toute œuvre d'art ressemble plus ou moins à des œuvres précédentes. Et il est toujours hasardeux de chercher à localiser la frontière assez floue entre la copie, l'imitation, l'influence ou la parenté d'école[15]. En ce sens, l'un des aspects les plus embarrassants de ce problème concerne la traduction dont il est encore difficile de savoir si, oui ou non, il s'agit d'une création originale (tout le monde sait que Baudelaire n'hésitait pas à traduire d'importants passages d'œuvres de poètes anglais pour, ensuite, se les approprier[16]). Le cas de l'interprète constitue également une autre particularité fort intéressante. Le musicien exécutant une composition ou l'acteur jouant un rôle ne sont assurément pas en droit d'en revendiquer la genèse. Pourtant un usage assez bien fondé permet d'employer le mot de création pour désigner le fait d'être le premier exécutant de l'œuvre : on appelle ainsi "création" la première représentation d'un spectacle (même si l'œuvre n'a aucune originalité). A l'évidence, l'exécutant, l'interprète distinct de l'auteur, apporte à l'œuvre un complément de création. Quant aux travaux ayant fait sensation par leur nouveauté, on a pu vite découvrir des précurseurs ou des œuvres annonciatrices. Tout porte à croire, donc, que les pratiques artistiques sont sempiternellement réactualisées. Oui, sempiternellement réactualisées. Car, au fond, contrairement à ce qui se passe dans les sciences, où les *progrès* se font d'ordinaire par découvertes d'objets nouveaux, par généralisations de notions et rectifications d'hypothèses, il n'y a pas réellement d'avancée dans les arts. Alors que la théorie atomique du XXe siècle n'a pu éclore et s'épanouir qu'en se libérant du "complexe de la poussière" (ce qui, évidemment, implique une situation de non-retour), l'art vivant n'exclut et ne condamne (provisoirement) que ce qu'il croit mort. Mais l'austérité des cubistes n'a pas gommé les chatoiements vaporeux des impressionnistes, la femme nue et la madone peuvent rester des symboles, les grands sujets de la peinture d'histoire continuer à côtoyer les pichets et les pommes, l'énoncé épuré de la monodie voisiner avec les compositions polyphoniques et harmoniques, etc. Si les modes esthétiques sont parfois – et même souvent – féroces, elles ne sont jamais définitives. L'art, heureusement, est cumulatif. L'acrylique n'a pas tué l'huile et l'échantillonneur ne fait pas taire le violon. Les provinces nouvelles de la création se juxtaposent et les conceptions, les styles, les œuvres s'offrent ensemble, dans une sorte de concert sans cesse enrichi, à la sensibilité esthétique, au goût des collectionneurs et au choix que l'artiste fait de ses références. En ce sens, l'histoire des arts est moins un devenir plus ou moins linéaire qu'une table où surabondent des richesses présentes. L'artiste peut piocher à sa fantaisie dans ce

14. Les facteurs d'*originalité* et d'*innovation* que l'œuvre suppose sont de moins en moins discutés. En prenant acte, avant tout, d'un *pouvoir de réalisation*, nous sommes naturellement portés à valoriser la conduite exécutive elle-même aux dépens d'une appréciation du résultat ou, au contraire, à effectuer une valorisation naïve du résultat en menant une évaluation trop téméraire de l'action (surtout si celle-ci relève d'une certaine spontanéité).

15. Victor Hugo a pratiqué une versification dont on trouve des exemples chez Molière. Paul Valéry, au fond, ne versifiait pas très différemment de Mallarmé. Picasso a sculpté des formes directement issues des créations indiennes du Nouveau-Mexique. Coltrane composa des œuvres empruntées aux répertoires arabe et indien. Alain Bublex a bien étudié les travaux d'Archigram et de Ron Herron. Pour toutes ces raisons, l'accusation de plagiat est souvent extrêmement pénible à juger, surtout lorsqu'il n'y a pas usage de phrases ou de formes littéralement identiques. Quant à la question de la création collective, elle reste aussi parfaitement problématique à traiter…

16. Pour Rémy de Gourmont, Baudelaire innovait car "personne, disait-il, n'avait encore dit cela en français".

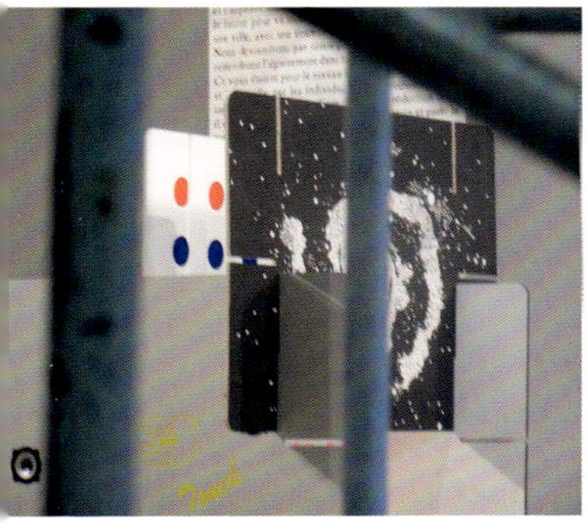

Jacques Bocoyran
Workshop Peinado,
mars 2004

présent historiquement pléthorique, s'y perdre, y étouffer, ou bien, à l'inverse, en nier l'existence même, par réflexe de sauvegarde[17]. Peu importe. C'est la richesse de l'assimilation historique qui, de toute façon, libère l'artiste de l'histoire de l'art. Comme l'apprenti gagne beaucoup de sa liberté à passer d'un atelier à l'autre[18], l'abondance des visites à des maîtres divers compense telle influence par telle autre. Et peu importe si la connaissance des variétés et des différences nous conduit à un éclectisme esthétique ou à une sorte de scepticisme d'esthète. Le scepticisme, comme dépassement des dogmes, est un chemin de la liberté. Au scepticisme chercheur de Sextus correspond le scepticisme créateur de l'artiste. L'exemplarité, parfois envoûtante, des œuvres du passé ne devient ferment de la création que pour celui qui sait prendre distance, celui qui sait pratiquer "l'indifférence suprême", selon la fameuse expression de Georges Bataille au sujet de la liberté d'Edouard Manet[19]. Il faut être nourri de richesses historiques, et oublier l'histoire. Même si la conscience qu'on prend de cette fraîcheur sans cesse renouvelée ne peut se passer des outils de l'atelier ou des mots d'une langue, il importe que l'artiste soit toujours au-delà du présent trop riche, et qu'il se garde d'une vénération historiciste qui le ferait s'engouffrer dans l'avenir à reculons. La leçon de Maurice Blanchot est ici fort claire : l'artiste est un homme des commencements. Toute œuvre intervient contre l'histoire, par une sorte de "déchirure temporelle[20]" ; toute œuvre "dit le mot commencement, et ce qu'elle prétend donner à l'histoire, c'est l'initiative, la possibilité d'un point de départ[21]". L'artiste s'extrait de l'histoire, pour relever son défi et fait de l'avènement de l'œuvre un événement ajouté au temps. C'est finalement un coup de force libertaire, à la fois initial et initiatique. L'art trouve ainsi sa justification dans la connaissance. L'artiste fait de son travail le moyen et l'occasion d'une affirmation de sa liberté intérieure. Les précurseurs qu'il se choisit, les groupes auxquels il adhère, les mots qu'il partage avec son époque, tous les indices de sa contribution à ce que nos amis sociologues appellent le "monde de l'art", sa culture et son goût de l'histoire, son inculture et ses faiblesses d'homme, sa contribution même à l'éclat d'une civilisation ne sont que les enveloppes, futiles ou redoutables, de son être corporel, qui porte, cachée dans l'ombre, la plus intime, l'étincelle très fragile de la liberté créatrice. Qu'est-ce que créer une œuvre sinon instaurer, dans la singularité historique, un signe de l'universel? Qu'est-ce que créer une œuvre sinon tenter de poser hors de soi une chose où s'inscrirait (par le truchement du moi et dans le contexte de l'histoire) le tragique du fondamental? Cinq années d'études en Ecole supérieure d'arts peuvent paraître insuffisantes pour examiner au mieux cette liasse de questions. Mais qu'importe. Il n'y a pas, aujourd'hui, meilleur endroit pour prendre du recul et tenter de saisir le devenir de la notion de création, les nouvelles aventures qu'elle suppose, les nouveaux problèmes qu'elle induit et la façon avec laquelle chacun, selon son propre imaginaire, se bâtit un point de vue et témoigne de son rapport au monde.

17. Comme dans l'art brut où les sources ne sont pas dans le musée d'histoire mais dans l'invention populaire et les cultures marginales.
18. Ce qu'auraient dû faire les élèves de Fernand Léger, devenus de dévoués et anonymes disciples.
19. Georges Bataille, *Manet*, Skira, Genève-Paris, 1955, p. 82.
20. Maurice Blanchot, *Le Livre à venir*, Gallimard, "Folio", Paris, 1990, p. 315.
21. Maurice Blanchot, *L'Espace littéraire*, Gallimard, "Folio", Paris, 1989, p. 304.

MARCEL FORTINI

Directeur du Centre méditerranéen de la photographie (Bastia)

Entretien avec Gilles Graziani

*Né en 1962 à Bastia, **Marcel Fortini** est diplômé de l'Ecole nationale supérieure de la photographie d'Arles en 1985. Avec José Césarini, il fonde cinq ans plus tard le Centre méditerranéen de la photographie (Bastia) dont l'action se traduit par la constitution d'un fonds photographique contemporain sur la Corse*[1]*, par une mise en réseau de lieux d'expositions et d'échanges culturels, et par la réalisation d'actions pédagogiques en milieu scolaire. Le Centre méditerranéen de la photographie est conventionné avec la Collectivité territoriale de Corse. Parallèlement à son activité de directeur artistique, Marcel Fortini poursuit un travail personnel en photographie. Dans son dernier livre* Café de la Marine*, publié chez Albiana et dont Jérôme Camilly a écrit le texte, il nous propose une réflexion sur la mémoire et sur le temps.*

Marcel Fortini, comment avez-vous découvert la photographie ?

J'ai commencé à m'intéresser à la photographie dès mon adolescence. Mon oncle d'Italie, installé aux Etats-Unis, voulait que je perfectionne mon anglais. Il m'abonna à la revue *National Geographic.* Je n'eus dès lors qu'une idée en tête : devenir photographe. Pendant les vacances d'été, du haut de mes quinze ans, je vendais à la criée le journal *Le Provençal* "édition corse" sur le port de Bastia dans le seul but d'acquérir mon premier appareil photo, un canon AE1. A cette époque, il n'y avait rien d'autre en Corse, que les photographes de quartier et les revues spécialisées de photographie comme *Photo Reporter* et *Chasseur d'image.* C'est à ce moment-là que mon grand-père me confia les archives photographiques sur plaques de verre d'un de nos ancêtres. Il ne me restait plus qu'à commencer à tracer les perspectives d'un projet de vie voué à la photographie. Plus tard, mon expérience d'opérateur géomètre me permit d'apprendre à mesurer l'espace et à délimiter le cadre à l'intérieur duquel pouvait s'organiser désormais ma perception du monde. Grâce à un article paru dans la presse régionale, j'appris l'ouverture de la première Ecole nationale de la photographie. Le 26 octobre 1982 je me retrouvai au 16 rue des Arènes à Arles, dans la promotion Eugène Atget. Je venais d'avoir vingt ans...

Quel souvenir gardez-vous de l'ENSP ?

J'en conserve un souvenir formidable, riche en échanges, en expériences et en rencontres. L'Ecole m'a beaucoup apporté, notamment dans l'acquisition d'un savoir-faire et une réflexion en photographie. Je suis fier d'avoir été étudiant à l'ENSP et reconnaissant envers ses fondateurs. Comme vous le savez sûrement, ma promotion a essuyé les plâtres au sens propre comme au sens figuré. Je me souviens que le programme des cours était organisé en différents ateliers. Il y en eut un en particulier, au tout début, "l'atelier truelle" mis en place par Alain Desvergnes, à qui je rends un grand hommage, qui consistait à nous faire participer à la construction de cet édifice. Ainsi je me rappelle avoir repeint, avec Sophie Guillermain, la bibliothèque de l'Ecole mais aussi avoir participé à la destruction à coups de masse, avec Frank Buschardt, du réduit qui se trouvait sous le grand escalier... Pour l'apprenti-étudiant-photographe que j'étais, l'Ecole est devenue mon école et elle le demeure. Ma première grande rencontre avec la photographie s'est faite grâce à Jean Dieuzaide, avec qui nous apprenions à photographier la nuit dans les rues d'Arles. Je pourrais vous parler également des séminaires critiques constructifs d'Arnaud Claass, des séances de laboratoire dirigées avec maîtrise par Christophe Bart et Catherine Tauveron, de la grande qualité des intervenants dont la liste serait longue vu sa richesse, mais aussi de la richissime idée de mettre en pratique l'apprentissage de chacun, à l'occasion des stages d'été aux Rencontres internationales de la photographie. Et puis, il y eut ce cours de Gilles Mora sur la notion de projet photographique à partir du livre *Louons maintenant les grands hommes* de James Agee et Walker Evans ; c'est à la suite de cet atelier que j'ai su, qu'un jour, je créerais la structure photographique que je dirige aujourd'hui.

Massimo Vitali/FNAC
De la série "La cour d'école",
école Albert-Camus, Ile-Rousse, 2000

1. Ouvrage à paraître aux éditions Albiana.

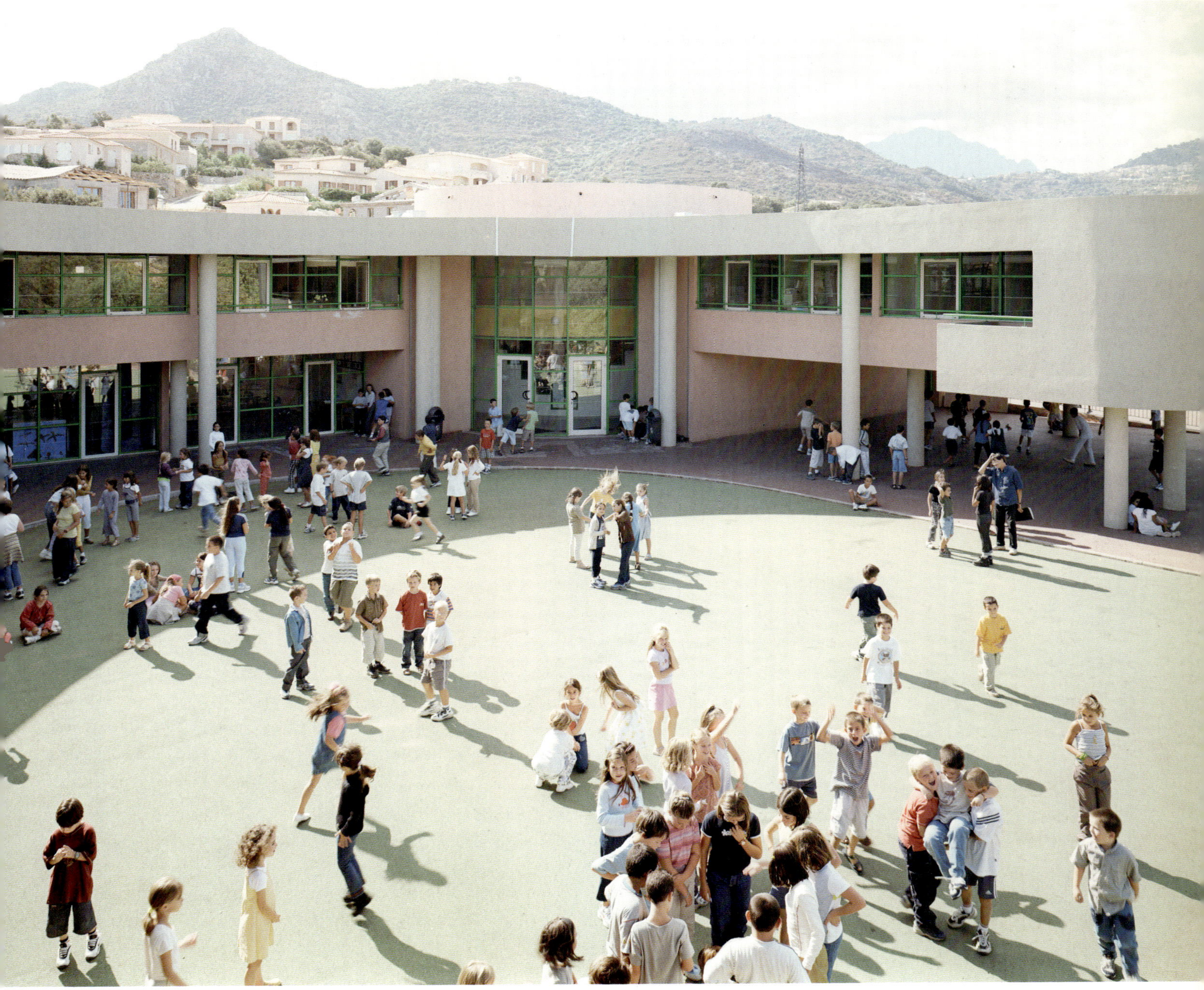

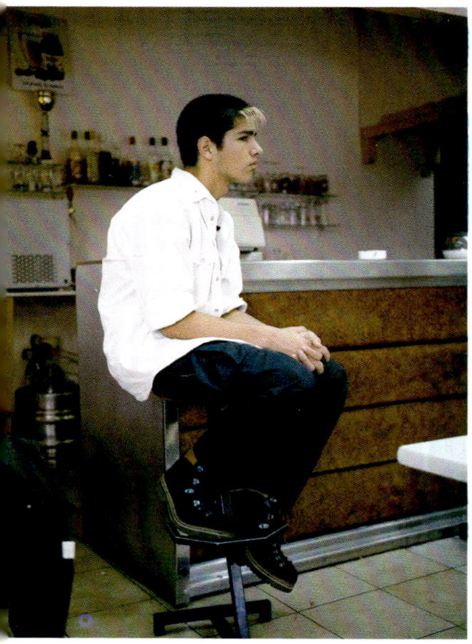

Laurent Van Der Stockt/FNAC
De la série "Les jeunes",
1998

Alors justement, dans quel contexte avez-vous créé le Centre méditerranéen de la photographie ?

J'ai pour devise "partir pour mieux revenir"... Après Arles, j'ai enseigné la photographie aux Beaux-Arts tout en répondant à des commandes photographiques du Conservatoire du littoral et en voyageant dans le cadre d'expositions et de résidences d'artistes dans les centres culturels français à l'étranger. C'est en 1990 que José Césarini, réalisateur de films documentaires, et moi-même avons décidé de créer le Centre méditerranéen de la photographie (CMP) à Bastia, notre ville natale. Les débuts de la décentralisation, la politique des contrats de plan Etat-Région et surtout le statut Joxe ont créé un contexte favorable pour la mise en place de notre projet méditerranéen dans une Corse en quête d'identité. Les premières années ont été difficiles et c'est en 1994 que nous avons obtenu un soutien financier stable des pouvoirs publics, en signant une convention renouvelable à chaque contrat de plan et renégociable en fonction des résultats obtenus. Dominique Paillarse, Robert Pujade, Agnès de Gouvion Saint-Cyr et Michel Rossi ont fortement contribué à la mise en place et au développement culturel du CMP. Depuis la loi de janvier 2002 portant sur le statut particulier de la Corse et le transfert des compétences de l'Etat vers la Région, le CMP est conventionné avec la Collectivité territoriale de Corse. Néanmoins, je conserve un partenariat consultatif mais aussi actif avec les services de l'Etat.

Quels sont les missions et les objectifs du Centre méditerranéen de la photographie ?

Je considère la photographie comme une pédagogie du regard, par conséquent les missions et les objectifs du CMP sont multiples. Il est clair que mes priorités sont la création, la formation, la diffusion, la mise en réseau, l'échange et la coproduction à travers les problématiques urbaines et rurales de notre temps. Par exemple la mission photographique sur la Corse[2] que j'ai menée, dans le cadre de la commande publique, a été notamment motivée par l'absence d'un fonds photographique contemporain sur l'île. C'est à travers le regard de photographes de styles et d'origines différents que le projet s'est construit et se poursuit. J'ai considéré jusqu'à présent les thématiques concernant l'avenir de la photographie dans ses pratiques tant techniques qu'esthétiques en prenant comme contexte la Corse dans ses réalités économiques, sociales, politiques et culturelles. J'ai souhaité encourager et favoriser la création, pour contribuer à donner une autre vision de la Corse, décalée et parfois plus décapante. Les œuvres réalisées en Corse depuis dix ans sont représentatives du spectre très large de la création photographique contemporaine. En poursuivant le développement de ce fonds photographique, je voudrais enraciner chez chacun, dans le respect des différences, le sentiment d'appartenir à une communauté de destin dont la Corse fait partie, et d'en défendre les valeurs humanistes.

2. Liste des photographes des commandes : Jean-François Baumard, Valérie Belin, Nadia Benchallal, Antonio Biasiucci, Thibaut Cuisset, Bruno Debon, Suzanne Doppelt, Alain Fleischer, Joan Fontcuberta, Jellel Gasteli, Mimmo Jodice, Dolorès Marat, André Mérian, Walter Niedermayr, Paulo Nozolino, Marie-Eva Poggi, Jens Rötzsch, Albano Silva Pereira, Laurent Van Der Stockt, Massimo Vitali.

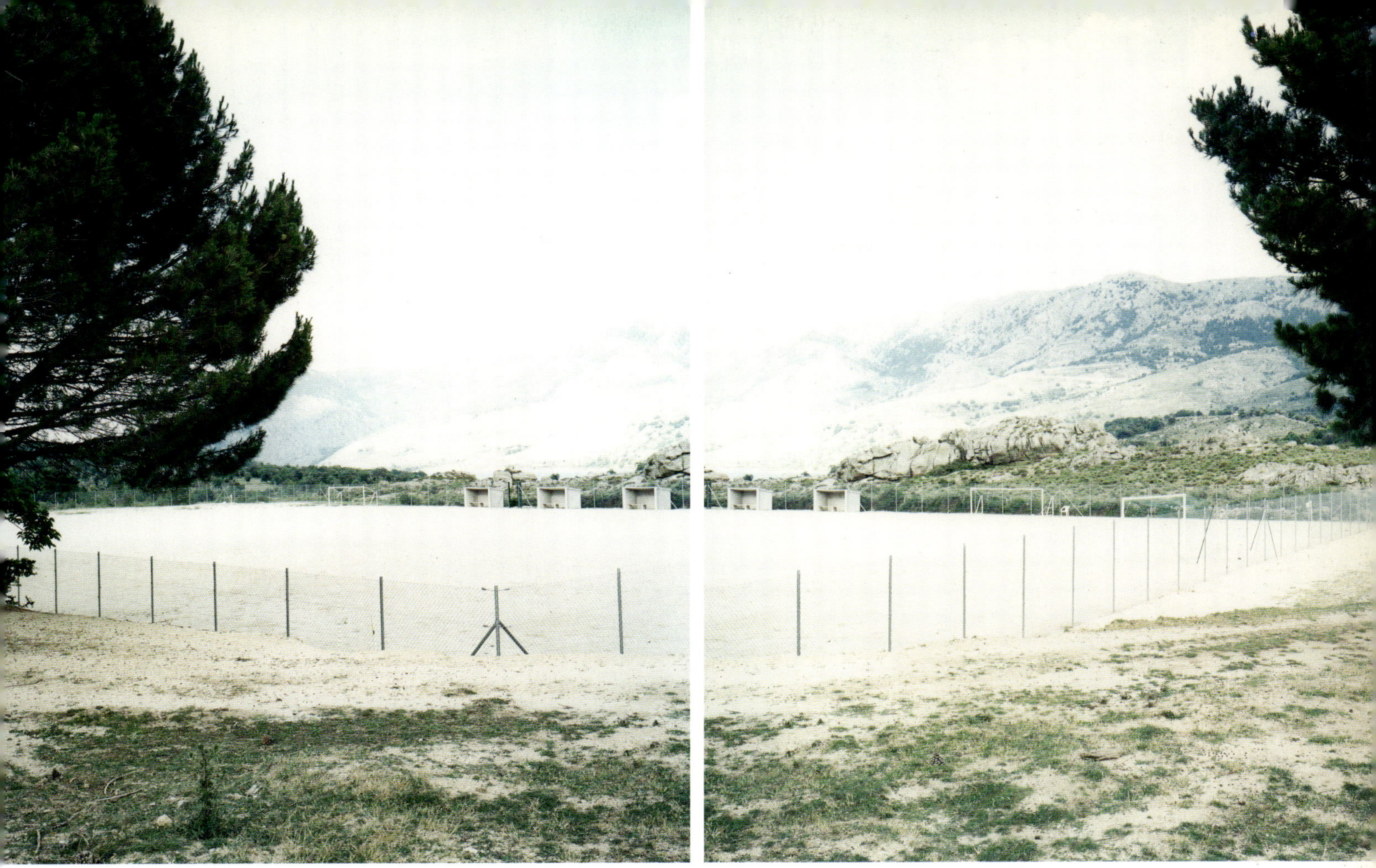

Walter Niedermayr/FNAC
Albertacce, 1997

Quels conseils donneriez-vous à un jeune diplômé de l'ENSP qui voudrait créer une structure telle que la vôtre ?

Aujourd'hui, vu le contexte politique de la France en matière culturelle, il me semble qu'il est difficile de mettre en place ce type de projet sans avoir une ambition européenne. Je crois qu'il faut rester humble, être curieux face à la création, se remettre en question régulièrement, être à l'écoute, chercher à mieux se connaître, savoir ce que l'on veut, être tenace et persévérant, s'associer avec des gens de confiance. Finalement il est plus facile de commencer que de durer... Tout en dédiant cet entretien à mon père, je terminerai volontiers sur une citation de Jean Jaurès : "Le courage, c'est de chercher la vérité, de la trouver et de la dire."

Le Centre méditerranéen de la photographie a passé une convention avec la Collectivité territoriale de Corse ; il est soutenu par le ministère du Travail, des Affaires sociales et de la Solidarité, le ministère de la Culture et de la Communication.
Contact : www.cmp-corsica.com

LA CONSERVATION-RESTAURATION DU PATRIMOINE PHOTOGRAPHIQUE

Gwenola Furic
Restauratrice de photographies anciennes

Gwenola Furic est née en 1974 à Brest. Après des études à l'Ecole des beaux-arts de Nantes (1991-1994) et à l'Ecole nationale de la photographie d'Arles (1994-1997), elle trouve sa voie dans la photographie en intégrant l'Institut national du patrimoine (anciennement IFROA). Diplômée en 2002, elle commence à travailler comme restauratrice salariée au musée Albert-Kahn à Boulogne-Billancourt. A la fin de l'année 2003, elle s'installe comme restauratrice indépendante à Rennes. Elle intervient au niveau de la restauration des collections photographiques, et propose également un service de conseil en conservation préventive (constat d'état de collections, aménagement des réserves, conseil pour la préparation d'expositions, la numérisation...) et de formation de personnel. Ses principaux clients sont les institutions publiques du Grand Ouest possédant des collections de photographies (archives départementales et municipales, musées, bibliothèques, artothèques).

La conservation-restauration du patrimoine photographique est un domaine d'activité très récent et peu connu. C'est un métier complexe et varié, qui fait autant appel à la pratique qu'à la connaissance théorique et à la recherche. Les photographies sont présentes en quantité importante dans les collections patrimoniales et représentent souvent les fonds les plus récents (à partir de 1839), mais également, de par les matériaux qui les constituent, les plus fragiles. Ce n'est que depuis peu que l'on a pris conscience, d'une part, de l'intérêt historique des collections photographiques et, d'autre part, de la nécessité d'agir au niveau de leur conservation.

Ma formation, un long parcours d'expériences et de rencontres

Il me semble intéressant de détailler le parcours qui m'a permis d'exercer aujourd'hui le métier de restauratrice de photographies, car il est fait d'un enchaînement d'expériences et de rencontres. En effet, il n'existe pas de parcours tout tracé dans ce domaine, ce qui confère d'ailleurs à chacun de mes collègues un profil particulier. Nous sommes cependant quelques-uns à être passés par l'Ecole nationale de la photographie d'Arles avant de nous diriger vers l'IFROA.

Je suis arrivée à la restauration de photographies un peu par hasard, et en même temps en suivant un parcours assez logique, sans vraiment m'en rendre compte. Depuis l'enfance, j'ai toujours été attirée par les lieux de mémoire, les bibliothèques, les archives, par les vieux papiers, les albums photographiques de famille. Grande lectrice, j'aime les histoires écrites dans les livres, mais aussi celles évoquées par des traces de vie, des images, des bouts de papier, des objets marqués par l'usage et le temps.

Après le bac, au moment crucial du choix de mes études, j'ai hésité entre un parcours classique de lettres avec l'idée d'une formation de bibliothécaire ou d'archiviste, et les beaux-arts. J'ai finalement choisi la dernière option, qui me semblait beaucoup plus attirante dans la forme, et parce que j'avais envie et sans doute besoin de quelque chose de nouveau après m'être beaucoup ennuyée au lycée... A cette époque, je pensais, en faisant ce choix, abandonner définitivement la voie des bibliothèques et des archives.

Trois ans de beaux-arts à Nantes m'ont permis d'aborder de façon plus ou moins approfondie de nombreuses techniques artistiques (du dessin à la vidéo en passant par la sculpture, la peinture et la photographie), de développer un sens du regard, de la curiosité, de la critique... et aussi tout simplement d'épanouir ma personnalité. Peu de choses utilisables immédiatement au niveau pratique, dans le sens d'un métier, mais un ensemble de dispositions qui m'ont été très utiles par la suite.

Au bout de trois ans, je souhaitais me spécialiser en quelque chose. M'étant découvert un goût très prononcé pour la photographie, j'ai alors choisi de continuer dans ce domaine en me tournant vers l'Ecole

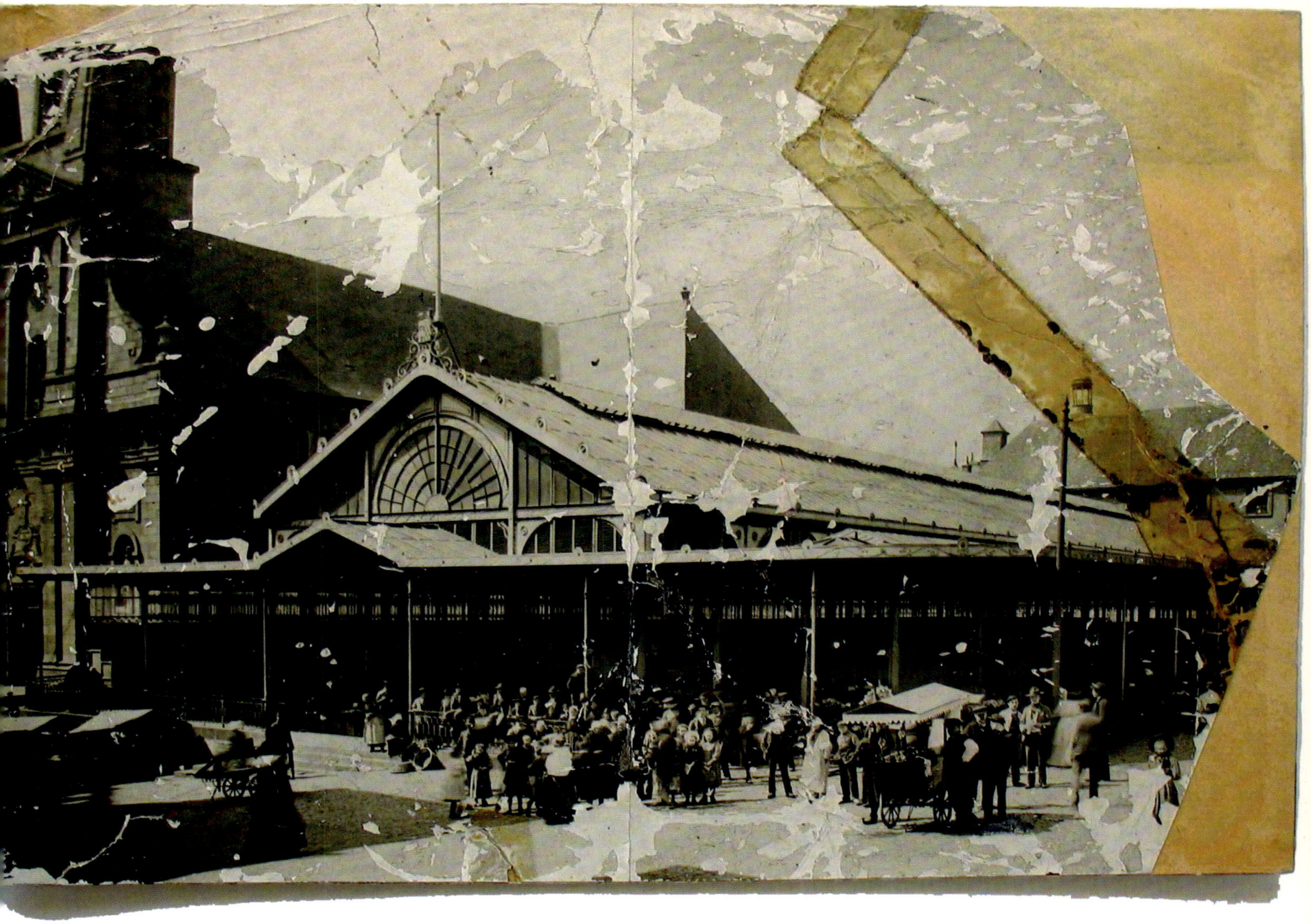

Les Halles Saint-Louis, Brest, circa 1900
Photographie sur papier au gélatino-bromure d'argent avant traitement
Archives municipales de Brest

nationale de la photographie d'Arles. Je suis partie pour le Sud pour trois nouvelles années d'études. Je garde un très bon souvenir de cette époque, à la fois au sein de l'Ecole où j'ai appris beaucoup et où les conditions d'études étaient très agréables, mais aussi parce que, venant de Bretagne, je découvrais une région très différente, la culture méditerranéenne, un mode de vie, de pensée… qui m'ont impressionnée et influencée de façon très forte. Je pense que mon goût pour le patrimoine a ressurgi au contact quotidien avec les vieilles pierres de la ville d'Arles. Etant originaire de Brest, ville reconstruite à la hâte après la guerre, vivre dans une ville si imprégnée de la mémoire des siècles passés a été une expérience inoubliable, un choc sans cesse renouvelé. Paradoxalement, c'est aussi à cette époque que j'ai commencé à m'intéresser de façon approfondie à l'histoire et à la culture de ma région d'origine…

En 1997, en troisième année, je ne savais pas encore à quel domaine de la photographie j'allais me destiner, mais la fréquentation assidue de la bibliothèque de l'école m'avait déjà ouvert les yeux sur la richesse de l'histoire de la photographie. Quelques stages m'ont alors fait découvrir le domaine du patrimoine photographique : pratique de procédés photographiques anciens, découverte des métiers de la documentation et de l'iconographie, et surtout quelques jours consacrés à la conservation et à la restauration des photographies, animés d'une part par Sylvain Morand, conservateur du musée de Strasbourg, et d'autre part par

Anne Cartier-Bresson, à l'Atelier de restauration et de conservation de photographies de la ville de Paris... J'ai alors eu sous les yeux pour la première fois des photographies anciennes d'une grande importance historique, dans le cabinet des arts graphiques du musée Carnavalet à Paris, et j'ai découvert le métier de restaurateur de photographies. Le contact direct avec ces images magnifiques, marquées par la patine du temps et pas forcément par l'altération, la découverte de la variété et de la complexité des techniques photographiques, l'ambiance des lieux de conservation, la personnalité et la compétence des personnes que j'ai rencontrées à cette occasion, tout ceci m'a énormément plu.

C'est donc après ma sortie de l'école d'Arles, après quelques mois de petits boulots photographiques ou alimentaires, alternés de chômage et de quelques cours à l'université sur l'histoire et la culture bretonnes, que je me suis décidée à préparer le difficile concours d'entrée à l'IFROA (Institut de formation des restaurateurs d'œuvres d'art[1]), où je suis finalement entrée en septembre 1998... Ont suivi quatre années d'études riches et intenses, au milieu de personnes passionnées et passionnantes, dans des conditions exceptionnelles, au contact permanent de collections et d'œuvres prestigieuses. C'est une formation dense et pointue, puisque l'activité du restaurateur s'exerce en relation permanente avec l'histoire, la science et l'art. Peu de pays dans le monde proposent un tel cursus spécialisé en restauration de photographies.

Après avoir obtenu mon diplôme en 2002, j'ai d'abord travaillé en vacation au musée Albert-Kahn à Boulogne-Billancourt dans le cadre d'une campagne de restauration du fonds d'autochromes, puis j'ai choisi de m'installer comme restauratrice indépendante à Rennes à la fin de l'année 2003. J'interviens aujourd'hui dans la zone du Grand Ouest (Bretagne, Pays de la Loire, Basse-Normandie), essentiellement auprès d'institutions publiques conservant des collections patrimoniales (musées, archives, bibliothèques) ou d'organismes en lien avec le patrimoine (associations, lieux de formation).

Un métier vivant et sans cesse renouvelé

J'ai le grand privilège d'exercer aujourd'hui une activité qui me plaît énormément, et d'en vivre, dans la région où je souhaitais m'installer. Je travaille souvent seule, mais toujours en lien avec les équipes des institutions muséales ; parfois chez moi dans mon petit atelier, mais aussi parfois *in situ* selon les cas. Par ailleurs, je reste toujours en lien avec mes collègues en France, mais aussi à un niveau international, soit par internet, soit en participant à des colloques ou des formations. Il est en effet extrêmement important de se tenir au courant des avancées et des expériences de chacun dans un domaine où nous sommes peu nombreux et où beaucoup de choses restent à étudier, à découvrir, à imaginer.

1. L'IFROA a fusionné avec l'ENP (Ecole nationale du patrimoine) et changé de nom en 2002 pour devenir le Département des restaurateurs du patrimoine de l'INP (Institut national du patrimoine, qui forme aussi les conservateurs du patrimoine).

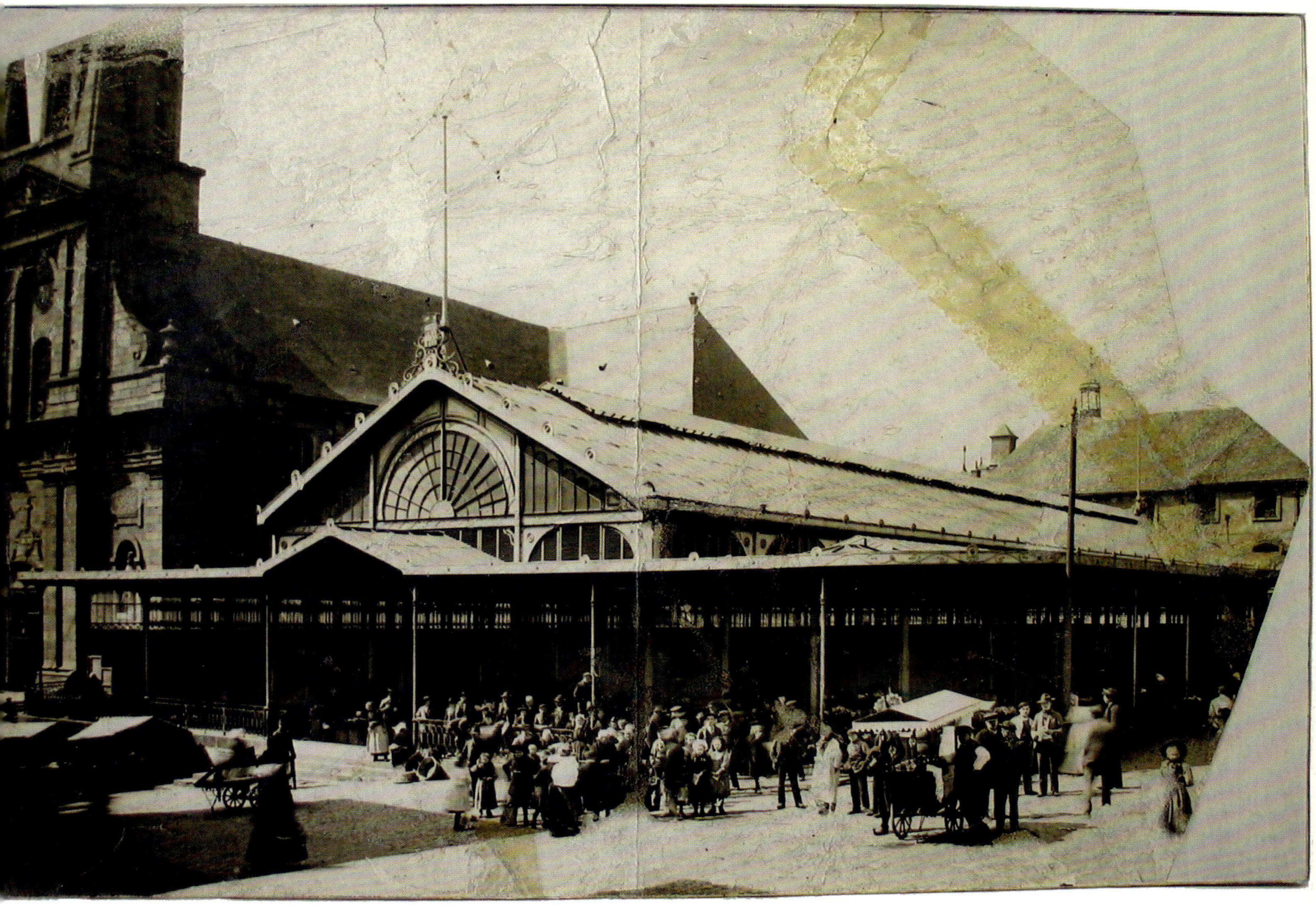

Les Halles Saint-Louis, Brest, circa 1900
Photographie sur papier au gélatino-bromure d'argent après traitement
Archives municipales de Brest

Ce métier est toujours une rencontre avec l'œuvre ou le document photographique. Etudier un fonds en tant que restaurateur permet de regarder la photographie au-delà de celle-ci, d'entrer dans une matière, un objet en trois dimensions. Dans une collection patrimoniale, le restaurateur est une des seules personnes autorisées à toucher cet objet photographique, et la seule à pouvoir intervenir dessus. Il arrive souvent que les fonds photographiques n'aient pas encore été classés ou inventoriés lorsqu'on me demande de venir les examiner, et qu'ils se trouvent dans leur état, sinon d'origine, du moins d'arrivée dans la collection. Ouvrir un carton poussiéreux qui vient d'arriver dans un service d'archives, rempli de photographies, de papiers et de boîtes de négatifs, desceller un montage, examiner le verso d'une photographie, y découvrir parfois un tampon, une signature, une inscription, reconnaître un type de support... La première rencontre avec une photographie ou un fonds photographique est toujours un moment exaltant.

L'examen des photographies avant le traitement nous apprend une foule de choses, et nous amène à retourner aux sources de la photographie : l'histoire des découvertes, des techniques, des recherches sur les matériaux que ce domaine a suscitée. La photographie telle que nous la connaissons aujourd'hui est le fruit d'un ensemble de recherches, d'inventions, de perfectionnements, menés par des hommes qui étaient d'incroyables chercheurs travaillant sans répit à leur passion, bien souvent doublés d'artistes talentueux.

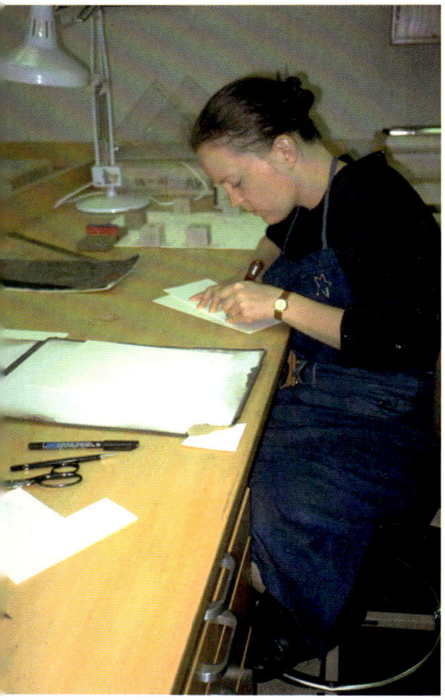

Gwenola Furic

Au départ artisanale, la photographie est entrée dans le domaine industriel dès la fin du XIXe siècle, mais là encore, les prouesses des fabricants et des chercheurs de l'industrie photographique sont fascinantes. C'est pourquoi, loin de tuer le mystère de l'image photographique, la connaissance technique me permet de garder aujourd'hui un regard fasciné et ému devant bien des photographies sur lesquelles je travaille.

Chaque photographie est un cas particulier, et je découvre sans cesse, même sous la poussière ou la ruine, des traces humaines, des parcelles de vie. En travaillant sur un fonds cohérent, par exemple un ensemble de négatifs d'un même photographe, une série de tirages ou un album regroupant des photographies sur un même sujet, j'ai souvent l'impression de suivre un fil, de mener l'enquête. Le travail de restauration requiert une attention et une minutie qui nous fait regarder de façon très approfondie les images. Il arrive fréquemment que certains petits détails particuliers de la photographie viennent compléter l'étude faite par l'historien, car le restaurateur a forcément une approche différente des œuvres, peut-être plus sensible et intuitive au niveau de la matière et du mode de mise en œuvre.

Enfin, ce métier est aussi une rencontre avec les hommes et les femmes qui, dans les institutions, sont chargés de la conservation et de la diffusion de ces fonds. Bien souvent, ces personnes sont très compétentes au niveau de l'approche historique et documentaire, et sont passionnées par leur tâche, mais n'ont pas la formation de base nécessaire pour savoir comment agir concrètement au niveau de la préservation à long terme. C'est alors que je peux intervenir pour les former : leur apprendre à reconnaître les différents procédés photographiques qui se trouvent dans leurs collections, à être conscients des problématiques de conservation, à savoir comment réagir en cas d'urgence... Ce travail de formation demande une confiance réciproque, une écoute de l'autre, car chacun a une approche particulière et complémentaire de la collection.

Dans tous les cas, le travail d'inventaire, de recherche historique et de conservation des photographies tendent vers un but commun : faire revenir l'œuvre ou le document, depuis son sommeil historique, jusqu'à la lumière, à la vie.

CLAIRE GUIGAL ET PHILIPPE LE BIHAN

Directeurs de la galerie 779 (Paris), éditeurs

Entretien avec Patrick Talbot

Claire Guigal
Née en 1971, vit et travaille à Paris.
Après des études de communication et de cinéma, elle obtient le diplôme de l'Ecole nationale supérieure de la photographie en 1996. Cofondatrice des éditions 779, elle est également graphiste indépendante pour l'édition.

Philippe Le Bihan
Né en 1968, vit et travaille à Paris.
Diplômé de l'école nationale supérieure de la photographie en 1994. Cofondateur de 779, il est également graphiste pour l'industrie du disque et l'édition.

Patrick Talbot : Le moment de notre rencontre, c'est celui de la fermeture de la galerie 779. Quand cette aventure a-t-elle débuté ?

Philippe Le Bihan : La galerie a ouvert ses portes en mai 2001, mais le projet des éditions lui préexistait. Claire et moi sommes l'un et l'autre amateurs de livres de photographies depuis de nombreuses années, avant même notre passage par l'Ecole d'Arles. Et, à un moment donné, nous est venue l'idée de créer une maison d'édition pour publier des livres de photographies montrant des univers qui nous étaient proches. Sur ce projet d'édition s'est greffé le principe d'une galerie, parce que nous avons une formation de photographes et que le livre de photographies, même s'il a une autonomie et une spécificité, repose le plus souvent sur la reproduction d'originaux. De par notre formation arlésienne, nous avons gardé un amour de l'objet qu'est le tirage lui-même. Très rapidement s'est imposé alors le désir de conduire parallèlement aux projets éditoriaux un projet de galerie avec sa dynamique propre et une économie différente.

Claire Guigal : Nous avions la volonté de montrer des œuvres, pas uniquement des reproductions mais les œuvres elles-mêmes.

P. L. B. : La volonté de montrer des originaux et aussi de mettre en évidence le fait que l'on ne présente pas de la même façon les images quand elles figurent dans un livre et quand elles sont accrochées au mur. Les deux s'articulent différemment et cette dualité nous intéressait.

C. G. : Il nous plaisait de concevoir un accrochage en plus d'une mise en pages. La galerie répondait à notre désir de disposer d'un lieu où mettre les œuvres en espace.

Quels étaient les objectifs que vous vous étiez fixés au départ ?

P. L. B. : La motivation première n'était pas commerciale, dans le sens où – la suite des événements nous l'a confirmé – nous ne sommes pas marchands dans l'âme. Nous nous étions donné entre trois et cinq ans pour voir si nous pouvions mener à bien économiquement une structure comme celle-ci parallèlement à nos activités "alimentaires". Tous les deux, en sortant de l'ENSP, nous avons travaillé davantage en tant que graphistes qu'en tant que photographes. Par choix, afin de poursuivre une pratique photographique personnelle indépendamment de l'idée de commande et de conserver une marge de liberté, de l'énergie et de l'envie. Mais très rapidement, notre travail de graphiste a pris le pas sur notre production personnelle. Je pense que dans notre projet de maison d'édition il y avait aussi, sous-jacente, cette idée de renouer un contact avec la photographie d'auteur.

C. G. : Il y avait aussi l'idée que nous pourrions concevoir du début à la fin le graphisme et l'esthétique que nous aimons – ce que l'on ne peut pas forcément réaliser quand on travaille pour des clients –, il y avait l'idée d'un plaisir artistique.

P. L. B. : Un plaisir artistique qui est redoublé par la rencontre avec un artiste, par le partage autour d'un objet, le livre. Je pense que chacun peut le remarquer dans ce que nous avons fait : pour nous, le graphisme d'un livre de photographies doit être au service des photographies. Contrairement à la plupart des créations graphiques que nous réalisons pour nos clients, le graphisme de nos livres est volontairement en retrait.

Comment avez-vous procédé pour choisir vos artistes ?

P. L. B. : Nous avions le projet d'ouvrir en 2002. Mais en juillet 2000, Claire était présente aux Rencontres, et au "Off" elle a vu le travail de Charles Fréger.

C. G. : Je participais aux journées qu'organise Christophe Laloi avec les diffuseurs et les photographes. Je regardais les portfolios – je ne sais pas combien par jour ! – et puis j'ai remarqué celui de Charles Fréger dont les photographies sortaient vraiment du lot.

P. L. B. : Nous avons pris conscience qu'il y avait, dans ce travail, un potentiel sur lequel nous pouvions aussi nous appuyer pour lancer la galerie et les éditions.

C. G. : Parallèlement, nous étions en relation avec Clément Chéroux et Michel Poivert de la Société française de photographie. Ils voulaient lancer une série d'ouvrages sur la photographie contemporaine dans le but d'enrichir les collections de la SFP, essentiellement composées de fonds XIXe et début XXe, avec des artistes contemporains. En échange du livre qu'ils faisaient avec les photographes, ceux-ci leur offraient le matériel qui avait servi à sa réalisation, les tirages essentiellement. C'était l'idée initiale. Nous en avons discuté et, finalement, nous avons décidé de faire une coédition. Pour faire exister en tant que telle cette collection dès le départ, il fallait réaliser plusieurs ouvrages et les publier simultanément. Nous avons donc commencé à chercher des photographes contemporains, eux de leur côté, nous du nôtre, et nous leur avons proposé le travail de Charles Fréger.

P. L. B. : A l'origine, la SFP ciblait pour ses ouvrages des artistes contemporains ayant une production couvrant au minimum une dizaine d'années. Charles venait juste de terminer l'Ecole des beaux-arts de Rouen, mais il disposait déjà de plusieurs séries remarquables ; sa présence dans la collection s'est imposée naturellement.

C. G. : La volonté de sortir d'emblée quatre ouvrages sur des artistes aux pratiques véritablement différentes illustrait parfaitement le projet que nous avions en lançant les éditions et la galerie 779 : montrer que la photographie contemporaine ce n'est pas *que* la photographie plasticienne, ce n'est pas *que* la photographie documentaire, etc., mais un ensemble de directions.

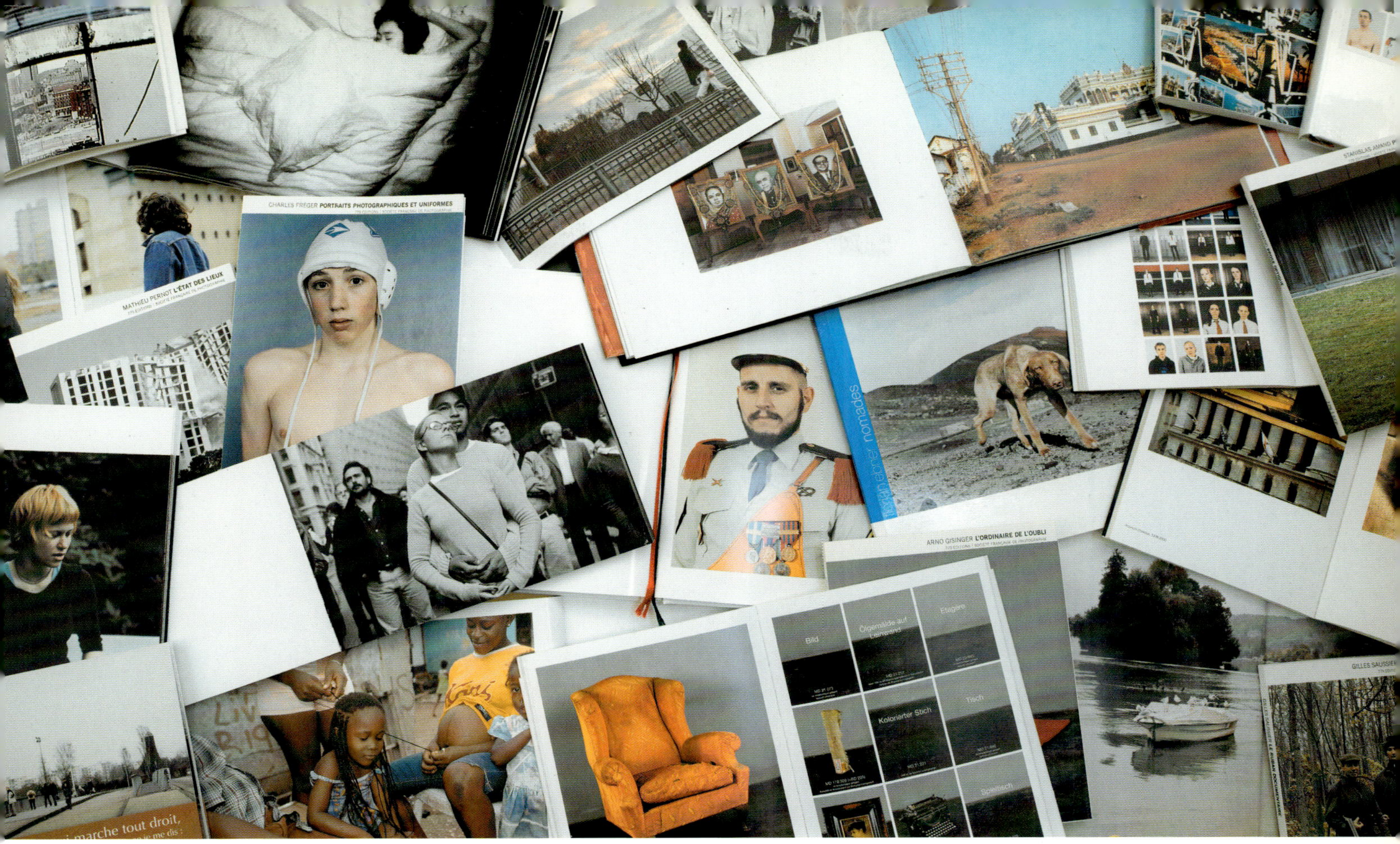

Arno Gisinger

Justement, pouvez-vous en dire un peu plus sur la manière dont vous vous situez par rapport aux distinctions entre photographie plasticienne, photographie documentaire, photo-reportage ?

P. L. B. : Nous ne défendons pas une chapelle, nous ne défendons pas une pratique, une approche unique de la photographie, nous défendons la pluralité. Nous n'opérons pas de hiérarchie entre les genres. L'un des livres que nous avons faits avec Frédéric Sautereau est assez significatif à cet égard. Frédéric Sautereau est un photo-reporter dont j'ai découvert le travail sur les attentats du 11 septembre lors d'une projection du “Off” à Arles, en 2002. Son travail y était montré parmi d'autres réalisés autour du même thème. Et seul, au milieu d'une dizaine de travaux tous assez peu intéressants, il y avait ce travail de Frédéric Sautereau qui dépassait le sujet, et l'idée même du reportage. Frédéric Sautereau m'a été présenté le soir de la projection. Par notre culture, Claire et moi n'étions pas portés sur la photographie de reportage. Dans ce cas précis, de surcroît, il s'agissait du 11 septembre, un sujet sensible, très exposé aux critiques et aux approches manichéennes : il fallait être pro ou anti-américain. Dans ce contexte, Frédéric Sautereau était un reporter, avec des photographies sur le 11 septembre : deux handicaps à nos yeux, et en même temps nous étions face à des images dont la réussite était de dépasser le clivage des pratiques. Ces images étaient d'ailleurs comme des ovnis dans sa propre production qui s'inscrit dans une tradition classique du photo-reportage – grand angle, prises de vue en noir et blanc, etc. Elles étaient pour moi le pendant en négatif des images de William Klein dans le New York des années 1954-1955, qui donnaient l'impression d'entendre, en les regardant, le bruit infernal de la ville. Ici, à l'inverse, on croyait “entendre le silence” de ces passants encore en état de choc. Et il y avait une universalité dans ces images qui dépassait son propre travail, le sujet, la pratique.

En somme, vos choix ne sont pas déterminés par l'origine d'un travail, ni par sa nature ou sa catégorie, mais par un choc ressenti, une impression de nouveau ?
P. L. B. : Oui, c'est un vrai choc esthétique, artistique, qui déclenche à chaque fois la collaboration.

Arles revient à plusieurs reprises dans les propos que nous avons échangés : le rôle du "Off" dans le choix de vos artistes, vos liens étroits avec Clément Chéroux, qui est également un ancien élève de l'École... Arles – lieu où vous avez fait vos études, rendez-vous annuel lié aux Rencontres, tête de pont d'une sorte de réseau – est donc encore bien présent dans vos activités quotidiennes ?
C. G. : Vous évoquez les réseaux : récemment, nous nous sommes trouvés à dîner au restaurant avec huit autres convives, nous étions tous des anciens d'Arles – nous nous en sommes aperçus une fois assis – de plusieurs promotions différentes, des gens avec qui, pour certains, nous travaillons souvent et qui ne sont pas du même milieu photographique que nous, notamment Grégoire Alexandre qui est photographe de mode, Denis Canguilhem qui est historien, Anna Malagrida qui est artiste-photographe et dont nous défendons le travail à la galerie.

P. L. B. : De façon tout à fait fortuite d'ailleurs, la galerie a pu jouer un rôle fédérateur pour certains anciens d'Arles. A l'inverse, il est arrivé un moment où nous nous sommes protégés de cela, c'est-à-dire que nous avons dû refuser d'exposer des travaux intéressants de photographes issus de l'Ecole parce que nous ne voulions pas devenir la galerie des anciens de l'ENP. Nous avons pareillement veillé à ne pas être étiquetés "agence Métis" après avoir exposé Jérôme Brézillon et Christophe Bourguedieu en renonçant à montrer à la galerie un travail qui nous plaisait parce que son auteur était lui aussi associé à Métis. Le faire aurait été à l'encontre de cette diversité que nous défendons, de cette position anti-dogme qui est notre credo. Ce qui nous rassemble de manière générale, c'est la diversité de nos goûts, en musique, au cinéma, en photographie...

C. G. : Paradoxalement, j'ai été surprise un jour d'apprendre de la bouche de Michel Guerrin du journal *Le Monde* – qui a toujours soutenu notre démarche – que nous avions une "ligne", une identité. Il y a l'éclectisme des gens qui nous arrivent de milieux différents mais il y a aussi notre goût.

Une ligne éditoriale n'empêche pas l'éclectisme. Il existe un fil qui permet de discerner une personnalité – ou même deux – derrière une production, ce qui n'implique pas nécessairement de faire toujours la même chose.
P. L. B. : Pour revenir à cette notion de réseaux, dans la genèse du projet est entré pour une part le constat que des travaux de gens qui étaient avec nous à Arles méritaient d'être montrés. Je pense au travail de Florian Ebner notamment, une personnalité éminemment discrète et humble. Nous avons fait ce livre avec lui et une exposition, et cela parce que j'avais vu ses images au laboratoire de l'Ecole où je tirais les

miennes. Des rencontres comme celles-là, au sein de l'ENP, ont contribué à nous donner envie de montrer des œuvres qui nous semblaient vraiment pertinentes et fortes. Florian a été un déclencheur.

C. G. : Nous remarquions que tout ce que nous avions vu, à l'Ecole, pendant nos années d'études, à la sortie on n'en voyait plus la trace. En fait, il s'écoule du temps avant que les gens ressortent, que les travaux réapparaissent à la vue de tous, et ce temps-là, les artistes le passent dans un tunnel.

Vous vouliez aller chercher dans le tunnel ?
C. G. : Voilà ! C'est un peu l'idée par rapport à l'Ecole. C'est pourquoi tout est imbriqué : l'histoire des réseaux...

Puisque maintenant vous fermez la galerie, quels sont vos projets ?
P. L. B. : Le projet initial et déclencheur était l'édition, avant tout. L'une des pensées, l'une des certitudes qui a prévalu au démarrage, c'était qu'à l'ère du numérique, du Web, du virtuel, le livre demeure un objet qui existera toujours et qui ne se situe pas du tout sur le même terrain qu'un site internet ou qu'une vidéo. C'est autre chose, qui a une autonomie, qui perdurera, évidemment influencé par tout ce qui se passe autour.

C. G. : Il y a des projets que nous portons depuis le début, qui ont motivé la création de notre maison d'édition, et que nous allons pouvoir mener à bien maintenant que nous avons une expérience suffisante.

P. L. B. : Oui, au début, n'étant pas marchands, n'ayant pas d'expérience de galerie et pas davantage dans l'édition, nous ne nous sentions pas assez d'aplomb pour aller à la rencontre des gens reconnus et leur proposer de collaborer avec nous car nous n'avions rien à leur montrer. C'est aussi l'une des raisons pour lesquelles au début nous avons beaucoup travaillé avec de jeunes artistes et nous étions attentifs à ce qui se faisait. La galerie, c'était notre "danseuse", nous le savions. Nous ne sommes pas parvenus à stabiliser financièrement la structure, il y avait trop d'aspects à gérer. Galeriste, c'est un métier à part entière et nous étions déjà directeurs artistiques, graphistes, éditeurs ! Mais si nous nous séparons de la galerie, nous allons essayer néanmoins de maintenir cette connaissance du métier que nous avons acquise en quatre ans et proposer des expositions clef en main. Notre projet est de monter des expositions accompagnées de publications pour des centres d'art en France et en Europe. Nous ferons valoir notre savoir-faire quitte à présenter un projet qui sera estampillé ensuite par une autre maison d'édition, dans le cas des "packagings". Le projet est vendu, nous le suivons de A à Z, impression comprise, et nous livrons une fois les livres terminés. Nous avons aussi un atout supplémentaire depuis que nous avons rejoint In Extenso, une structure de diffusion des livres qui regroupe treize éditeurs parmi lesquels Filigranes, les Imaginayres, Images en

Manœuvre et le Point du jour (pour parler des plus actifs en matière de photographie). Avec quinze titres au catalogue nous nous situons dans la moyenne basse de ces éditeurs, on est "petit", mais dans les projets de partenariat que l'on peut développer, cette appartenance à un réseau de diffusion est un plus. In Extenso nous garantit une visibilité en France et en Europe.

Pour conclure, comment jugez-vous rétrospectivement la formation que vous avez reçue à l'ENP, aujourd'hui ENSP ?

C. G. : En plus de mon activité au sein de 779, je suis graphiste indépendante pour l'édition. La connaissance que j'ai acquise à l'école me sert tous les jours dans ce travail. Le fait d'avoir appris notamment à faire du tirage photographique m'aide à faire des corrections chromatiques, des retouches, des recadrages... C'est un plus pour moi au-delà de la création et de la mise en pages des ouvrages.

P. L. B. : Oui, il y a ces heures passées dans le labo à recadrer les photos. On retrouve ces notions tous les jours dans le cas d'une mise en pages à effectuer et la nécessité de composer avec des images. Pour moi l'Ecole a été une expérience très enrichissante, un outil incroyable dans un lieu qui favorise le travail et l'échange, des laboratoires performants et une bibliothèque exceptionnelle. Après, comme dans tout enseignement, il y a à prendre et à laisser ; l'intelligence avec un outil pareil c'est de savoir quoi prendre et quoi laisser. Quand je suis arrivé j'ai été un peu perdu ; j'avais l'impression qu'il fallait que j'adapte ma pratique à un formatage "arlésien". Je n'avais pas d'expérience artistique auparavant. J'avais simplement effectué une année de préparation en DEUG Histoire de l'art spécialisation photo à l'université Paris-VIII. J'avais une pratique personnelle très décousue. Les enseignants de l'ENSP m'ont aidé à comprendre ce que j'avais fait avant et à partir de ce moment-là j'ai compris ce que je recherchais dans la photographie et comment l'Ecole allait m'être utile.

LA PHOTOGRAPHIE NUMÉRIQUE, NOUVELLES IMAGES OU MERVEILLE DE LA TECHNOLOGIE MODERNE ?

Gilles Kagan

Responsable du service photographique de l'IRHT (CNRS)

*Diplômé de l'Ecole nationale de la photographie, **Gilles Kagan** est aujourd'hui ingénieur au CNRS. Il est responsable depuis 1991 du Service photographique, Images et Médias de l'Institut de recherche et d'histoire des textes. Dès 1995, il met en place une chaîne complète de numérisation d'images qui comprend aujourd'hui plus de 130 000 reproductions en couleurs d'enluminures de manuscrits médiévaux, il réalise de nombreuses missions photographiques en France et à l'étranger, collabore à la réalisation des publications de son laboratoire, livres et CD Rom. Les compétences qu'il a su développer en tant que formateur au sein de son service et pour d'autres équipes de recherches en sciences humaines l'ont tout naturellement conduit à se spécialiser dans les nouvelles technologies : la photographie numérique bien sûr, mais aussi les bases de données, la PAO et le multimédia.*
Sensible à la création contemporaine, il est président de l'association Lumen (Orléans) qui organise des expositions et travaille avec un collectif de photographes.

L'essor de la photographie numérique

Si la photographie numérique était encore balbutiante il y a cinq ans, elle est aujourd'hui un procédé parfaitement maîtrisé sur le plan technique. Le développement récent des reflex numériques, qui sont de plus en plus performants[1] et de moins en moins coûteux, laisse à penser que nous vivons véritablement, d'un point de vue économique et technologique, une période charnière.
D'un point de vue financier, l'appareil photo numérique est aujourd'hui abordable pour le grand public et parallèlement le coût économique des chaînes argentiques traditionnelles est devenu trop élevé pour l'industrie, notamment pour Kodak, Fuji, Konica, Kis, entreprises qui ont depuis trois ans transformé leurs chaînes de fabrication. Même chose en France pour les grands laboratoires photographiques comme Central Color, Dupond S. A., Pictorial Service, Publimod'Photo, etc., qui proposent depuis cinq ans de nombreuses prestations numériques. Des statistiques rassemblées par le Sipec[2] montrent qu'en 2004 la vente des appareils photo numériques en France a représenté plus de 90 % du marché global avec 4,16 millions d'appareils vendus dont 101 000 reflex, soit pour ces derniers une augmentation de 365 % par rapport à l'année précédente. Seuls les appareils jetables argentiques assurent une vente encore assez conséquente avec plus de 20 millions d'unités achetées[3] en 2004. Ces données économiques portent à croire qu'il sera de plus en plus difficile dans l'avenir de travailler avec des films, notamment les films 120, car le marché des dos matriciels pour appareils de moyen format est en pleine expansion depuis janvier 2005.
Enfin, les bornes d'impression numérique en accès libre sont de plus en plus nombreuses dans les centres commerciaux, avec des délais de livraison rapides et un coût assez faible pour le consommateur. Une nouvelle industrie de l'image se constitue donc, les grandes chaînes argentiques sont peu à peu remplacées par des chaînes de production en électronique, ici comme ailleurs le "e-commerce" se développe, notamment avec les ventes d'impression sur Internet[4]. Conséquence de cette situation : aujourd'hui, pour l'amateur averti ou le photographe professionnel, il devient assez difficile d'obtenir une impression traditionnelle de type P30 ou Cibachrome. Quiconque apporte un film argentique à développer peut constater que l'option CD est d'ores et déjà complètement banalisée. D'ailleurs, lorsque par chance subsiste un laboratoire traditionnel, le coût financier pour obtenir un tirage classique manuel est désormais beaucoup plus élevé.

Cette évolution des usages est vécue par les photographes de métier et les créateurs avec une certaine inquiétude car ces nouveaux procédés ne fournissent pas, dans tous les cas, les mêmes types d'impression.

---

1. La taille des capteurs matriciels est passée en six mois de 5 à 8 puis 12 mégas pixels, la finesse de ces capteurs permet de rivaliser avec la finesse d'un film argentique. Même si un sel d'argent reste 100 fois plus petit que les micro-cuvettes des capteurs, le nombre d'informations désormais générées dépasse largement la numérisation en très haute résolution d'un film 135 mm ; quant au prix moyen d'un appareil numérique reflex, il a été divisé par dix au cours des cinq dernières années.
2. Syndicat des entreprises de commerce international de matériel photo et cinéma-vidéo.
3. Extrait du n° 1628, avril 2005, de la revue *Le Photographe*.
4. On assiste depuis deux ans à une croissance des laboratoires en ligne qui proposent de nombreux travaux photos numériques : www.pixaco.com, www.pixdiscount.com, www.easyfoto.fr, etc.

Les avis des professionnels sont souvent partagés concernant des aspects techniques tels que le modelé des tirages, le rendu des couleurs, l'orchestration de la lumière... Et pourtant de nombreux photographes ont adopté la technologie numérique, entre autres pour la muséologie, la recherche, l'industrie, la publicité, car ces procédés répondent assez bien aux exigences et aux attentes des utilisateurs ou des clients, en particulier pour le développement des banques de données et d'images en ligne.

Dans le monde artistique, on constate également des changements, les créateurs utilisant de plus en plus ces nouveaux procédés d'impression. Certains parmi ceux qui travaillent surtout en couleurs traitent leurs clichés à l'écran, mais l'appropriation des techniques indispensables, souvent d'une grande complexité – celles du traitement informatique de l'image[5] – nécessite un apprentissage difficile et coûteux.
D'autre part, un nombre croissant de lieux d'exposition en France présentent des ensembles photographiques issus de ces nouvelles techniques. Les récents travaux de Roland Fischer "Façades et South Central", ou les travaux du photographe allemand Andreas Gurski, pour n'en citer que deux, illustrent cette mutation technologique.

Sur le plan de la diffusion également, on constate depuis cinq ans de grands changements. Il suffit en effet de se connecter sur internet pour découvrir que la plupart des agences, des galeries ou des collections publiques et privées mettent en ligne sous la forme de visites virtuelles une grande partie de leurs catalogues et/ou de leurs programmations artistiques à partir d'images numérisées. Pour l'internaute, il est devenu quasiment normal de découvrir sur des sites comme celui du Jeu de Paume, du musée d'Art moderne de la ville de Paris, du musée de l'Elysée de Lausanne, du musée de la Photographie de Chalons, de celui de la Maison européenne de la photographie à la fois des articles thématiques téléchargeables, mais aussi un échantillon des œuvres en ligne avec souvent une légende, une date et parfois même une notice.

Qui aurait imaginé cela il y a seulement dix ans?
Ces nouveaux moyens de communication, d'édition et de diffusion de l'image sont désormais largement adoptés et entrés dans les mœurs. De nombreux photographes amateurs ou professionnels créent ainsi leurs propres sites pour présenter à la fois leur parcours et leurs travaux.

Les nouvelles technologies de l'information et de la communication ont grandement accru et facilité la possibilité de se cultiver. Dans le registre artistique, la question est de savoir si le public est à même de ne pas perdre de vue que rien ne remplacera la confrontation directe avec l'œuvre originale. Les expositions virtuelles offrent certes un grand confort visuel mais elles peuvent aussi conditionner le point de vue du visiteur

5. Le traitement informatique de l'image s'est fortement amélioré depuis 2004, l'utilisation des profils ICC et du format de fichier RAW (négatif numérique) permet une meilleure exploitation de toutes les données de la capture, voir le module caméra Raw de Photoshop 7 ou version CS par exemple.

avant une visite réelle. Très souvent, j'ai ainsi pu personnellement constater l'étonnement du public aux expositions organisées par l'association Lumen[6] : "Ah tiens! C'est comme cela.... en fait, j'imaginais l'image beaucoup plus contrastée." Cette réaction est tout à fait normale car regarder une image virtuelle sur un écran n'a rien à voir avec le fait de voir cette même image sur un mur ou dans un livre. L'image numérique renvoie en effet, lorsqu'elle est de grande qualité, à des problèmes de perception relatifs à la taille réelle de la photo et aux tonalités de l'image originale. Très souvent la saturation des couleurs est différente.

Depuis le développement de ces technologies dont nous parlons – et qui ne sont déjà plus si nouvelles –, force est de constater que la numérisation des photographies s'est banalisée. L'image virtuelle, largement utilisée par les agences de presse comme un moyen fiable et performant de diffusion, est également réquisitionnée par la muséologie et la recherche auxquelles elle apporte une plus grande rapidité dans l'enrichissement des bases de données et la diffusion des collections patrimoniales vers le public. Ainsi "Liber Floridus" et "Enluminures[7]" permettent-ils une mise à disposition sur internet des ressources et des recherches menées, entre autres, par le CNRS-IRHT[8] sur notre patrimoine médiéval. D'autre part, l'apport des outils colorimétriques dont ces photographes disposent, à partir de logiciels comme Photoshop, est très important. Ces outils de pointe répondent assez bien à l'exigence des chercheurs mais ils soulèvent aussi de nouveaux problèmes comme celui de la gestion de la couleur entre différentes plates-formes informatiques. Comment, en effet, assurer dans l'absolu la portabilité d'une couleur d'un périphérique à un autre sans la mise en place d'outils de gestion adéquats?

Paradoxalement, l'utilisation de ces nouveaux procédés doit s'accompagner d'une certaine prudence. Certes, la digitalisation de l'information permet une reconduction parfaite et sans pertes de l'information originale, mais la pérennité des supports physiques de stockage est loin d'être absolue. L'Institut de recherche et d'histoire des textes (IRHT), par exemple, archive depuis maintenant plus de dix ans une grande partie de ses collections sur des CD-R de type Gold mais selon des techniques de contrôle et de conservation assez draconiennes qui sont loin d'être à la portée du grand public. On a donc tout lieu de s'inquiéter pour les musées, les FRAC[9], et autres institutions patrimoniales préservant des créations contemporaines, car ces établissements possèdent souvent dans leurs collections des œuvres sur ces nouveaux types de supports qui nécessitent dans bien des cas des techniques et des matériaux d'entreposage appropriés que leurs personnels ne maîtrisent pas toujours.

6. L'association Lumen est un lieu d'expositions situé à Orléans, organisateur des Rencontres photographiques d'Orléans, et qui présente depuis quatre ans de nombreux jeunes photographes, comme Fréderic Lezmi et Olivier Metzger en 2005. www.imagesdupole.org
7. Liber Floridus : http://liberfloridus.cines.fr et Enluminures : http://www.enluminures.culture.fr sont deux sites internet créés par les ministères de la Culture et de l'Enseignement supérieur qui permettent à l'internaute de consulter un corpus de plus de 60 000 images portant sur l'iconographie médiévale issues des technologies numériques.
8. Voir le site de l'IRHT : http://www.irht.cnrs.fr
9. Fonds régionaux d'art contemporain.

La conservation des procédés traditionnels d'archivage noir et blanc et surtout en couleurs impliquait déjà des contraintes très fortes pour les conservateurs ; or, elles sont plus rigoureuses encore pour les nouveaux supports : CD-R, DVD, serveurs, supports magnéto-optiques. En France, seules de très grandes institutions publiques travaillent actuellement sur ces questions délicates : le CRCDG[10], la Documentation française, le ministère de la Culture, la Réunion des Musées nationaux. Des recommandations pour la conservation et la numérisation des documents patrimoniaux disponibles sur quelques sites comme celui de la MRT[11] sont, dans l'immédiat, très utiles pour quiconque veut s'informer à ce sujet ; encore nécessitent-elles de la part de l'utilisateur une connaissance fine de l'informatique.

Les technologies modernes, merveilleuses à d'innombrables égards, exigent de la part de leurs utilisateurs, aussi bien dans le contexte professionnel que domestique, des connaissances et des savoir-faire souvent plus complexes qu'on ne l'imagine au premier abord.
Elles génèrent en outre d'épineux problèmes de classement et de conservation dont il n'est pas certain que nous soyons même en mesure de tous les identifier.

---

10. CRCDG : Unité mixte de recherche sur la conservation des documents graphiques. Cf. Bertrand Lavédrine, avec la collaboration de Jean-Paul Gandolfo et de Sibylle Monod, *Les Collections photographiques : guide de conservation préventive*, Arsag, Paris, 2000.
11. MRT : Mission de la recherche et de la technologie, site internet où figurent les recommandations techniques pour la numérisation du patrimoine. (http://www.culture.gouv.fr/culture/mrt.htm)

DE L'INCLASSABLE AU DÉCLASSÉ

Luce Lebart
Historienne de la photographie

Luce Lebart est née en 1970. Conférencière au Cyclop de Jean Tinguely (Milly-la-Forêt), elle enseigne l'histoire de la photographie à Gobelins l'Ecole de l'image (Paris). Depuis 1993, elle a contribué à l'archivage et à l'informatisation de différents fonds d'images fixes, notamment au département des estampes de la Bibliothèque nationale de France et au ministère de l'Agriculture. Elle a collaboré à des expositions et catalogues d'expositions, dont "Atget le pionnier" (hôtel de Sully, Paris, 2000) ; "Preuve par l'image" (fondation Verdan, Lausanne, 2002) ; "Autour du symbolisme" (palais des Beaux-Arts de Bruxelles, 2004) ; "Traces" (Memoriav, Neuchâtel, 2004) ; "La restauration des montagnes" (Museon Arlaten, Arles, 2004). Elle a publié plusieurs articles sur les rôles de l'image dans l'élaboration des savoirs scientifiques en travaillant notamment sur l'iconographie météorologique, forestière et judiciaire. Plus récemment, elle a écrit sur l'histoire de la documentation iconographique et du classement d'images.

De ma formation à l'ENP, je garde avant tout l'heureux souvenir de l'Atelier de conservation et de restauration des photographies. Anne Cartier-Bresson était arrivée avec, dans ses bagages, des épreuves anciennes sur différents types de supports et un cours passionnant qui, avant d'aborder les techniques de conservation et de restauration, retraçait l'histoire de cette discipline. Cette approche "clinique" des photographies était séduisante : comment les observer, les questionner, à la fois en tant qu'objet mais aussi pour ce qu'elles représentent ; comment en extirper le plus d'indices pour les identifier, reconnaître le procédé, la date de prise de vue ou de tirage, l'auteur, leur appartenance à tel ou tel corpus, poser un diagnostic, planifier une éventuelle intervention. Toujours dans le contexte de cet atelier, au musée Carnavalet à Paris, Françoise Reynaud nous avait ouvert de grandes boîtes, révélant d'immenses et exquises épreuves de Marville. Le pouvoir de séduction de ces images aux tonalités veloutées est resté intact. Hors du temps, elles étaient loin du bruit et de l'effervescence de la vie de tous les jours. Ce temps-là de l'image semblait, à ce moment-là, idéal.
Un univers photographique parallèle à celui qui se jouait à la lumière du jour nous fut donc dévoilé : un monde plein de promesses, ayant comme scène des sous-sols d'archives, comme configurations géologiques des étagères et des placards, comme lieu de retraite des boîtes et des tiroirs et comme langage des inventaires, des étiquettes et des cotes.

Mon premier grand voyage à travers des boîtes d'images fut aérien et motivé par un goût affirmé pour des photos de brume, des photos si brumeuses qu'elle s'approchaient de photos de rien. Comment distinguer une photo de brume épaisse (du flou en somme) d'une autre photo de brume épaisse et ce parmi plusieurs photos de brumes épaisses? Les phénomènes atmosphériques, notamment les nuages, offraient une résistance à l'archivage qui en faisait des objets d'étude excitants. Si les animaux ou les plantes, qu'ils soient respectivement empaillés ou séchés, peuvent être conservés sur des étagères et par conséquent collectionnés, les nuages comme les hommes ne se prêtent pas à de tels modes d'archivages. En revanche leurs images et en particulier leurs photographies peuvent être rassemblées sous forme de collections, et étudiées. Ce voyage dans des collections de photos de nuages commença pour moi à l'Observatoire royal de Belgique pour s'affirmer ensuite comme sujet de recherche, accueilli et encouragé à l'université Paris-VIII par André Rouillé. Maintenant, certes, l'histoire de la photographie a sa place dans plusieurs universités. Il est acquis que la photographie est un ensemble de pratiques et d'usages digne d'intérêt, mais ce n'était pas encore tout à fait le cas il y a dix ans, en France, où il était par exemple impensable d'imaginer étudier les corpus photographiques des scientifiques en histoire de l'art puisque l'histoire de l'art n'était pas élargie à celle des représentations... ce qu'elle n'est toujours pas vraiment.

Après les archives du ciel, il semblait logique de s'attaquer à celles du sol. L'appel de la montagne, comme celui de la forêt, était irrésistible. La beauté des photographies de la forêt de Fontainebleau, présentées dans

Luce Lebart
Boîtes de photos d'après nature,
département des Estampes et de la Photographie,
BNF, 1996

une exposition organisée à la BNF par Bernard Marbot et Daniel Challe, laissait espérer l'existence de clichés parallèles enregistrés dans le cadre de pratiques scientifiques et/ou documentaires. Après plusieurs mois passés au grenier du ministère de l'Agriculture à affiner l'indexation de photographies de bovins dans une banque d'images, les portes des sous-sols s'ouvrirent enfin sur des milliers d'épreuves originales réalisées par les agents de l'Administration des forêts depuis la deuxième moitié du XIXe siècle, dans le cadre de la loi de 1882 sur la conservation et la restauration des terrains en montagne. Empreinte d'un imaginaire romantique et scientifique, cette iconographie – étudiée dans le cadre d'un DEA avec la complicité de Michel Poivert et présentée cette année à Arles au Museon Arlaten – reste en marge des représentations pittoresques et touristiques de la montagne qui lui sont contemporaines. Déplacé du contexte de l'architecture vers celui du paysage, le thème de la ruine y est omniprésent : ce sont des paysages désertiques, des paysages d'après le déluge que donnent à lire ces recueils photographiques. La montagne est associée à un corps malade qu'il faut soigner, réparer : dans ce but, il convient d'en cerner les plaies, les isoler et les désigner par la photographie dont l'objectif est un instrument d'auscultation. Au fil des années, les formes nouvelles des sites aménagés trouvent également leur expression photographique, l'adéquation entre le paysage restauré et sa représentation s'opérant alors autour des principes d'ordonnancement et de géométrisation. Savamment construites, ces images forestières véhiculent en les corroborant les discours ambiants sur la montagne.
Le grand œuvre des forestiers fut fécondé par les travaux d'Eugène Viollet-le-Duc qui, à la fin des années 1860, investit le massif du Mont-Blanc avec la démarche de l'architecte restaurateur, allant jusqu'à envisager, en 1875, la reconstruction des aiguilles de Chamonix (selon leur état avant érosion !).

C'est au bord du lac Léman, face aux sommets que Viollet-le-Duc aimait tant, que germa l'idée, en 2001, suite à une rencontre à l'université de Lausanne avec le professeur Francesco Panese, d'une exposition interrogeant les rôles de l'image dans le "théâtre" de la preuve scientifique.
Avec l'équipe de la fondation Claude Verdan – un musée pour la culture scientifique –, formée à l'école neuchâteloise de la "muséologie de la rupture", nous avons fait le pari, certes risqué, de "démythifier" l'imagerie scientifique en brouillant les lectures habituelles : renoncer à une présentation par discipline scientifique (photo médicale, ethnologique, judiciaire) ou par technique de prise de vue ou encore par ordre chronologique. En effet, de tels choix inciteraient à lire ce que l'image représente (un Indien, des crânes, des radiographies) et non pas comment est construite la représentation. Or, face aux nombreux clichés provenant de domaines de recherche très différents, nous avons constaté des récurrences dans la manière dont ces images sont intégrées dans les démarches probatoires. Aussi avons-nous articulé l'exposition en plusieurs volets correspondant à ces dispositifs ou méthodes photographiques récurrentes dans les processus de démonstration : inventaire, identité, assemblages, mesure, constat, séquence et trophée. Ainsi le volet identité favorisait-il le dispositif du face-profil utilisé aussi bien en anthropologie, en archéologie, en criminalistique, en médecine,

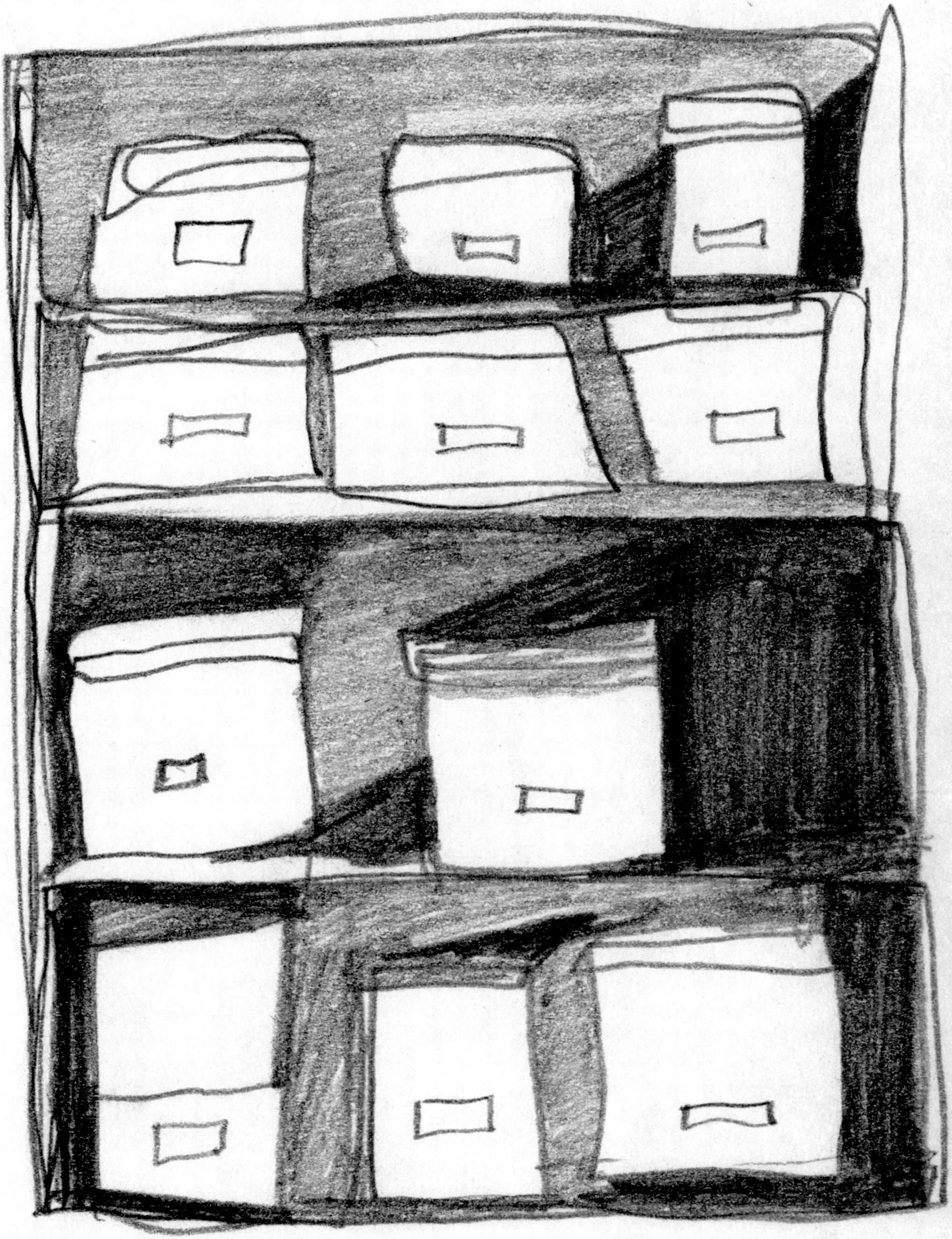

en botanique ou encore en psychiatrie. Qu'il s'agisse d'une fillette atteinte d'arthrite, d'un germe de soja, d'un visage d'anarchiste ou d'un crâne du Paléolithique, ce dispositif "objective" les sujets.

Autre exemple de randonnée dans des rayonnages sans fin : le classement topographique du département des Estampes de la Bibliothèque nationale (site Richelieu), avec Bernard Marbot comme guide dans ces montagnes de documents. Département par département, j'ai sillonné de multiples images de la France, circulé à travers des boîtes et des boîtes, travée par travée. L'objectif était d'en extraire des images anciennes "oubliées", de les identifier, de constituer des corpus. Je redoutais la fin du voyage mais elle fut couronnée par un sommet : la découverte d'une série d'études d'arbres d'Atget, des beautés endormies dans une pochette préparée jadis par leur auteur.
Oubliées dans l'armature documentaire du classement topographique, ces images ont rejoint un classement par auteur dans une dynamique que la BN avait initiée dès 1941 et qui, depuis, est admise. Force est de constater que la beauté de ces images était invisible il y a cent ans. Mais alors, comment dans une collection de milliers d'images être sûr de ne pas perdre celle qui justement intéressera le chercheur? Soutenue par la Mission du patrimoine photographique, j'ai été amenée à étudier les fondements du regard que l'on porte aujourd'hui sur les images d'Atget. Ce regard est celui qu'a forgé, pendant près de soixante-dix ans, l'histoire atypique et extraordinaire de la circulation et de la diffusion de son œuvre – aujourd'hui bien connue – qui commença quand le fonds de son atelier passa des armoires du photographe documentariste de la rue Campagne-Première aux valises de Berenice Abbott pour finalement franchir l'Atlantique. Sans cette épopée du fonds Atget, il est probable que ces "documents" et les regards que nous portons sur eux seraient restés du domaine de l'archive.

L'histoire de l'invention post-mortem de l'œuvre à l'origine artisanale d'Atget est spectaculaire. A l'opposé, celle de la "disparition" du photographe prolifique et internationalement reconnu de son vivant, Rodolphe Archibald Reiss (sur la piste duquel j'ai été amenée par Francesco Panese et Christophe Blaser), est tout aussi fascinante. Contemporain d'Atget, Reiss infiltre toutes sortes de pratiques photographiques : amateur, médicale, géologique, archéologique, artistique et judiciaire. Les recherches qu'il mène sur les méthodes d'investigations en photographie judiciaire, entreprises dans la lignée de celles menées par son ami Bertillon, l'amènent à inventer et rassembler les outils classificatoires d'une science nouvelle dont il devient l'organisateur et le vulgarisateur : la criminalistique. Depuis les inventaires de crimes, organisés autour du motif de la *trace* (de pas, de doigt, de sang, tatouages) et de celui du *trou* (explosions, serrures forcées, impacts de balle, charniers), jusqu'à l'usage de la photographie pour témoigner, puis dénoncer les atrocités commises par les Austro-Hongrois sur les Serbes, l'œuvre photographique de Reiss ne cesse de travailler le rapport de l'archive à la destruction, à la mort et à la collection. Il n'est donc guère étonnant que ce soit à la taxidermie que ce collectionneur de papillons, classificateur du monde du crime, ait consacré ses “vieux jours”. En 1906, lors du premier (et dernier) congrès sur *La documentation iconographique*, tenu à Marseille, il présenta une étude sur “La reconstitution des documents mal conservés ou brûlés”. Cette fois, ce sont les méthodes de photographie judiciaire utilisées par la police scientifique qui infiltrent le champ de la bibliothéconomie.

Ironie du sort, de nombreux clichés et épreuves de Reiss ont disparu, ont été détruits ou encore dispersés. De ces images perdues, demeurent cependant des traces dans des registres d'inventaires de collections, en particulier dans celui de feu le musée suisse de photographies documentaires dont le fonds a lui-même en grande partie disparu, brûlé dans l'incendie d'un dépôt du palais des Nations à Genève, à la fin du XXe siècle. Ce musée faisait partie d'un réseau européen de musées documentaires dont j'étudie présentement l'histoire. Car, si la plupart d'entre eux ne sont plus, c'est bien dans les rayons de leurs placards que se discutèrent et tentèrent d'être normalisées toute une série de questions relatives à l'archivage et au classement des photographies. “L'histoire de la photographie ne devrait-elle pas commencer par celle des placards ?” se demandait Michel Frizot.

PHOTOGRAPHIES DE MODE

Sylvie Lécallier
Chargée du fonds photographique du musée Galliera (Paris)

*Diplômée de l'ENP en 1993, **Sylvie Lécallier** a été chargée pendant deux ans du fonds de photographies anciennes de la bibliothèque de l'Ecole nationale des Ponts et Chaussées. En 1998, elle a organisé le colloque "L'album photographique : histoire et conservation d'un objet", au Museum national d'histoire naturelle. Depuis 1999, elle est chargée du fonds Henry Clarke et de la collection photographique du musée Galliera, musée de la Mode de la ville de Paris. Elle a été commissaire en 2002 de l'exposition "Henry Clarke photographe de mode", puis en 2004 d'"Ouverture pour inventaire", exposition réalisée à partir des collections de vêtements du musée. Elle travaille actuellement sur la photographie de défilé dans le cadre de la préparation d'une exposition sur le défilé de mode, prévue pour 2006.*

Dans son introduction à *Mode et Contre-Mode. Une anthologie de Montaigne à Perec*, Bruno Remaury note que le texte est devenu aujourd'hui "une forme peu usitée dans un univers où l'image a, depuis longtemps, pris le pas sur le mot". Face à la disparition du discours critique dans les magazines, notamment en raison des relations économiques qui se sont tissées entre les annonceurs et les rédactions, la mode se fait de plus en plus par l'image. Au-delà des magazines, l'image est aujourd'hui au cœur du système de la mode contemporaine. Dans un environnement fortement concurrentiel, lié à l'accroissement du nombre d'entreprises sur la scène internationale, elle est devenue un passage obligé pour la communication des marques. On peut désormais dire que "l'une des principales activités d'une entreprise de mode est de produire de l'image[1]".

Chaque jour un nombre immense de photographies de mode est ainsi créé par la presse généraliste et spécialisée, les maisons de haute couture et de prêt-à-porter grand public, les agences de photographes et de publicité ; visibles sur le papier des revues ou des livres, mais aussi sur internet, dans la rue, le métro, les boutiques... elles sont, avant même le vêtement, les premiers objets de consommation.

Si les récentes analyses sur les marques et les enjeux de la mode contemporaine abordent le phénomène, la recherche photographique délaisse résolument la photographie de mode, et l'on ne peut que constater une carence d'études historiques sur le sujet. Les approches anglo-saxonnes des années 1980-1990 reposent en effet essentiellement sur la photographie publiée dans les magazines les plus prestigieux, *Vogue* ou *Harper's Bazaar*, et privilégient une photographie d'auteur. S'appuyant sur des critères d'analyse esthétiques, elles résument ainsi les années 1930 aux photographies de Horst, Hoyningen-Huene ou Munkacsi. Plus récemment, expositions, ouvrages et articles s'intéressent essentiellement aux liens entre l'art et la mode, mettant en avant des photographes contemporains qui font incursion dans le domaine de la mode, tels Philip Lorca di Corcia, Nan Goldin ou Tina Barney.

Henry Clarke
Lanvin, automne-hiver 1951
Collection musée Galliera, Paris

Une photographie aux objectifs documentaires ou commerciaux est ainsi laissée de côté, image pauvre supposée ne pas renouveler le genre. Avec son étude sur les usages de la photographie, publiée en 1997, Françoise Denoyelle a abordé la période de l'entre-deux-guerres et rappelé que la photographie de mode dépend d'un secteur économique et de son organisation ; mais, comme elle le souligne, "une histoire de la photographie de mode française reste à écrire[2]".

C'est pourquoi il me semble aujourd'hui important de chercher à définir la photographie de mode à travers les objets qui appartiennent à l'histoire de sa production, de sa diffusion et de sa réception. Le musée

1. Alix Galand, *Repères Mode 2003. Visages d'un secteur*, IFM/Regard, Paris, 2003.
2. In *La Lumière de Paris*, t. II, *Les Usages de la photographie, 1919-1939*, L'Harmattan, Paris, 1997, p. 310.

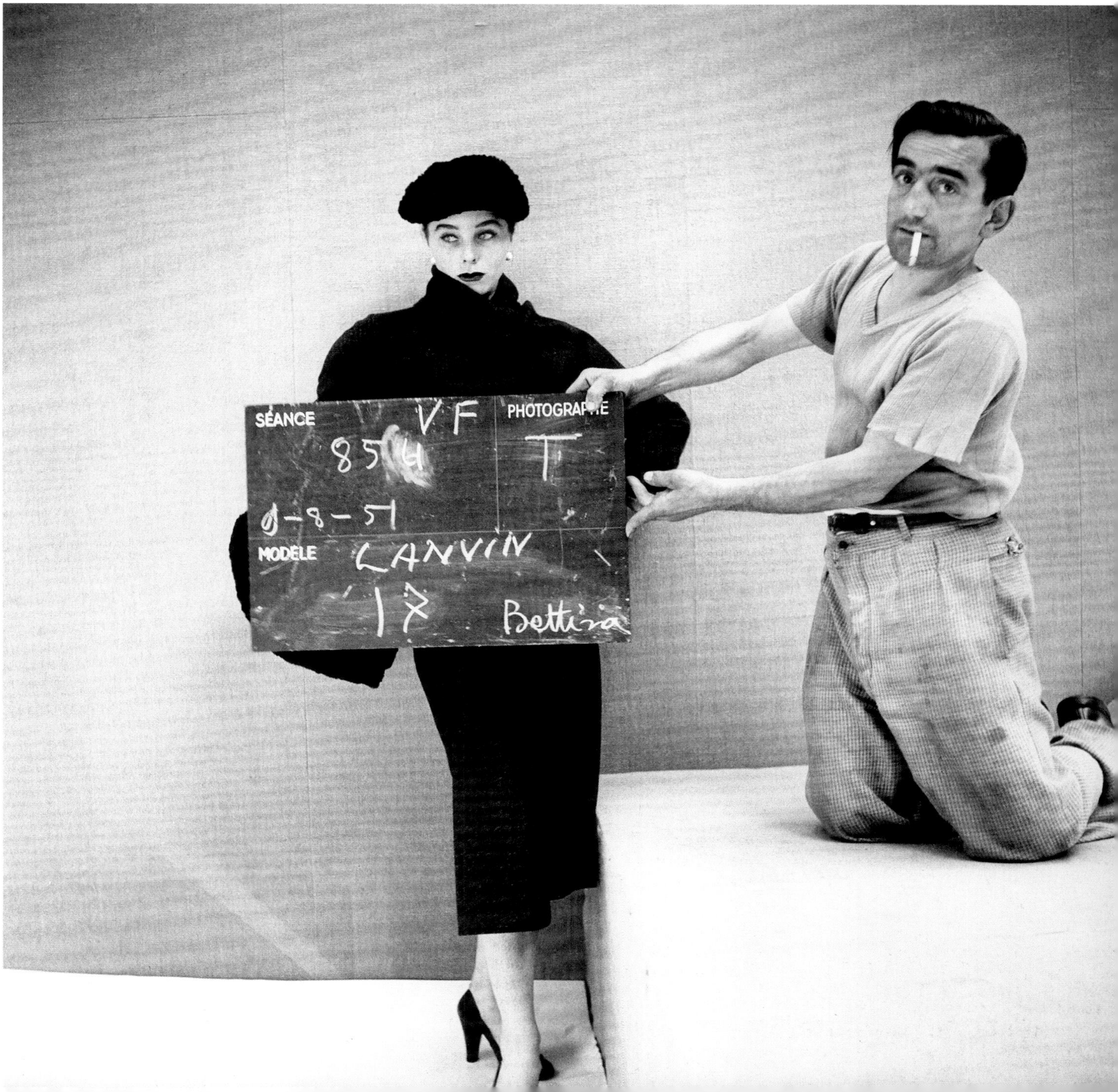
SÉANCE
VF
PHOTOGRAPHIE
T
MODÈLE
LANVIN
17
Bettina

Galliera est l'un des rares musées à conserver, outre quatre-vingt-dix mille vêtements et accessoires du XVIIIe siècle à nos jours, diapositives, vidéos et cartons d'invitation de défilés, tirages et dossiers de presse, dépôts de modèles, archives de photographes, de maisons de couture ou d'anciens mannequins, revues et magazines, *look-books* et catalogues commerciaux... tous au cœur des enjeux de la mode et de son histoire. J'aimerais m'arrêter ici sur quelques-uns de ces objets photographiques conservés au musée.

Les dépôts de modèles

La photographie comme objet déposé apparaît au milieu des années 1860 pour protéger les entreprises de la contrefaçon. Le musée conserve deux photographies anonymes de modèles du magasin de confection parisien *Millettes et Bourely* réalisées vers 1873. Sur l'une d'elles, le mannequin a enfilé, par commodité, un manteau de voyage – objet du dépôt décrit au dos de l'image – sur une robe de ville qui devait probablement être un autre modèle à photographier. L'association de ces deux vêtements témoigne du caractère strictement documentaire de cette image qui a pour objectif d'enregistrer à une date donnée la spécificité d'un vêtement créé.

Après la Première Guerre mondiale, l'usage de la photographie est très courant dans les métiers de la mode. Pour chaque collection, les maisons de couture commandent des photographies de leurs modèles, qui sont déposées au conseil de prud'hommes et donnent lieu à une taxe d'enregistrement. Dans les années 1930, la PAIS (Association pour la protection des industries artistiques saisonnières), organisme regroupant les plus grandes maisons parisiennes, concurrence les prud'hommes et assure la protection du copyright et l'archivage des dépôts de modèles. Inscrite au verso, la date de prise de vue fait foi en cas de copie. Le tampon du mandataire et parfois sa signature, le nom du photographe et du modèle, les mesures restrictives quant à la publication des images complètent l'identification.

De l'entre-deux-guerres, le musée conserve des dépôts de modèles issus principalement des maisons Madeleine Vionnet (cent cinquante-cinq négatifs de 1924) et Paul Poiret. En 2002, est entré un lot de cent quarante-six épreuves de Gilbert René qui a réalisé des campagnes photographiques pour Paul Poiret d'août 1921 à août 1922. Les dates de prises de vue de cet ensemble s'échelonnent sur six jours entre le 6 et le 27 février 1922. Tous les modèles appartiennent donc à la collection de printemps du couturier, qui a été présentée aux acheteurs étrangers et à la presse à la fin du mois de janvier. Soixante-dix-huit tenues sont photographiées, dont soixante-huit de face et de dos, le tout constituant un témoignage important sachant toutefois qu'une collection de haute couture pouvait comporter à l'époque jusqu'à trois cents numéros. Les photographies commandées par Paul Poiret se caractérisent par la mise en scène de ses mannequins dans les jardins et les salons de son hôtel particulier de l'avenue d'Antin, cadre somptueux pour des robes raffinées. Outre leur valeur documentaire (ils sont souvent l'unique trace d'un vêtement créé par un couturier), les dépôts de modèles reflètent, par le choix des photographes, des mannequins et des lieux de prise de vue, la politique industrielle et commerciale de l'entreprise qui les a commandés. L'utilisation de ces photographies témoigne également de l'organisation de la haute couture et des compromis qu'elle a dû faire au cours de son histoire entre la publicité et la protection de ses créations.

Les *look-books*

Apparus dans les années 1990, les *look-books* sont des livrets regroupant les photographies de toutes les pièces d'une collection, vêtements et parfois accessoires. Envoyés aux professionnels de la mode, acheteurs et journalistes, qui les utilisent pour faire leurs choix commerciaux ou éditoriaux, ils sont l'un des nombreux moyens de diffusion d'une collection juste après le défilé qui a révélé celle-ci au public. On les retrouve parfois dans la boutique où le client peut feuilleter ainsi l'intégralité du défilé.

Les *look-books* existent généralement sous forme de classeurs d'où l'on peut sortir les images, mais surtout de carnets à spirales de moyen format. Le nom de la marque et la date de collection sont inscrits sur la couverture tandis que les informations pratiques figurent à la dernière page. Chaque modèle est identifié par un numéro; on trouve parfois le nom du mannequin, la référence de chaque pièce de la tenue et une description. Le style des photographies, qui ne sont jamais signées, est le même d'un *look-book* à un autre : prises au cours du défilé, elles isolent le mannequin qui marche sur le podium vers l'objectif du photographe officiel de la maison. Certaines marques font réaliser les photographies en studio; dans ce cas le mannequin est également de face, sur un fond blanc. Le souci de lisibilité des tenues rappelle les images des dépôts de modèles. Les photographies des *look-books* sont généralement reproduites pleine page sur des papiers de qualité moyenne, mais depuis quelques années les tirages numériques sur papiers photographiques tendent à remplacer les impressions traditionnelles.

Peu coûteux à fabriquer, aisément consultables dans un souci d'efficacité, les *look-books* affirment leur vocation utilitaire et se distinguent peu d'une marque à l'autre. En cela ils sont complémentaires des catalogues. La bibliothèque du musée en possède environ deux mille, précieuses traces des collections complètes de couturiers contemporains.

Les catalogues

Les catalogues commerciaux sont destinés à faire connaître et acheter les produits d'une marque. La photographie, utilisée pour son caractère réaliste, s'impose véritablement à partir des années 1950, mais ce n'est qu'au début des années 1980 que le catalogue de mode devient un espace d'expérimentation visuelle grâce aux créateurs japonais Rei Kawakubo de Comme des Garçons ou Yohji Yamamoto, lesquels, dénonçant la redondance entre la légende et la photographie, élaborent une communication entièrement fondée sur

Anonyme
Vionnet, Dépôt de modèle – Photographie de face, 1924
Collection musée Galliera, Paris

l'image. Contrairement au *look-book*, le catalogue ne vise pas l'exhaustivité des collections mais serait plutôt, selon le directeur artistique Marc Ascoli, "une trace du travail du créateur après son défilé. Une émotion visuelle". Sa diffusion est confidentielle, réservée à la presse spécialisée et à une clientèle privilégiée. C'est par son intermédiaire que s'affirme l'identité de la marque. Représentant l'entreprise tant en termes de produit qu'en termes d'image, il est un puissant vecteur de mode. Bien que son contenu soit éphémère, il donne lieu à des réalisations particulièrement luxueuses où chaque maison, si elle ne cherche pas à se distinguer, cherche à s'inscrire dans l'air du temps. Le choix d'un directeur artistique, d'un photographe renommé, le travail sur la mise en pages et la qualité de l'impression en font un véritable livre-objet recherché par les collectionneurs. Ainsi le catalogue Versace de la collection automne-hiver 2000, photographié par Steven Meisel, dont les images ont été exposées de nombreuses fois et ont même fait l'objet d'une nouvelle publication.
Plus libres que les magazines de mode, plus créatifs que les *look-books,* les catalogues et les campagnes publicitaires qui les accompagnent sont, depuis plusieurs années, les témoins du renouvellement de la publicité de mode. La bibliothèque du musée Galliera en conserve environ cinq mille.

Les archives des mannequins
Dorys chez Agnès, Génia de Castex et Hélène Bigotte chez Lucien Lelong, Ann-Emily Lacey chez Maggy Rouff... voici les mannequins des maisons de couture. C'est sur elles que les modélistes créent une robe, elles qui présentent plusieurs fois les collections pour la presse, les acheteurs et les clientes, elles encore qui posent pour les illustrateurs et les photographes d'agence. Engagées par le couturier, elles incarnent l'image de la maison.

Dès la fin du XIXe siècle, il est courant que les couturiers envoient leurs mannequins parader aux courses dans leurs toutes dernières créations, s'assurant ainsi une publicité mondaine. Elles viennent parfois à deux dans la même tenue, assurées d'être plus remarquées. En témoigne un lot de quatre-vingt-dix photographies du mannequin Dorys pour la maison Agnès dans les années 1920. Certaines sont signées Paul Géniaux ou Seeberger Frères et étaient proposées aux journaux pour être publiées. On distingue le mannequin d'une femme bien habillée par sa façon professionnelle de poser devant l'objectif mais aussi par le regard que le public porte sur elle.

En 2003, M. Steve Leclerc a fait don au musée de quarante-six photographies de sa mère, Ann-Emily Lacey (1907-2000), mannequin chez Maggy Rouff dans les années 1930. Les photographies ont été commandées par la maison de couture aux studios les plus connus de l'époque : Scaïoni, Dorvyne, d'Ora. Au-delà des mises en scène des photographes, le mannequin impose sa présence très élégante et favorise une vision harmonieuse des collections de la couturière. Le mannequin et sa photographie, au centre de la création et de la diffusion de l'image d'une marque, restent aujourd'hui un vaste sujet d'étude.

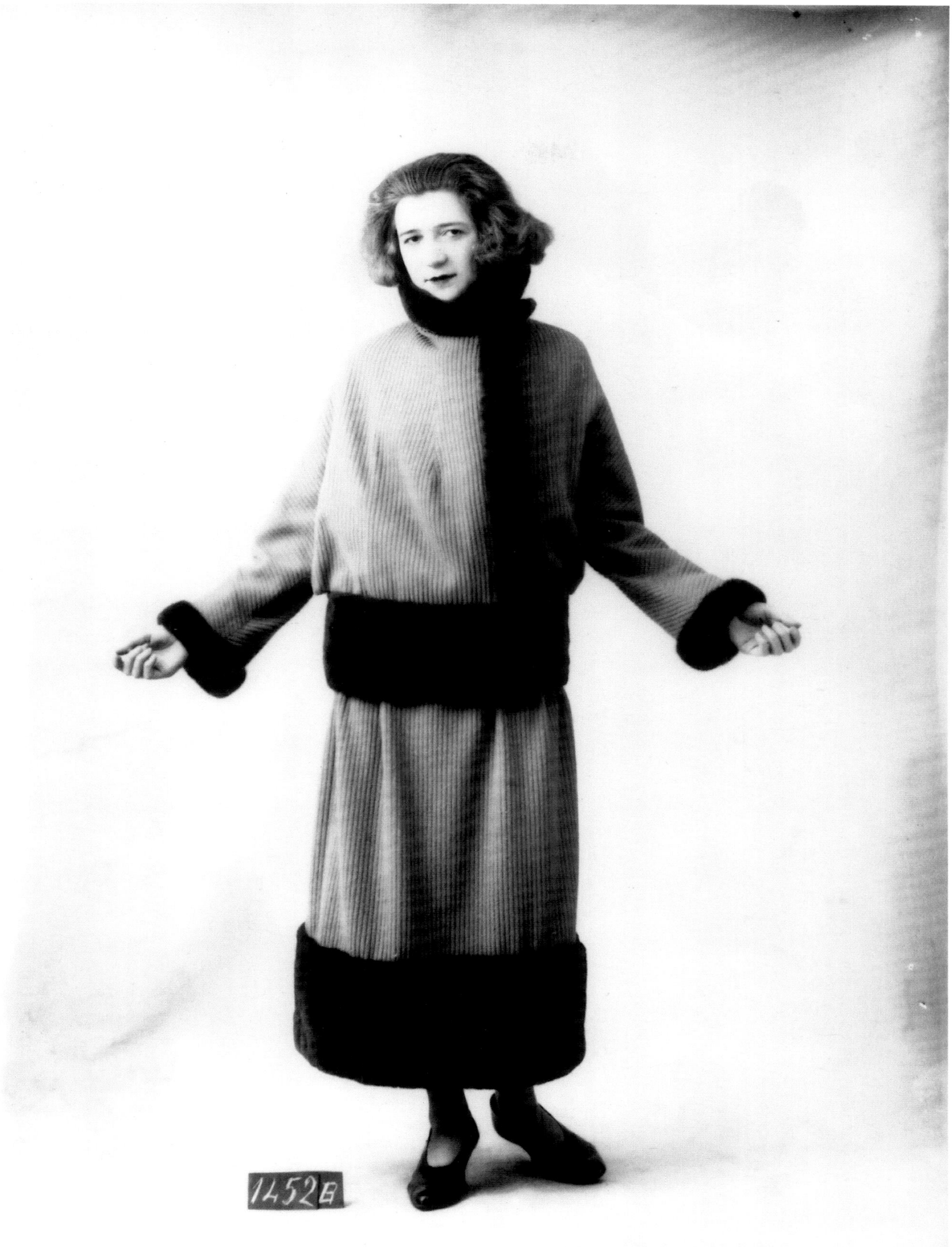
1452B

Les archives d'un photographe

Le travail de commande d'Henry Clarke (1918-1996), principal photographe du *Vogue* français pendant les années 1950, est exemplaire de l'usage de la photographie par un magazine de mode. Henry Clarke, dont le musée a organisé une exposition en 2002, a légué toutes ses archives au musée : douze mille négatifs, deux mille planches contact, trois mille tirages et environ dix mille ektachromes, ainsi que ses publications, sa correspondance professionnelle, son matériel photographique... Cet ensemble permet une analyse des modes de fonctionnement et de la politique d'un magazine comme *Vogue*, et de comprendre comment ce photographe, moins brillant que Richard Avedon ou Irving Penn, a pourtant réalisé quarante-trois couvertures du *Vogue* français entre 1951 et 1960. Conciliant sur le choix et la manipulation de ses photographies, Henry Clarke est un photographe au service du magazine; l'image qu'il donne de la femme dans les années 1950, parisienne, élégante, distante, à l'image de la haute couture, correspond parfaitement aux attentes de ses commanditaires et des lectrices. Dans les années 1960, sa correspondance avec Diana Vreeland, rédactrice en chef du *Vogue* américain, explique les motivations de celle-ci pour l'envoyer photographier le prêt-à-porter à l'autre bout du monde, au milieu de paysages exotiques; leur collaboration donne lieu à des portfolios tout en couleurs destinés à faire rêver les lectrices américaines et à relancer un numéro de Noël qui ne s'est jamais très bien vendu. L'accès aux circonstances de production des images et à leur motivation permet ainsi de situer le travail d'Henry Clarke dans son cadre commercial : la vente de magazines et de vêtements.

Le legs du fonds Henry Clarke ainsi que de ses droits d'auteur ont donné une impulsion nouvelle à l'ensemble de la collection photographique du musée. C'est ainsi que peut aujourd'hui se mettre en place une politique d'acquisitions privilégiant des objets photographiques essentiels à la compréhension du fonctionnement de la mode du milieu du XIXe siècle à nos jours. Les choix de conservation et d'acquisition se font en concertation avec les conservateurs parce que la photographie est souvent d'un intérêt historique inégalable dans un domaine où il reste parfois très peu de créations originales et de documents d'archives. Ces choix doivent également enrichir l'histoire de la photographie de mode et susciter les recherches.

La collection a en outre vocation à être présentée au public par le biais d'expositions. Au musée, la photographie de mode a longtemps été considérée comme l'illustration des costumes et présentée comme telle, car elle propose une vision du vêtement "telle qu'une élégante l'a réellement porté, en lui donnant par son maintien la silhouette à la mode du jour[3]". Depuis, quelques expositions l'ont mise en valeur. Aujourd'hui, nous pensons qu'il faut exposer la photographie non plus comme une illustration, ni même comme une œuvre artistique, mais comme un véritable objet de mode.

3. Madeleine Delpierre, conservateur en chef du musée de la Mode et du Costume, 1979.

SUR LE TERRAIN, L'HUMEUR, QUOIQUE MOROSE, EST "UTOPIENNE" ET TANT MIEUX : LE VIRUS A PRIS

Jocelyne Le Hanvic
Chef de projet, professionnelle de l'image et des systèmes d'information

*Avec une double formation, scientifique (ingénieur en hydrobiologie) et artistique, **Jocelyne Le Hanvic** met ses savoir-faire au service de projets qui touchent à l'information, à la communication, au culturel.*
Après avoir mis en place un centre culturel scientifique, elle intègre, après l'ENP, le département de la photographie de la Documentation française à Paris, pour développer et professionnaliser le service ; elle mène pendant dix ans la politique photo de la photothèque, conduit des projets de systèmes d'information et anime des commissions interministérielles sur les nouvelles technologies et les droits d'auteur. Elle est ensuite chargée de la communication visuelle et multimédia au département de la Communication puis part au service d'Information du gouvernement créer une cellule iconographique. Rejoignant le Sud-Ouest, elle a une activité de consultant en photographie, documentation et multimédia. A l'heure actuelle, elle est chef de projet pour les Musées de Midi-Pyrénées.
Elle a par ailleurs toujours eu une activité de formateur dans différentes universités (Lille, Paris, Grenoble, Tarbes).

Au terme d'un cours que je dispense à des étudiants destinés à être de futurs professionnels utilisateurs de photographies, je me faisais la réflexion que la culture photographique, vingt ans après ma sortie de l'ENP, est encore loin d'être partagée par tout un chacun !

Même si cela ne m'étonne qu'à moitié de la part de jeunes étudiants d'une vingtaine d'années n'ayant qu'un bagage généraliste, je m'interroge tout de même sur le peu d'impact de tous les projets qui ont, depuis des années, tenté, ici et là, d'essaimer cette culture photographique : qui, par une politique photographique dans la presse ; qui, par l'organisation de festivals et de mois de la photo ayant fleuri un peu partout ; qui, par des manifestations grand public comme la fête de la photographie ; qui, par des émissions de vulgarisation ; qui, par une production accrue de livres photo ; qui, par des projets pédagogiques dans les écoles... Malgré tout cela, mon impression persiste que rien n'a vraiment changé en matière de culture photographique et que ces initiatives restent, comme l'on dit, des "gouttes d'eau dans la mer".

Ce constat s'impose à moi parce que j'ai été, du fait des structures dans lesquelles j'ai travaillé, loin du "milieu de la photographie" au sens restreint du terme, c'est-à-dire des spécialistes ne parlant qu'aux spécialistes, ce qu'on pourrait appeler le ghetto des experts. Sur le terrain, non seulement j'ai remarqué une inculture générale en matière d'images, mais mes fonctions m'ont conduite à l'expérimenter ; et, forte d'un savoir acquis à l'ENP et surtout du "virus de la photographie" que j'y ai contracté, il m'a fallu "œuvrer". J'emploie à dessein ce terme, avec la connotation noble de mission dont il est chargé mais aussi celle d'effort et de labeur, car il correspond bien à la difficulté que j'ai rencontrée à faire voir la photographie, à la faire comprendre, apprécier, utiliser à bon escient.

Parce que je devais enrichir le fonds d'une photothèque sur la France contemporaine (en l'occurrence celle de la Documentation française), je me suis d'abord trouvée au contact direct des producteurs d'images ; ainsi, pendant dix ans, j'ai pu faire travailler les photographes, qu'ils soient indépendants, organisés en collectifs, ou en agences : j'achetais des ensembles de photographies ou bien je passais commande de reportages. En étant ainsi baignée, immergée dans la production photographique, j'ai mesuré à quel point celle-ci était riche, intelligente, créative dans les formes de représentation qu'elle délivre – c'est-à-dire "rend libres".

En regard de la pauvreté dominante des images publiées – même si je reconnais quelques belles exceptions –, c'est dire la chance qui fut la mienne, et que j'ai pleinement savourée, de découvrir des reportages intelligents et sensibles. Quel plaisir ce fut aussi d'encourager les photographes, de prendre le temps de regarder leurs images autrement qu'entre deux portes, de découvrir leur travail sans me soucier de leur notoriété, de les exhorter quelquefois à prendre contact avec certaines agences et d'être alors le témoin privilégié de leur progressive reconnaissance.

Mais dans le même temps, j'éprouvais une immense frustration, celle de ne pas voir toute cette production, malgré sa richesse en qualité et en nombre, suffisamment utilisée, publiée, appréciée ; celle aussi d'avoir, il faut bien en faire état, un mal de chien à la défendre dans ma propre sphère professionnelle.

Jean-François Joly
Centre d'hébergement et d'accueil pour les personnes sans abri, de Nanterre (aide-soignant du service des soins)
Cette photographie fait partie d'une série acquise pour la photothèque de la Documentation française traitant des SDF.

Alors, si mes jeunes étudiants d'aujourd'hui ne distinguent pas au premier coup d'œil une photographie d'auteur d'une image d'illustration, somme toute le plus souvent convenue, politiquement correcte, donc rassurante mais ennuyeuse, n'est-ce pas en partie parce que, de la production photographique comme de l'iceberg, les 7/8e sont cachés et n'émerge qu'une médiocre partie?
La faute à qui?... à la schizophrénie!
C'est en effet dans de nombreuses structures non spécialistes de la photographie que j'ai constaté l'existence d'une schizophrénie ambiante bien installée dans des esprits pour lesquels existent deux types de photographies, qu'ils séparent et opposent : la photographie "d'artiste", en quelque sorte "de salon", qui se contemple dans les galeries et autres institutions présentant des expositions, qui s'appréhende avec un respect inconditionnel, évacuant tout regard critique – c'est accroché, donc c'est bon –, et la photographie "d'usage", dite "utile", qui, de ce seul fait, ne doit plus nécessairement être une véritable photographie – un objet photographique – mais peut se contenter tout bonnement d'enregistrer le sujet – le photographié –; une photographie se satisfaisant en quelque sorte du seul *procédé* : la "chose" est dedans, tout le monde est content...
Très éloignée de cette position, en existe une autre, facile à adopter et que je fais mienne : celle consistant à différencier la photographie non pas en fonction des "lieux" où elle se montre ou des structures pour lesquelles elle est produite, mais en fonction de sa qualité intrinsèque d'objet photographique. Cette position est non seulement tenable mais souhaitable pour tout le monde; tenable parce qu'en étant au contact des photographes et de leurs productions, l'on mesure toute la richesse et la diversité des regards et des représentations du réel dont on peut disposer; souhaitable, parce que si cette richesse produite était davantage éditée donc partagée, la culture photographique serait de fait plus répandue et sa diffusion rejaillirait de façon bénéfique sur l'ensemble de la production et de ses auteurs.
Pour ma part, j'ai eu la chance de travailler dans une structure publique, c'est-à-dire dans laquelle les enjeux économiques sont moins contraignants que dans les organismes privés; j'ai donc pu, en m'en donnant les moyens, défendre véritablement la photographie : choisir des photographes, affirmer des partis pris, soutenir des points de vue. Il a évidemment fallu expliquer, avec pédagogie et conviction, à la hiérarchie comme aux utilisateurs de la photothèque, le bien-fondé de ces choix et de la politique menée et ce fut parfois envers et contre tout (jusqu'à une malhonnêteté intellectuelle flagrante); cette dernière tâche a été assurément la plus ardue...
J'ai toujours senti que mieux défendre encore la photographie (toujours dans ce même contexte "d'usage") imposait d'être parmi ceux qui "publient" et ont de ce fait le pouvoir de "donner à voir". En effet, la nécessité de rendre visible le meilleur de la production photographique en le publiant m'apparaît impérieuse; de plus, il faut qu'existe, de façon indissociable à la publication de ces photographies, une volonté de renouveler ou plutôt de diversifier le statut de l'illustration. La relation texte-image est largement sous-utilisée car sous-estimée, au sens littéral du terme : parce que l'on n'estime pas assez la spécificité de la photographie.

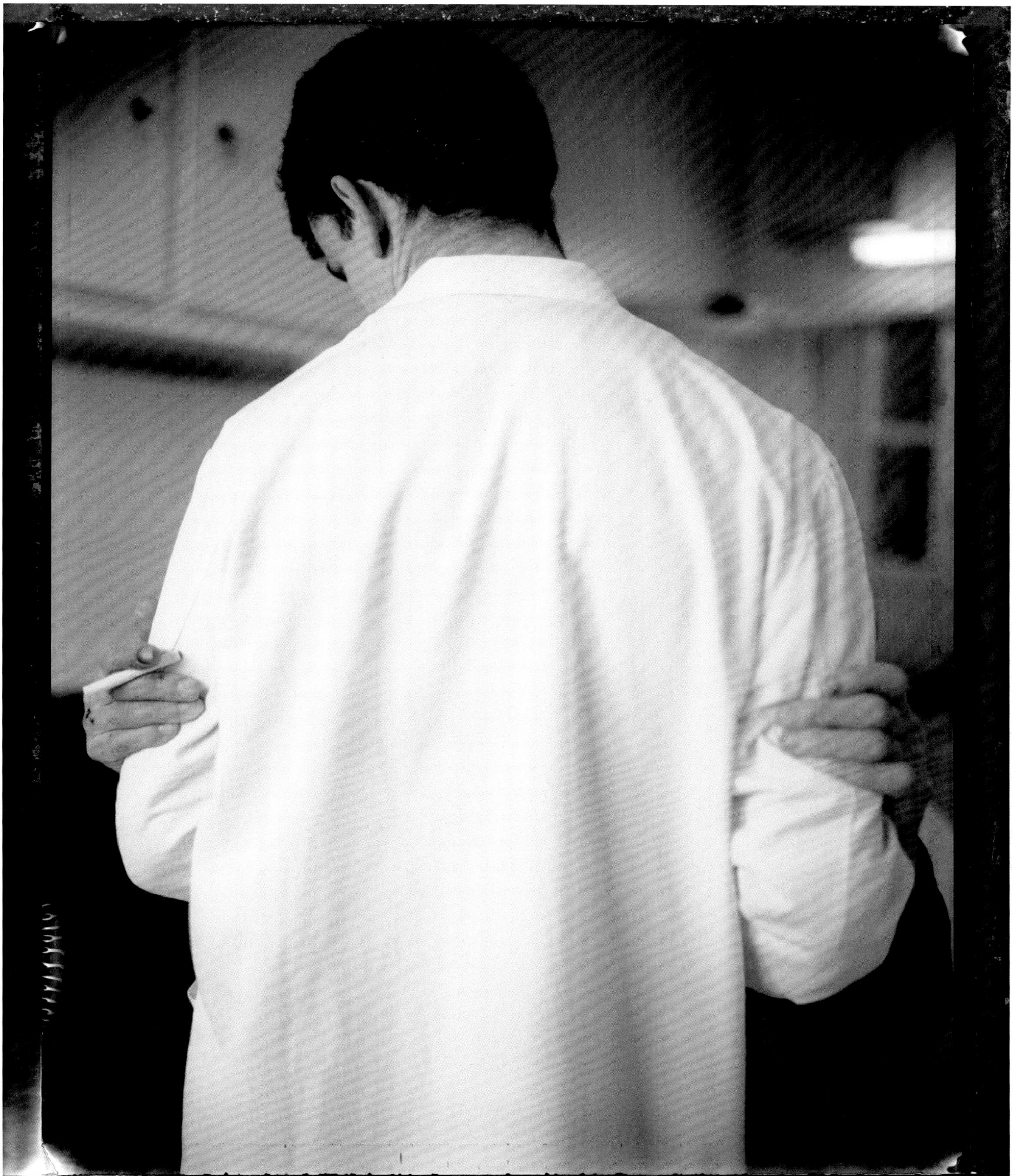

L'utilisation de l'image en contrepoint de l'écrit se fait relativement rare et l'on requiert peu la complémentarité réelle de ces deux médias. La solliciter plus souvent, convoquer l'image pour ce qu'elle peut apporter à l'instar du texte remuerait de façon salutaire tous les esprits ! C'est ainsi que la photographie que j'ai choisie ici pourrait intelligemment s'inscrire dans un article traitant des personnes sans domicile fixe, de leurs problèmes, des structures mises en place pour les aider, etc. ; ce serait reconnaître à cette image le pouvoir qu'a su lui donner son auteur, pouvoir d'apporter d'autres informations que celles du texte, d'autres aspects de la réalité, ceux qui passent par le visible, le sensible.
Malheureusement, lorsque j'ai travaillé aux côtés de ceux qui disposent du pouvoir de publier, j'ai pu vérifier là encore que la méconnaissance de la photographie était importante et je me suis aperçue du très faible intérêt qu'ils lui portaient, excepté celui la limitant à l'authentification de l'écrit. Mon expérience me donne à penser que dans la plupart des cas, on n'accorde de la valeur qu'au texte, non seulement parce que culturellement l'écrit est perçu comme sérieux et l'image comme légère, frivole, futile, dérisoire... mais aussi parce que l'image représente un réel danger pour ceux qui n'en maîtrisent pas le sens et la portée ; peut-être même existe-t-il une peur, une conscience intuitive que l'image révèle et véhicule des vérités, vérités éventuellement dangereuses, voire subversives. La culture visuelle, et plus spécifiquement photographique, n'étant pas, dans ces milieux, la chose du monde la mieux partagée, elle y est laissée pour compte.
Or, cette culture ne peut, me semble-t-il, s'accroître et s'affiner, outre à l'enseigner davantage, qu'en donnant à voir, et encore à voir, des images ; mais des photographies qui ne soient pas des archétypes d'illustration, des stéréotypes de représentation, lesquels, vus et revus, ont pour seul effet de réduire le propos, de le banaliser et d'appauvrir le regard de toute une société, contribuant ainsi à son uniformisation.
La responsabilité de chaque professionnel de la photographie est donc de donner à voir, à découvrir et à "goûter" le meilleur pour que se développe cette culture et que vive la photographie ; comment en effet réclamer une pomme succulente, car mûrie sur l'arbre du verger, si l'on a pu seulement croquer ce que l'on nous vend : des pommes fades d'hypermarchés ?
Le travail ne manque pas pour mettre à fleur d'yeux la foultitude prodigieuse de photographies inédites, où qu'elles se trouvent. Je découvre moi-même, depuis que je travaille pour les soixante-quatorze musées de la région Midi-Pyrénées, qu'il existe dans un certain nombre de leurs collections des ensembles de photographies non étudiées, non montrées, qui mériteraient sans doute qu'on y porte plus d'intérêt.
La mise en valeur de toutes ces photographies cachées nécessite des professionnels qui soient des "hommes d'images" comme les définissait si bien Alain Desvergnes, premier directeur de l'Ecole nationale de la photographie, des hommes et des femmes formés par la dialectique permanente entre pratique et réflexion.
J'aime que cette école se nomme *Ecole nationale* (aujourd'hui *supérieure*) *de LA photographie*, car pour moi, si la production photographique est réellement diverse en fonction des contextes où elle se réalise, des objectifs qu'on lui assigne, des conditions de production qui la contraignent, c'est toujours de LA photographie qu'il s'agit ; seule sa qualité varie...

SYLVAIN LIZON

Directeur de l'Ecole supérieure d'art de Clermont-Ferrand

Entretien avec Patrick Talbot

*Né en 1970 à Clermont-Ferrand, **Sylvain Lizon** entre à l'Ecole nationale supérieure de la photographie en 1990 après des études d'histoire de l'art à l'université d'Aix-en-Provence. Diplômé en 1993 (promotion Germaine Krull), il est assistant auprès de l'Inspection générale pour la photographie (ministère de la Culture et de la Communication), attaché auprès des collections photographiques du Fonds national d'art contemporain.*
De 1995 à 1997, il est chargé de mission pour l'association des conservateurs de musée du Nord-Pas-de-Calais et participe au vaste projet d'inventaire, de sauvegarde et de valorisation des collections publiques régionales. Il dirige ensuite le Centre photographique d'Ile-de-France, centre d'art contemporain situé à Pontault-Combault (Seine-et-Marne), où il développe des projets en lien avec l'image fixe, ouverts à l'ensemble des champs de la création contemporaine. Parallèlement, il met en œuvre des actions volontaires en faveur des publics.
Il est nommé en 2005 à la direction de l'Ecole supérieure d'art de Clermont Communauté à Clermont-Ferrand.

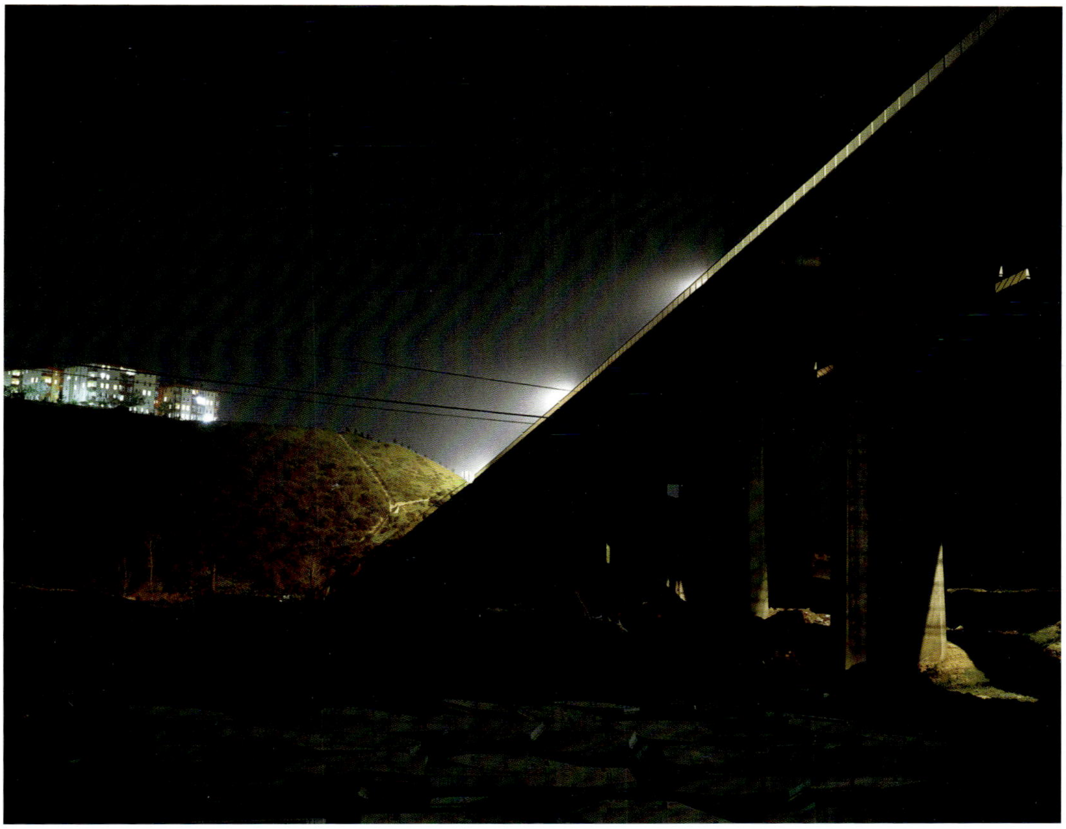

Laurence Bonvin
Sans titre, 2004,
tirage lambda, aluminium,
100 x 120 cm

Vous avez dirigé le Centre photographique d'Ile-de-France pendant plusieurs années. Comment êtes-vous arrivé là ? Immédiatement après la sortie de l'Ecole ? Au terme d'une étape intermédiaire ? Si oui, laquelle ?

Au sortir de l'Ecole, j'ai travaillé à l'Inspection générale pour la photographie au sein de la Délégation aux arts plastiques du ministère de la Culture. Cette première expérience professionnelle a été rendue possible grâce à une série de rendez-vous qui était proposée aux étudiants de troisième année afin de préparer leur entrée dans la vie active. Ces rencontres m'ont permis de faire connaissance avec Agnès de Gouvion Saint-Cyr, inspecteur général pour la photographie, grâce à laquelle j'ai pu travailler au sein de l'Inspection pendant environ deux ans. Ce fut un très long et formidable stage de fin d'études. En tant qu'assistant, plus spécialement chargé de la conservation des collections photographiques du Fonds national d'art contemporain, je mesurais chaque jour tantôt avec bonheur, tantôt avec angoisse, l'écart entre le monde tel qu'on l'imagine en sortant d'une école et sa réalité. C'était une période intense et immensément riche.

Par la suite, j'ai été missionné par l'association des conservateurs de musées du Nord-Pas-de-Calais afin de poursuivre un travail de pré-inventaire des collections photographiques dans les fonds dont ils avaient la responsabilité, lesquels du point de vue de la qualité et du nombre étaient à la hauteur de l'histoire et des traditions de cette région.

Il existe en effet, sur ce territoire, autant de types de collections qu'il y a de musées. Parfois considérables par le nombre des documents conservés (plusieurs millions au Centre historique minier de Lewarde), ces fonds pouvaient également ne rassembler que quelques épreuves, mais d'un intérêt patrimonial majeur (tel est le cas de ceux du musée de Valenciennes par exemple).

En charge de la protection des collections anciennes, j'ai pris conscience des mille et une vies des objets photographiques ainsi que du caractère extrêmement mobile de leurs statuts et de leurs usages.

J'imagine que votre formation à l'ENSP a dû vous aider dans ces fonctions. De quelle manière plus précisément et comment, de façon plus générale, cette formation vous a-t-elle permis de faire face à une situation professionnelle à laquelle elle ne vous avait évidemment pas préparé ?

L'Ecole m'a apporté des savoirs et des expériences spécifiques concernant des approches diverses de la photographie : ses modes de production, ses usages, ses réseaux, son histoire (et ses histoires), son économie, etc. Sans bien entendu faire de moi un commissaire d'exposition, un historien de la photographie ou un conservateur. Il s'agissait d'éléments fondamentaux mais non définitifs qu'il m'appartenait de faire fructifier. Tout au long de mon parcours je me suis appuyé sur eux en les questionnant, les amendant. Ils composent un territoire de connaissances avec des zones bien délimitées, d'autres plus floues, d'autres encore inexplorées. Cet espace est par nature changeant et ouvert ; les paysages qui le composent se modifient sans cesse.

De façon plus générale, l'apport de l'Ecole se situe, également, dans sa capacité à rendre les individus mobiles, prompts à s'adapter. Cette faculté vient certainement de la spécificité de l'enseignement en école d'art, mais également de la nature même de la photographie qui ne cesse de basculer d'un champ à un autre : art, média, industrie. L'Ecole entretient de façon simultanée un lien fort avec chacune de ces composantes. L'équipe enseignante est le moteur de cette mobilité, en retour l'étudiant accompagne ce mouvement en apprenant à excentrer son point de vue sans pour autant perdre son cap.

Compte tenu de votre expérience, que pensez-vous de la réception de la photographie en France aujourd'hui et comment entrez-vous personnellement dans la question du rapport entre une photographie – disons – documentaire et celle qui se déclare d'emblée artistique ?

Contrairement aux pays anglo-saxons, la photographie en France a longtemps été considérée comme un art de second rang. Les politiques menées depuis les années 1980 au niveau national et territorial ont complètement retourné cette situation. La photographie est maintenant au cœur de la plupart des lieux d'art, notamment

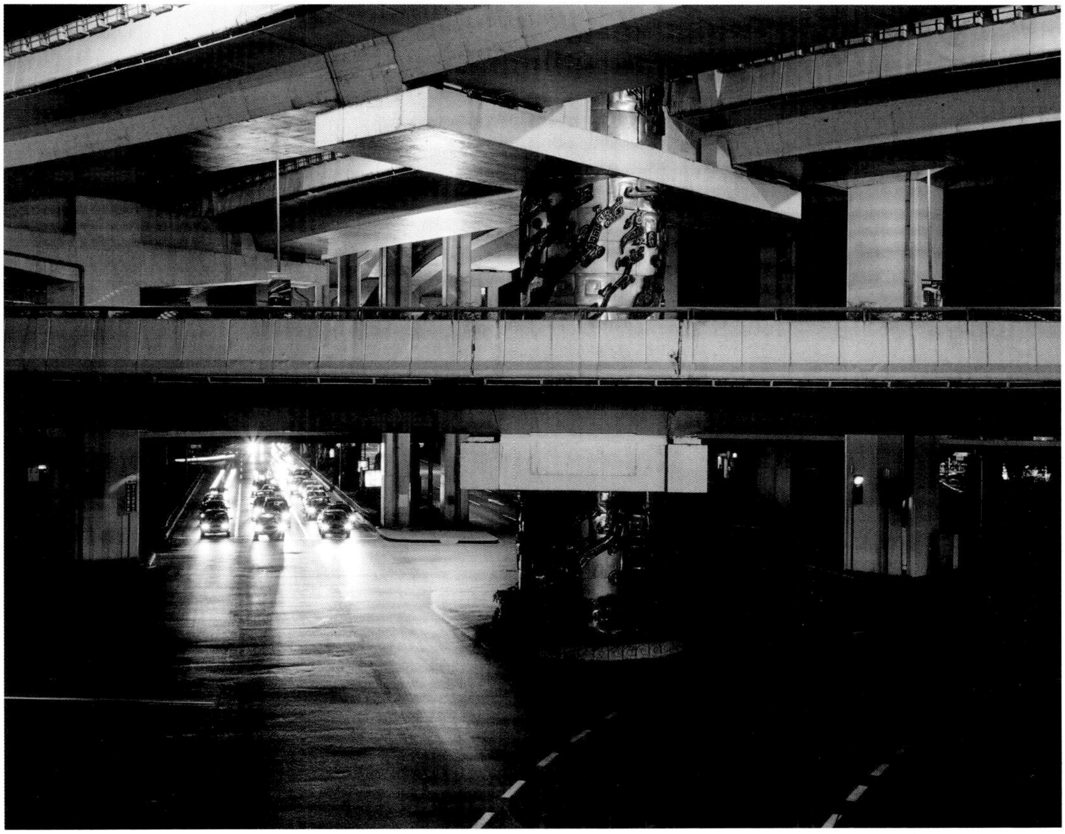

Laurence Bonvin
Sans titre, 2003,
tirage lambda, aluminium,
80 x 100 cm

ceux à vocation généraliste : FRAC, centres d'art, fondations privées, etc. Dans les musées, elle s'est fortement banalisée sous l'impulsion du marché et des artistes qui l'ont très largement intégrée à leur production. En conséquence, il me semble que le public ne l'aborde plus de façon spécifique. Il va à la rencontre d'une œuvre dont la matérialité se trouve être une photographie. Cette multiplication de l'offre ajoutée à la plus grande mobilité des publics interroge la spécificité de certains lieux. Il me semble que la réponse se trouve dans une logique centrifuge qui consiste à prendre la photographie comme point d'origine à partir duquel on "contamine" d'autres territoires. Ce mode d'appropriation considère la photographie comme un médium fondamentalement poreux et, de fait, un formidable moyen d'exploration esthétique des formes et du monde. A mon sens, ce sont davantage les lieux ou les supports qui caractérisent les images, plus que les intentions de leurs auteurs. Il est d'ailleurs frappant de voir que la très courte histoire de la photographie est jalonnée de productions qui ont soudainement changé de statut, passant de document à œuvre, ou

Laurence Bonvin
Sans titre, 2003,
tirage lambda, aluminium,
100 x 80 cm

réciproquement. Cette mobilité, une nouvelle génération de "documentariste" l'a bien comprise. Les supports habituels n'offrent plus ni les espaces ni les moyens de production suffisants pour une restitution satisfaisante de leurs démarches. Ils se tournent naturellement vers le musée ou la galerie. Est-ce que ce déplacement fait d'eux des artistes? Est-ce que les images ainsi accrochées prennent aussitôt un statut d'œuvre?
Evidemment non. Au-delà de la pertinence du propos, c'est la maîtrise des enjeux symboliques du contexte muséal qui détermine la justesse de la proposition et crée les conditions d'une réception cohérente du travail.

Comment avez-vous conçu les expositions de photographies présentées dans le Centre photographique de l'Ile-de-France (CPIF) que vous dirigiez ou, en d'autres termes, qu'est-ce que doit être, pour vous, une (bonne, forte...) exposition de photographies?
Il existe bien des paramètres qui entrent en ligne de compte lorsqu'on bâtit une programmation, mais je crois que le plus déterminant a été mon propre désir et celui de le faire partager. Dans la très grande majorité des cas, le CPIF était à l'origine des projets qui ont été réalisés, souvent dans le cadre de coproductions. Le CPIF est un lieu relativement vaste qui permet de déployer une œuvre avec une certaine amplitude. Sans parler de rétrospective, les expositions monographiques s'attachaient à restituer la réalité d'un travail sur une période de production assez longue. Il s'agissait de proposer une programmation ouverte à l'ensemble des champs de la photographie.
Pour les projets développés au CPIF, j'ai toujours souhaité donner le maximum de lisibilité aux œuvres en essayant (sans perdre le spectateur) d'activer les multiples strates de signification qui les composent. Par le travail d'accrochage, il s'agissait de faire émerger les aspects métaphoriques, symboliques, documentaires, formels, etc. de chaque photographie.
Une exposition est pour moi réussie lorsque, permettant à chaque œuvre de se dépasser elle-même, elle fait apparaître un réseau complexe de significations. Les œuvres sont ainsi "augmentées" par le seul fait de leur confrontation.

Que pensez-vous des évolutions actuelles de la photographie, en particulier du passage somme toute extraordinairement rapide de l'argentique au numérique?
Depuis 1982 la photographie a rejoint la sphère numérique et, comme les autres médiums évoluant dans cet environnement, se trouve elle aussi soumise aux vertigineuses évolutions matérielles décrites par la loi de Moore et vérifiées par maints exemples. C'est la plus grande révolution depuis la mise au point du développement chromogène dans les années 1930. Cette dématérialisation génère des conditions de productions nouvelles, et banalise les usages. La prodigieuse accélération des modes de production et de diffusion interroge naturellement le statut des œuvres, leur matérialité. Il est ainsi intéressant de constater que plus la photographie se dématérialise, plus elle renforce parallèlement sa présence physique dans le musée, tant en nombre qu'en taille.

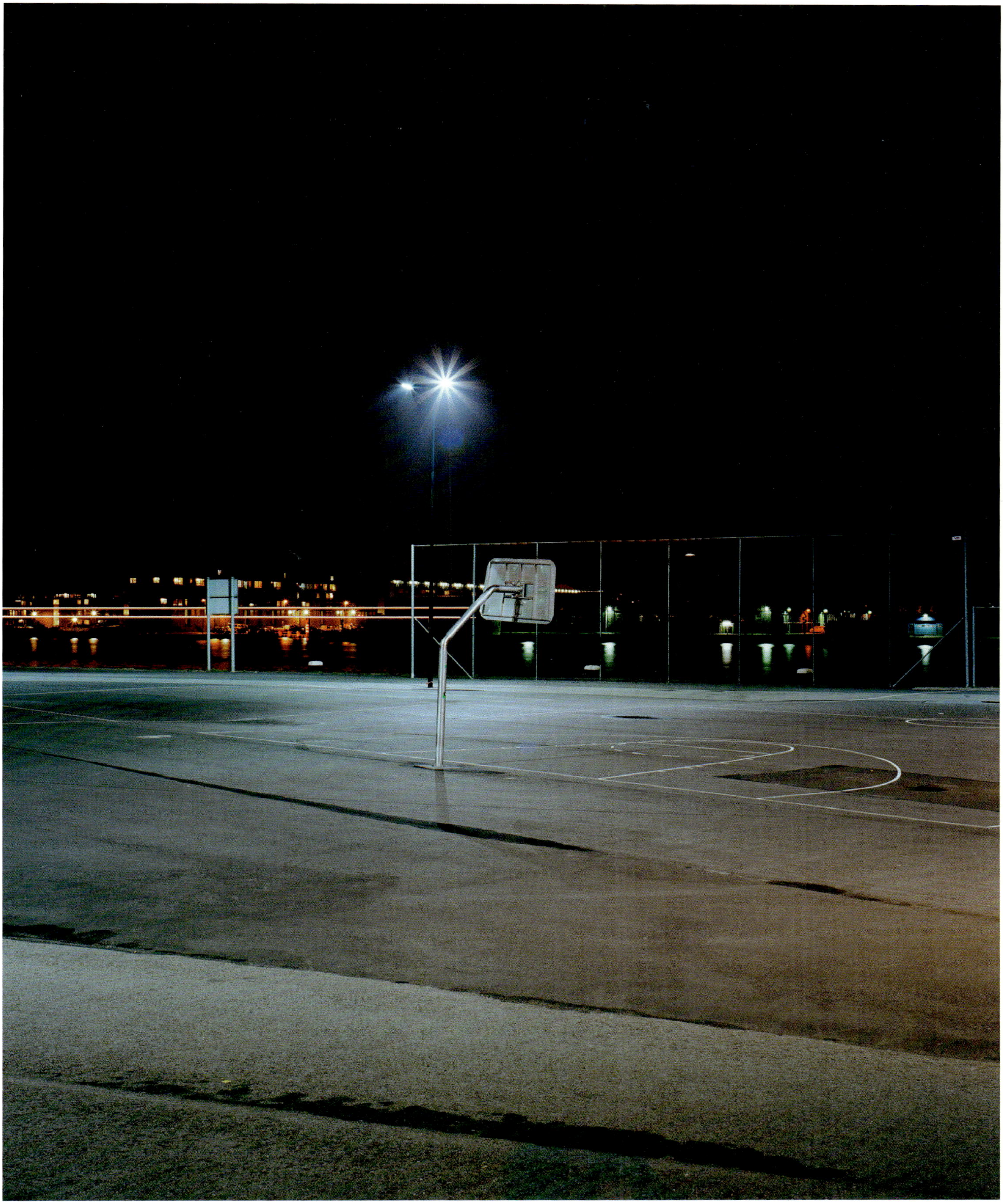

Vous voici maintenant à la tête de l'Ecole supérieure d'art de Clermont Communauté (à Clermont-Ferrand). Vous êtes donc passé de la diffusion à la pédagogie. Le rapport entre vos nouvelles et vos anciennes fonctions est-il sans solution de continuité, autrement dit conceviez-vous déjà votre mission de diffusion comme ayant un volet pédagogique ou bien s'agit-il, pour vous, d'une tout autre approche ?

Ce passage d'un lieu de diffusion à la pédagogie constitue, pour moi, une évolution logique. Au sein du CPIF, j'avais donné des orientations prononcées dans ce sens avec notamment la création de l'Atelier. Il s'agissait d'un pari : celui consistant à miser sur le changement qui s'opère au niveau de la perception du spectateur, lorsque celui-ci a pu comprendre et expérimenter les nombreuses étapes du processus de production de l'œuvre. En aucun cas l'Atelier n'a été conçu comme un lieu de formation d'artistes, mais comme un espace où l'on découvre les enjeux de la création de façon très concrète.

Aller vers une école d'art, c'est vouloir s'engager davantage sur la voie de la création, questionner son origine, ses mécanismes pour permettre aux individus en cours de construction d'être à même de se les approprier. Il s'agit de créer les conditions pédagogiques, théoriques et matérielles pour leur ouvrir le plus largement le champ des possibles.

Avoir la charge de l'Ecole supérieure d'art de Clermont, c'est également, pour moi, me trouver à nouveau dans l'environnement extraordinairement stimulant et exaltant de l'école d'art. Dans les fonctions qui sont maintenant les miennes, j'espère pouvoir contribuer à ce que les jeunes gens, qui effectuent ou effectueront leurs études dans l'école de Clermont, éprouvent le même enthousiasme que j'ai pu moi-même ressentir pendant mes études à l'ENSP.

Quels sont le ou les photographes pour lesquels votre admiration et votre attachement sont les plus forts... Et pourquoi ?

Ils sont nombreux, très nombreux. D'Alfred Stieglitz à Arnaud Claass, la liste serait longue... Georges Barnard, Paul Strand, Brassaï, Fréderic Sommer, Harry Calahan, Robert Adams, Luigi Ghirri, Michel François, John Gossage, Robin Collyer, Michaël Schmidt, Peter Fischli et David Weiss, Gabriel Orozco, et bien d'autres. Il y a aussi toutes les images qui n'appartiennent pas à la sphère de l'art, anonymes pour beaucoup, et qui font soudainement irruption au détour d'un journal, d'un site internet, d'une vidéo.

De façon plus générale, je ne pense pas appartenir à une famille photographique. Je m'oblige à "butiner" partout où ma curiosité me le permet. Sujet aux "pulsions scopiques", ma seule limite est la fatigue oculaire. Les images qui me retiennent sont celles qui me sidèrent, celles qui me rendent aphone. Leur propre résistance au langage est, pour moi, source de jubilation ; quand, une fois l'acte de désignation effectué – c'est un nuage, une poule, un mur, un avion –, il ne reste plus rien d'autre à dire.

ÉCRIRE SANS CORDES

Sylvie Nayral
Enseigne l'histoire de l'art à Supinfocom (Arles) et à l'ENSP (Arles)

Après l'Ecole d'Arles et des études à l'EHESS, ***Sylvie Nayral*** *s'est consacrée à des travaux d'écriture et de photographie parallèlement à des réalisations collectives : édition avec la revue* Antigone, *films dont un long métrage,* Le Monde à l'envers, *et performances. Le dernier travail signé,* Zéphyro / L'oiseau s'envole par les pieds, *spectacle vivant au centre Georges-Pompidou en l'an 2000, travaillait sur un scénario aléatoire les relations entre la fiction et le documentaire.*
Son travail photographique a été montré à Paris par Carol-Marc Lavrillier au Studio 666, David Rosenfeld à Amiens, et les Ateliers Nadar (Monique Deregibus et Olivier Menanteau) à Marseille.

PREMIER JANVIER

Louis au petit déjeuner : "J'ai fait des très beaux rêves. Il n'y a qu'un problème, c'étaient des rêves." Dans l'après-midi, comme je me sentais mieux assurée sur mes jambes, nous nous sommes avancés jusqu'à la Dame Jeanne, présenter nos vœux. Louis restait silencieux tandis que l'échange de nouvelles peinait à pallier l'absence des absents. "Allons à Saint-Trophime maintenant", proposé-je quand nous fûmes à nouveau dehors. "Ah bon, parce que moi je croyais que c'était là, Saint-Trophime", remarque-t-il. Alors les visages que nous venions de quitter glissèrent en silence jusqu'aux figures des chapiteaux, la couleur du deuil s'éclaircit de celle de la pierre et le centre vide du cloître vint épouser l'ovale de la table vers lequel s'inclinaient malgré eux les regards, sous le mobile aux mouettes.

L'hiver précédent je fus adoptée quelque temps dans la cuisine de ce restaurant, d'abord pour un extra, puis deux, puis trois. Bientôt j'y allais tous les jours. Principalement à la plonge, j'aidais aussi aux préparations. Les proportions des casseroles et la place centrale donnée à la cuisine dans la vie quotidienne me restituaient à l'enfance et j'apprenais comment la pâte à pain, pétrie à point, prend la texture de la peau d'un visage. Le soin apporté au détail était pareil à celui dispensé des heures durant dans la nuit du laboratoire, à rendre sensible la lumière des tirages noir et blanc sur papier baryté, jusqu'au point où elle menace de verser dans l'ombre. Je trouvais ainsi pour chaque heure du jour quelque préoccupation, occupation, ou sujet de méditation. En modèle réduit le restaurant reproduisait le schéma d'un théâtre : nous organisions avec attention des assiettes que Nicole m'apprenait à voir et rectifier jusqu'au passe-plat, un coup de cloche faisait surgir Noëlle qui leur ferait poursuivre leur route, jusqu'aux yeux des clients. Ce que nous soignions pendant des heures était alors consommé, diversement. Les clients. Le mot client. L'argent des clients. Sur le second passe-plat, celui de la plonge, l'assiette revenait en fin de spectacle : c'était radical, cette façon de faire le vide. Parfois une assiette revenait presque intouchée.

SAMEDI 7 JANVIER

Intermarché de Trinquetaille, une femme : "De toute manière, advienne ce qui advienne."

MARDI 10 JANVIER

Marseille, musées de la Vieille-Charité avec des étudiants. Eux dessinent et moi je me promène, regardant les œuvres et eux les dessinant, me demandant jusqu'à quel point j'échangerais leur place avec la mienne. Déjeuner "Aux deux sinistrés". Une habituée à une autre habituée : "Mais toi tu as le droit de lui séquestrer le loyer" (au propriétaire qui ne fait pas de travaux).

Au restaurant la matinée était consacrée aux préparations, à salle fermée, et à l'installation de la terrasse. Mettre la table en des horaires si avancés relevait encore du jeu, écho de lointaines dînettes, ou d'une humeur de dimanche. Je plaçais avec foi verres et couverts dans les éclats du soleil, tels que j'avais pu photographier parfois ces envies de déjeuner de soleil, ces rêveries de repas. Un tel matin la librairie voisine était ouverte, l'atelier de restauration également, Christian lisait le journal à l'ombre de l'auvent, les chiens allongés près de lui. Il saluait diversement les visages du quartier que j'avais appris à reconnaître, lorsqu'en petit groupe, des étrangers, italiens peut-être, s'arrêtèrent. Ils observèrent la terrasse, se demandant. Dans leur hésitation je me vis basculée de l'autre côté de la photographie, emportée à l'étranger lorsqu'en fin de matinée, un peu désœuvré entre deux musées, regardant les terrasses de restaurants s'installer alors qu'il est trop tôt pour manger, on se demande.

MERCREDI 26 JANVIER
Cours sur la sculpture grecque. Un étudiant : "Madame, pourquoi il est à poil?" Le "il" est le prêtre Laocoon. Mon interlocuteur a pris la pause du Faune Barberini, souriant à l'adresse de ses camarades, et cependant semble écouter. Institut Benjamenta. "Ai-je répondu à votre question?" Il dit que oui. Quand bien même il y aurait de l'ironie dans l'air (un peu?), il y a sa question. Répondre : un exercice.

SAMEDI 5 FÉVRIER
En route vers Marseille pour visiter l'exposition de Monique. A l'arrière de la voiture Louis raconte des histoires de Toto dont il ne semble pas toujours avoir les clefs mais l'idée de rire pour rire paraît suffire à le séduire.

LUNDI 21 FÉVRIER
Brice T. croisé à la photocopieuse : "Madame, c'est le prochain exercice?" "Pas encore, le prochain travail – auquel je n'ai pas vraiment songé – est encore là", et je désigne la partie supérieure droite de mon crâne.

VENDREDI 25 FÉVRIER
Dans le train. Une jeune fille qui vient d'organiser sa soirée avec un camarade replie son téléphone et le caresse, tournée vers un paysage dont l'aspect accru de dépotoir, vu d'ici, semble plus accentué que depuis une voiture. Parfois en début d'année des étudiants téléphonent pendant les cours, d'autres utilisent leur appareil pour photographier les images projetées sur l'écran, ou plus directement demandent si, avec leur *clef*, ils peuvent absorber l'intérieur de mon ordinateur. Le téléphone de la jeune fille sonne à nouveau. Elle le déplie et le porte à son oreille, observant le tracé de mon crayon sur le carnet posé sur la tablette entre nous : "Oui... Ben pars pas encore... Est-ce que tu veux que j'aille à un endroit où ça t'arrange plus?... Moi je peux prendre le tram jusqu'à Antigone... Non je charrie pas mon sac, il est trop lourd... C'est un arrêt de tram ça?... Après quoi?..."
Tante Claire, qui fut des toutes premières abonnées de la revue *Antigone*, entre à son tour dans une maison de retraite médicalisée. Aux abonnés nous écrivions : "Chers abonnés" et leur souhaitions une bonne lecture. Ils répondaient. A l'heure commémorative des vœux de bonne santé me semblent mieux appropriés.

Lundi 28 février

"Putain, on dirait le Nil!" lance Benoît P. découvrant le Rhône depuis le dernier étage du musée Réattu, me le faisant rêver à mon tour. Sa réplique est maintenant inscrite dans la fenêtre, et le Nil dans le Rhône. M'avait non moins instruite sur les hommes, les femmes, et nos mères sumériennes, cette réponse à un questionnaire de concours d'entrée : "Cunéiforme : qui a la forme d'une femme."

Mercredi 2 mars

"On se motive!" disent à la fin de la pause les élèves, remontant les escaliers pour venir au cours d'histoire de l'art. Je reconnais la voix de Charles C.

Quand venait l'heure d'ouvrir la porte du restaurant aux clients, dans la cuisine s'installait un flottement pareil à ce temps qui précède le début d'une représentation, lorsque l'on ne sait pas très bien ce qui va se passer, mais quelque chose va avoir lieu. Dans les coulisses nous étions prêts à recevoir la commande lancée en coup de dés sur une carte préétablie, émise à voix basse dans la salle, reprise ici à voix haute, et confirmée par sa rédaction sur un bon suspendu au tableau à clous : là s'écrivait la partition qui dictait nos gestes et accélérait les vitesses. L'aléatoire quoique restreint des possibilités demeurait assez large pour que le jeu *en vaille la chandelle*, d'autant que parfois, comme dans la vie, un ingrédient venant à manquer, il fallait le quérir d'un seul élan à Marché Plus. J'éprouvais le trac à l'état brut, d'une émotion tout à fait gratuite : ce restaurant avait tourné sans moi, et poursuivrait sans.

Lundi 7 mars

Radio, émission sur le soufisme : "Premier niveau de réalisation : toi c'est toi, et moi c'est moi. Deuxième niveau : toi c'est moi, et moi c'est toi. Troisième niveau : unité totale." Vécu les trois, mais à l'envers.

Pour le premier extra s'était présenté un groupe de Japonais. Le restaurant avait changé d'allure, les silhouettes que j'apercevais depuis le cadre du passe-plat figurant les *shite* d'une pièce de Nô que j'écrivais dans les eaux de la plonge. Des femmes s'avancèrent, cherchant les toilettes avec le sourire. Entendre parler cette langue, en prononcer ne fut-ce qu'un mot dans le décalage horaire du travail en cuisine où le silence était de rigueur, me rappelait au bruissement d'un voyage. Je me coupais. "Vous avez dû être amoureuse là-bas", constate Nicole. Noëlle allait et venait sur le *Hashi-gakari*, étroit couloir de biais entre la cuisine et la salle, emportant trois par trois les assiettes que nous produisions en nombre sans moins de soin que de coutume parce qu'il s'agirait aujourd'hui de touristes, japonais de surcroît. "Là-bas", comme si l'on eût parlé de quelque lieu qui n'existe ailleurs que dans l'invention de ce laps, dans cet éloignement des coulisses à la salle, et que l'apprentissage d'une langue aussi étrangère à la mienne avait fait naître en chaque mot, comme dans les suspensions d'avant chaque nouveau signe de lignes de A calligraphiées dans le froid d'un hiver à Tressan, ou en d'autres répétitions, telles celles de gestes simples que le travail en cuisine renouvelle chaque jour.

Pour la Féria de Pâques, Gilles m'avait instruite : ne jamais s'affoler, oublier même la situation, et faire une chose après l'autre. Le coup de canon annonçait le déferlement imminent des clients qui sortaient des arènes : ils allaient arriver, nombreux, affamés, s'installer, et il faudrait les servir tous à la fois et l'un après l'autre. Dans la tourmente j'aperçus Evelyne, venue *par hasard* pour la fête, puis Marie-Jo qui me présenta à ses amis comme une "intellectuelle en reconversion", me décollant un instant d'une stupeur exténuée de fatigue. Les proportions du travail, plus que le travail lui-même, eurent raison de mon entendement. L'apocalypse déborda le texte, il y eut bientôt des assiettes partout. On en cassa, on se brouilla, et dans les jours qui suivirent je partis du restaurant fâchée, comme l'on quitte une famille.

Jeudi 24 mars

Je craignais de *devenir professeur*. C'est beaucoup par leurs maladresses que les étudiants m'ont touchée. La première distorsion qui me fit tendre l'oreille vint de Sarah F. qui, présentant un tableau de Velázquez, prononça – Le pape Innocent "x". Un bref silence suspendit la salle de classe, des regards circulèrent avec la vivacité d'une partie de billard, sans le moindre son, avant que Sarah ne reprenne la parole. J'entendis alors diverses respirations autour d'elle.
De tels inattendus qui ne se photographient pas me rapprochèrent paradoxalement de la peinture. Visages et corps des étudiants masqués sous la grisaille de leurs vêtements bientôt s'interchangèrent avec les figurants du théâtre muet de cette histoire de l'art que je cherchais à leur montrer vivante. Après un cours sur la sculpture archaïque, ils adoptaient près de la machine à café des allures de kouroi tandis qu'en écho aux fresques d'Assise ils sommeillaient paisiblement sur leurs tables, observant diverses postures de gardiens de tombeaux. L'annonce de l'imminente inondation de la ville les fit soudainement s'envoler de la classe, tels des oiseaux chassés d'Arezzo.
"Déstructuré" est le mot qu'ils emploient le plus volontiers pour qualifier l'espace qu'ils veulent construire. Des personnages eux-mêmes ils parlent peu, mais si je leur demande comment ils sont habillés, ils répondent "déstructurés".

Vendredi 1er avril

D'*Antigone* encore je relève d'un texte de Jean-Pierre Weil ce *kôan* : Un moine vint trouver Chou-Chan et lui demanda : "Je vous en prie, maître, jouez-moi un air sur une harpe sans cordes. Le maître resta silencieux un bref instant et lui dit : "L'entends-tu?" – "Non, je ne l'entends pas." – "Et pourquoi, dit le maître, ne l'as-tu pas demandé plus fort?" Parce que précisément je ne l'entendais pas.

Sylvie Nayral
Etang des Aulnes,
2002

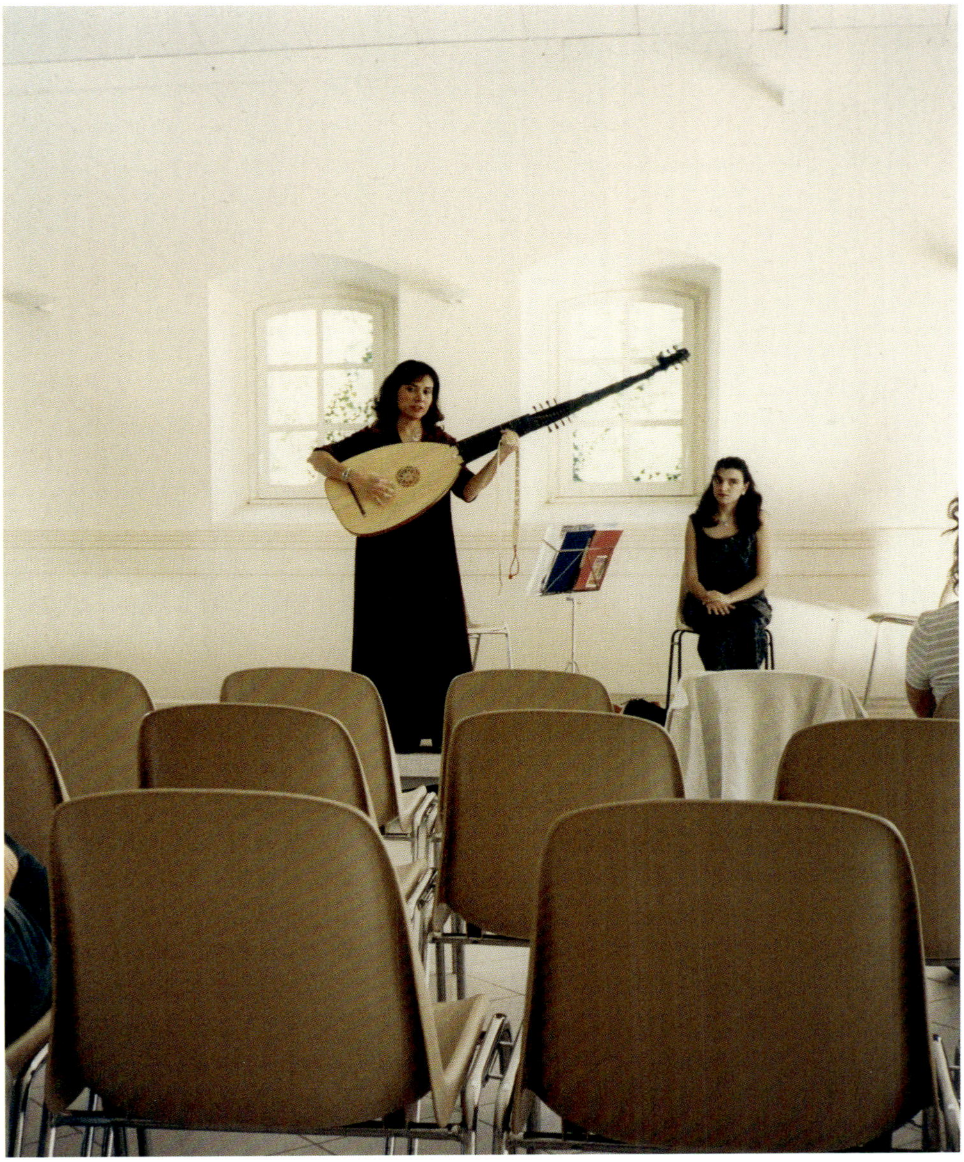

HISTOIRE D'UNE PHOTOGRAPHIE

Erika Nimis
Historienne de la photographie

Erika Nimis est historienne, spécialiste de la photographie africaine. En 1998, elle publie aux éditions Revue Noire un premier livre sur l'histoire de la photographie au Mali, Photographes de Bamako de 1935 à nos jours. *La même année, elle est commissaire de deux expositions aux Rencontres de la photographie africaine de Bamako : l'une est consacrée au photographe malien Félix Diallo (1921-1997), l'autre à l'indépendance du Ghana vue par le* Daily Graphic, *quotidien d'Accra. Depuis, elle n'a cessé, par ses écrits et ses communications, de mettre en valeur la photographie produite sur le continent africain, d'abord animée par la volonté de sensibiliser un public, le plus large possible, à l'importance d'un patrimoine encore méconnu et déjà menacé de disparition. Suivant cette logique, elle publie une monographie sur Félix Diallo en 2003 (éditions Toguna) et, tout prochainement, aux éditions Karthala, le fruit d'une recherche doctorale sur les photographes d'Afrique de l'Ouest.*

Cette photographie a été prise dans un studio de Niamey, dans le milieu des années 1970. Le jeune homme qui exhibe avec fierté des moyens formats et un appareil 24 x 36 s'appelle Julius Olaniyi. Né en 1955, il est originaire d'Igboho, une petite ville du sud-ouest du Nigeria. En 1970, le certificat d'études en poche, il part à Niamey se former auprès de son cousin, fondateur de Photo Lumière, studio dont la renommée court tout le Niger. Il doit prendre sa relève à la fin de son apprentissage.

Ici, le jeune homme vient vraisemblablement d'être libéré et, pour célébrer l'événement, s'autorise cette mise en scène ludique qui augure d'une belle et longue carrière. L'âge adulte commence à la "libération". Lors de cette cérémonie, le jeune apprenti reçoit les bénédictions de toute la corporation et se voit offrir les outils qui vont lui permettre d'exercer son nouveau métier. Les aînés font désormais confiance au jeune photographe pour assumer des responsabilités, à commencer par celle de gérer un atelier. Mais le parcours est encore long et semé d'embûches, avant la consécration suprême, celle qui autorise le photographe à "parrainer" à son tour d'autres apprentis.

A quoi songe ce jeune photographe, les yeux rivés sur ses appareils? Il songe probablement à sa future carrière, la tête pleine de projets, comme celui de retourner un jour dans sa ville natale où, grâce au fruit de son travail, il aura pu bâtir sa maison.

Lors de notre première rencontre en janvier 1997[1], Julius a en partie concrétisé ses rêves. Comme prévu, il a succédé à son cousin et dirige depuis plus de vingt ans le mythique Photo Lumière. Il a épousé une femme originaire de la même ville que lui, commerçante de profession. Ils ont cinq enfants, tous scolarisés. Seule ombre au tableau : le métier de Julius traverse une crise sans précédent qui l'oblige à reconsidérer tous ses plans échafaudés vingt ans plus tôt. La construction de sa maison, débutée en 1991, peine à se terminer, faute de moyens. Par ailleurs, il ne peut libérer son premier apprenti qui doit pourtant lui succéder un jour. Les problèmes d'argent, il les connaît bien, lui qui est trésorier de l'association des photographes de Niamey.

Ce portrait "carte de visite" est le témoignage d'une époque désormais révolue, celle où les studios ne désemplissaient pas. Les photographes, pour faire face à la demande croissante en portraits de fête et d'identité, recrutaient beaucoup d'apprentis, jusqu'à cinq, parfois huit par atelier. Les photographes de la génération de Julius ont tous en mémoire ces nuits blanches passées dans la chambre noire à développer les films, réaliser des tirages, afin que tout soit prêt le lendemain pour les clients. Les chambres noires aujourd'hui désertées et silencieuses conservent encore les traces d'usure, les odeurs âcres des chimies, les souvenirs de ce travail effectué à la chaîne.

Dès la fin des années 1950, la demande explose littéralement : dans l'attente de prochaines consultations électorales au suffrage universel, chaque habitant en âge de voter doit établir une carte d'identité pourvue d'une photographie. Jusqu'à la fin de la Seconde Guerre mondiale, le gouvernement colonial français a limité l'accès aux médias visuels, ce qui a eu pour conséquence de retarder la diffusion des pratiques photographiques

Studio Photo Lumière
Julius Olaniyi,
Niamey, circa 1975

1. Je menais alors une étude comparative sur la profession de photographe exercée dans trois capitales sahéliennes : Bamako, Ouagadougou et Niamey.

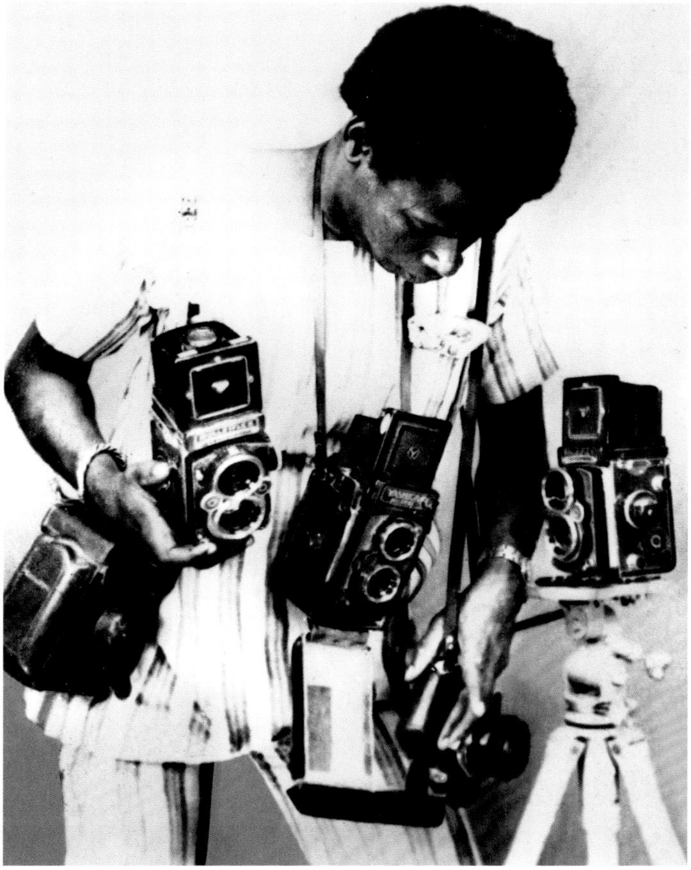

dans de nombreuses colonies françaises. Pour pallier ce manque d'effectifs, les autorités doivent solliciter l'aide de photographes originaires des pays côtiers. Le Ghana, premier pays africain à acquérir son indépendance en 1957, constitue l'un des principaux foyers d'éclosion et de diffusion de la photographie en Afrique de l'Ouest, si bien qu'encore aujourd'hui, nombreux sont, dans cette région, ceux qui attribuent l'invention de la photographie aux "Ghanéens". Les "Ghanéens" sont en fait tous ces photographes des pays côtiers, Nigérians, Béninois, Togolais, ou bien effectivement Ghanéens, qui ont largement contribué à démocratiser la photographie en sillonnant les campagnes, équipés de leur *box camera*. Le procédé est simple et universel : il s'agit d'une chambre noire portative renfermant deux bacs (l'un contenant du révélateur, l'autre du fixateur) et munie d'une optique. On utilise du papier photographique de format carte postale pour réaliser un négatif, puis un positif dans un second temps. Dans les années 1920, ce type d'appareil fait son apparition sur les côtes ouest-africaines et se popularise à partir des années 1950.

Les photographes de la génération de Julius ont su organiser le métier, lui donner de la visibilité, bien qu'il soit toujours considéré comme peu valorisant, réservé aux jeunes en situation d'échec scolaire, aux étrangers ou aux personnes issues de milieux défavorisés. Longtemps, la profession de photographe conservera cette "image" négative qui s'estompe cependant devant les effets dévastateurs de la crise économique surgie au tournant des années 1980. La profession, déjà fragilisée par la crise, subit bientôt un autre choc. A la même époque, l'implantation des premiers laboratoires couleur va conduire à la faillite de nombreux studios incapables de relever ce nouveau défi technologique. Si les photographes abordent avec retenue leur passé glorieux, ils sont par contre intarissables sur leur situation présente, génératrice de frustrations abondamment nourries par la concurrence déloyale que leur font subir les photographes ambulants, principaux clients des laboratoires. Leurs ateliers conservent encore aujourd'hui les souvenirs figés d'un passé plus serein : le studio, ses décors peints, ses éclairages faits maison, la chambre noire avec son *Krokus*[2] infatigable. J'ai dû bien souvent provoquer ce passé, en me mettant dans la peau d'une cliente qui commande une vraie "pose" en pied et non un simple portrait d'identité, qui exige qu'elle soit en noir et blanc, alors que l'heure est à la couleur. Le seul domaine où ils restent les maîtres incontestés est la photographie d'identité noir et blanc, car elle nécessite un traitement en chambre noire que ne propose aucun laboratoire. Les photographes de studio perdent tous leurs clients, détournés par les photographes ambulants qui les sollicitent jusqu'à la porte de leur domicile, leur promettant des tarifs toujours plus attractifs. Désormais, en dehors des périodes de fête, la vie des studios est réduite à néant, conduisant leurs occupants, dans le meilleur des cas, à se tourner vers d'autres professions pour survivre.

Qui sont ces ambulants ? De jeunes gens frappés par le chômage qui cherchent, par tous les moyens, des alternatives à leur situation précaire, en exerçant des "petits métiers" auparavant boudés. De plus en plus de jeunes s'adonnent à la photographie ambulante : la technique s'est considérablement simplifiée ces dernières

2. Marque polonaise d'agrandisseur, très en vogue en Afrique de l'Ouest dans les années 1960-1980.

années, avec l'apparition sur le marché d'appareils entièrement automatisés. Dans ce contexte, la photographie n'est plus considérée comme un métier au sens noble du terme, faisant appel à une déontologie, à des repères tels que l'apprentissage, l'appartenance à un syndicat. La photographie est devenue un vulgaire gagne-pain, pratiquée selon les besoins, même s'il est toujours bon de rappeler que certains ambulants prennent à cœur leur activité. Noyée dans cette grande confusion, l'identité du photographe s'est faite encore plus floue et son statut plus fragile.

Faute de moyens, les professionnels travaillent avec un matériel de plus en plus vétuste et des produits de plus en plus médiocres ; ils ne trouvent plus sur le marché que des films 100 asa de piètre qualité et du papier noir et blanc bas de gamme[3]. Le problème est double : la qualité du matériel utilisé, de même que le niveau de connaissance technique, sont en baisse constante. Dans les albums de famille, le constat est sans appel : les portraits en noir et blanc, pris jusqu'au milieu des années 1980, résistent mieux au temps et aux critiques que ceux en couleurs, plus récents. Dans ce contexte de crise, seul le profit compte et non la qualité, pour les responsables de laboratoires couleur, et pour les photographes ambulants qui bradent leurs clichés. Un jour, un photographe rencontré à Korhogo m'a très justement résumé la situation : "A l'époque du noir et blanc, c'était la qualité qu'on regardait. Aujourd'hui, avec la couleur, c'est la quantité. Tout le monde est devenu photographe aujourd'hui : parce que tu tires, la machine lave, alors qu'à l'époque, quand c'était le noir et blanc, c'est là qu'on voyait les photographes."

Pour toutes ces raisons, les archives des photographes[4] sont sérieusement menacées de disparition, dispersées soit par les proches, soit par le photographe lui-même, persuadé que ses négatifs ne lui serviront plus à rien à l'ère du "tout couleur". Les fonds les plus précieux, les plus anciens[5], ont déjà été détruits en grand nombre, le plus souvent brûlés ou jetés à l'eau. Il est urgent d'agir pour sauvegarder et valoriser ce patrimoine inestimable, avant qu'il ne disparaisse à jamais, emporté par un flot de misère ou la main peu scrupuleuse de quelque trafiquant d'art. Depuis quelques années, les archives de studio font en effet l'objet d'un trafic juteux, notamment depuis que les portraits emblématiques de Seydou Keïta ont fait le tour du monde et sont cotés sur le marché de l'art. La photographie de portrait prend de plus en plus de place dans les collections occidentales d'art africain. De ces trésors "découverts", les galeristes et les collectionneurs font leur beurre ou leur bonheur, c'est selon. Et cela, sans réellement se soucier de construire une histoire pour ces photographies, une mémoire pour un continent. Arrachées à leur contexte, réduites au silence pour le simple contentement des yeux, les photographies africaines qui nous parviennent ne sont-elles pas menacées du même sort que, jadis, les masques et les sculptures ?

---

3. En témoigne la qualité de ce tirage réalisé en 2001 par Julius Olaniyi, dans les conditions décrites ci-dessus.
4. En Afrique, les fonds d'archives sont tous menacés, qu'ils soient privés ou publics. J'aurais pu tout aussi bien prendre l'exemple de la photographie de presse.
5. Citons le cas désormais célèbre de Mama Casset au Sénégal ou celui, moins connu mais plus ancien, des précurseurs de la photographie africaine implantés dans le golfe du Bénin à partir des années 1860, et dont il ne reste bien souvent qu'une biographie laconique, glanée auprès des descendants, et parfois quelques portraits encadrés dans la demeure familiale, en piètre état.

FUTURISTIK

CARNET DE ROUTE, 2004-2005

Antonin Potoski
Ecrivain-voyageur

Promotion Claude Cahun, 1996. Ecrivain, voyageur, photographe, ***Antonin Potoski*** *a publié chez P.O.L.* La Plus Belle Route du monde *(2000),* Les Cahiers dogons *(2001), et* Hôtel de l'Amitié *(2004). Il produit des émissions pour France Culture (Japon, Mali, Indonésie). Lors de sa collaboration avec la Mission de Coopération et d'Action culturelle au Mali, il a présenté au public (expositions, publications) les travaux des photographes Alioune Bâ, Hicham Benohoud, Mohamed Camara, Olivier Culman, Mamadou Konaté, Youssouf Sogodogo, Amadou Traoré, et l'exposition "Les Dogons par les Dogons". Premier prix du concours du FRAC Ile-de-France en 1998 pour ses photographies, lauréat de plusieurs bourses littéraires (Centre national du livre, Mission Stendhal, Villa Kujoyama), il vient de réaliser un livre de photographies par Hussain Aga Khan,* Animal Voyage, *aux éditions de l'Œil.*

Japon

J'écris des livres et entre deux livres j'attends, j'assiste à la vie, au Sahel on prépare un thé dégoûtant, bouilli, rebouilli avec un paquet de sucre, on le verse dans un petit verre qui colle aux doigts, je pense à ce "vertige des antipodes" : à l'autre bout du monde une dame japonaise sert du saké dans un verre, le verre est transparent et il est posé dans le gobelet de bois carré, comme le fond d'une boîte, auquel on buvait directement le saké autrefois. Le verre est plein, la dame continue de verser le saké, le liquide déborde, glisse le long du verre et remplit le fond du gobelet de bois. Quand on prend le verre pour boire, on l'égoutte contre le bord du gobelet, et quand on l'a vidé, on y reverse le saké qui avait débordé dans le gobelet de bois. Ça n'a duré qu'une seconde : partout ailleurs on s'arrête avant que le verre soit plein. Ici il déborde, je pense à *Alice au pays des merveilles*, ce geste minuscule, d'une violence inouïe, le saké qui déborde volontairement, ma traversée du miroir, *je suis passé au Japon*, toutes ces bombes en idées, ce théâtre, cachés sous les gestes en apparence inoffensifs et rigides. Je me trompe peut-être, je comprends cela comme un anticonformisme radical.

Le Japon : être dans un train qui glisse dans la nuit, un train de banlieue large et carré, et ne rien voir de l'extérieur, ne rien voir des villes parce qu'elles ne sont presque pas éclairées. La nuit japonaise est noire. Quand on est dans un train le soir, c'est dehors le Japon de toujours, celui d'avant-guerre, celui d'après-guerre. Les rares lumières auxquelles on peut s'accrocher sont blanches, jamais orange comme dans nos villes de l'Ouest. Les nuages qui descendent du ciel la nuit ressemblent à des nuages de nuit, ils ne sont pas colorés, on voit bien qu'ils viennent de la campagne et de la forêt autour de la ville.
Du train on voit seulement flotter des alignements de néons isolés comme des vaisseaux dans le noir, ce sont les immeubles d'habitations dont les portes des appartements, chacune surmontée d'un court tube blanc, donnent à tous les étages sur une coursive ouverte sur la nuit.

Quand le train, le jour, traverse un village, entre dans une ville, les habitations sont si serrées qu'on a l'impression qu'on les a coupées en deux et qu'on passe à travers elles, chez les gens. On n'aperçoit jamais rien des intérieurs, parfois le soir on entend le bruit d'un ballon, d'un jeu vidéo, mais on ne voit jamais rien : les vitres des fenêtres sont opaques. C'est la première chose qu'un Européen ferait changer s'il s'installait dans une maison japonaise. Sur les hauteurs de Kyoto, devant la ville et les montagnes, les vitres de verre sont sablées, opaques, comme au temps des cloisons de papier (mais il suffisait alors de les faire glisser pour qu'un pavillon n'ait plus de murs, pour confondre l'intérieur et l'extérieur, pour qu'une chambre flotte légèrement au-dessus d'un jardin) : cela ressemble à la nature des émotions, cela ressemble à l'Europe et au Japon, ici on entretient l'idée que le paysage est beau derrière la fenêtre opaque, on sait qu'il est là, qu'on l'aime, qu'on le garde pour le moment venu, c'est presque une idée rassurante, on sait que ce sera intense. Nous, puisqu'il est là, nous voulons qu'il entre chez nous, vivre avec lui, respirer avec lui, nous ne concevons pas de ne pas en profiter à chaque instant, quitte à diluer notre émotion.

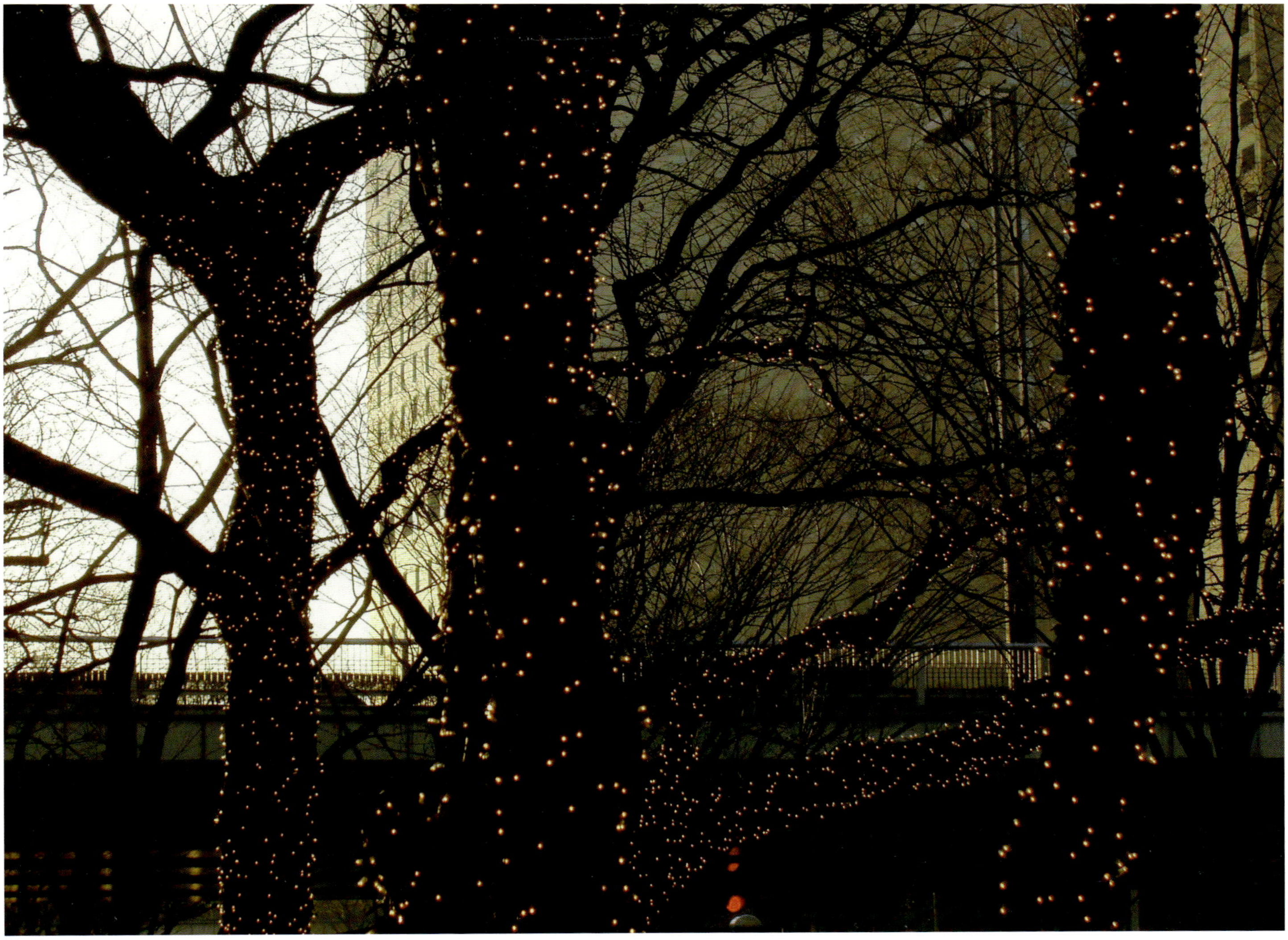

Antonin Potoski
Japon

Mars au Japon. Je fais un tour dans Kyoto pendant que DJ Shinomiya termine la maquette d'une chanson enregistrée à Bamako. Il fait frais et beau, les idéogrammes géants qu'on enflamme au mois d'août siègent sur les collines autour de la ville, des enfants jouent au ballon et attendent poliment que je passe, l'air semble plus clair, plus transparent que partout ailleurs, toutes les surfaces semblent plus nettes qu'ailleurs. Pourquoi le Japon ressemble tellement à ce que j'imagine voir quand ma vie sera finie?

Août au Japon. Dans un hall de la gare de Nagoya on a disposé un gros pain de glace sur un socle à hauteur d'homme, au milieu des gens qui se croisent. La glace enserre un bouquet de fleurs en plastique. Au fur et à mesure qu'elle fond, la glace libère les belles fleurs rouges.
Il pleut, il fait moite, le ciel est dense, les insectes pullulent, c'est comme si l'Asie du Sud-Est remontait jusqu'ici. J'arrive de l'hémisphère sud où il faisait sec et doux. Ici, on vit derrière les moustiquaires métalliques qui doublent les fenêtres, en remontant l'avenue Higashidori, à Kyoto, je vois Bangkok, les nuages bas, les immeubles trapus et dépareillés, les *convenient stores*, les ruelles étroites et humides, la promiscuité totale. Je ne sais pas si l'été c'est l'Asie qui rejoint le Japon ou le Japon qui rejoint l'Asie : une fois par an, le pays consent à une rencontre avec la terre.

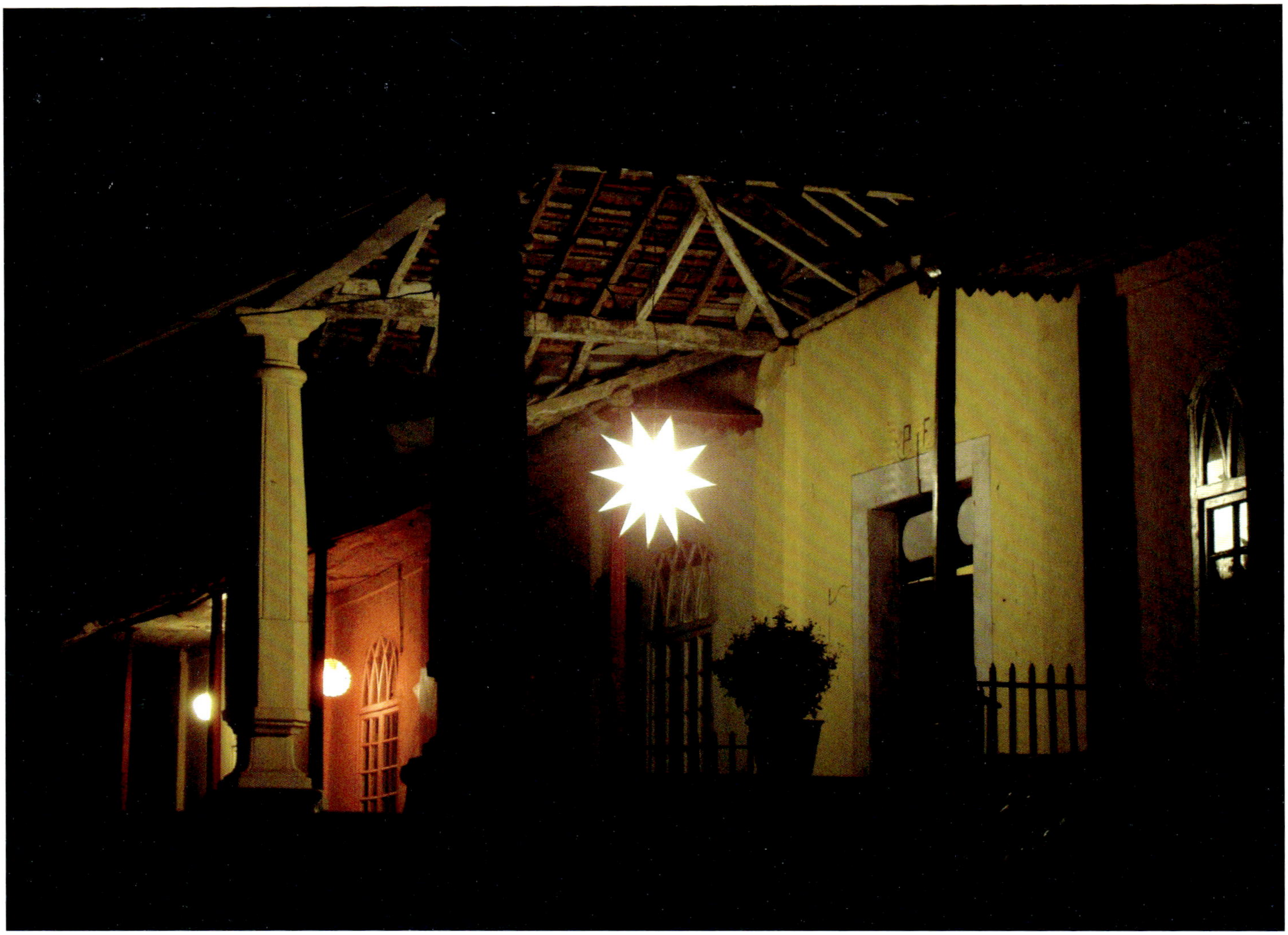

Antonin Potoski
Inde

Inde

J'ai perdu mon billet de retour pour la France, c'est arrivé dans la cohue entre deux vols, le premier avait deux heures de retard, le second était prêt à décoller. Le douanier avait des yeux d'un jaune intensément lumineux, je n'ai vu cela qu'à Istanbul et ici, en Inde : aussi lumineux et jaunes que les yeux des chats. Le responsable des bagages avait des bandes de peinture sur le front. Les hommes en uniforme à qui je demandais conseil me regardaient en dodelinant de la tête, sans me répondre.

A Goa, j'habite avec Aliette une ancienne demeure portugaise à l'allure et l'odeur d'une ferme méditerranéenne, sous une cocoteraie où les vieilles maisons et leurs chapelles sont dispersées sans vraiment former de village. La nuit, il n'y a plus de bruit, quand on roule à vélo en silence sur les routes goudronnées qui serpentent entre les habitations, on se sent comme dans une douce hallucination, les façades sont toutes éclairées par des lampions de papier en forme de grandes étoiles de Noël, certaines sont gigantesques, quelques guirlandes lumineuses éclairent des crèches, c'est un peu comme dans la forêt des champignons de Little Nemo, on se promène au milieu d'un sapin de Noël géant, avec ces étoiles de lumière qui flottent, ce silence, et la très étrange absence de température, comme dans les rêves où il ne fait ni chaud ni froid. On ouvre les hautes fenêtres des chambres et on capte, en se concentrant sur le fond de la nuit, jusqu'au bout de la cocoteraie, jusque derrière les dunes, le bruit de l'océan. On se réveille parfois en sursaut en se disant "ça y est, il déborde", et on se rendort.

On passe neuf heures d'une journée radieuse dans un train couchette, allongés, le train s'immobilise de longs moments pour attendre le passage d'autres trains, dans le sens opposé, quand la voie devient unique. Je ne cesse de faire des débuts de rêves érotiques, toujours interrompus par la pensée des bagages à surveiller.

Au milieu des vestiges de Hampi, capitale de tout le sud de l'Inde, jusqu'en Orissa, aux XVe et XVIe siècles, une rivière se fraye un passage entre des blocs de roche aux formes arrondies, plus impressionnants et plus monumentaux que les édifices historiques. Des milliers de jeunes villageois arrivent des campagnes alentour pour se faire bénir et dormir dans l'enceinte du temple Virupaksha, on sait qu'ils viennent de loin, du fond de ces campagnes de cailloux gigantesques, au regard avide et fixe qu'ils posent sur les premiers Européens qu'ils voient.
Nous avons oublié les conseils des guides touristiques : serrer la main d'une femme, pour des adolescents indiens, est un acte érotique, une femme doit refuser car c'est une preuve de disponibilité indécente, nous l'avions lu sans le retenir, j'encourage mon amie à serrer la main des jeunes pèlerins, nous nous sentons chosifiés, ils nous empoignent, ils nous font poser des dizaines de fois pour des photographies qui seront, dans des dizaines d'albums, dans des villages isolés, les preuves de leur séjour à Hampi. Les garçons ont des yeux fous, comme s'ils avaient bu, ils se pressent autour de mon amie, ils crient des choses que nous ne comprenons pas, ils nous disent d'entrer dans l'obscurité d'une grotte, nous rebroussons chemin et ils nous suivent.

Sur la rivière, les embarcations des passeurs sont comme de grands couvercles d'osier, retournés, dont la surface externe est étanchéifiée par une bâche enduite de goudron. Elles nous donnent l'impression de voyager, comme dans un conte, dans des pétales de fleur. C'est très doux quand il n'y a pas cette foule, mais en ce jour de fête hindoue, la foule avance et nous pousse dans la boue, il y a trop peu d'embarcations pour le nombre de gens, on a déjà payé la traversée à un inconnu, on choisit un endroit qu'on estime stratégique au bord de l'eau, on se tient pieds nus sur un rocher glissant, on essaie de résister à la foule qui nous presse et s'agrippe à nous, on se jette sauvagement, après dix tentatives ratées, dans l'embarcation ronde, la tension monte quand deux hommes sont près de se battre, on finit par débarquer de force le plus agressif, notre "pétale de fleur" commence à prendre l'eau.
Un soir, dans une ambiance plus calme, un Anglo-Saxon fait le malin et ne cesse d'interrompre l'enfant qui pagaie en lui posant des questions, il lui demande : *"In Hindi, how do you call this boat?"* Et le jeune garçon répond : *"Boat!"*

Indonésie

L'ambiance islamique dégage une énergie énorme. Sur la petite île aride où je me promène, les gens sont kasar, tout ce que les Javanais détestent : ils ont des manières brutes, ils parlent fort, ils sont spontanés, amicaux, ils touchent, bousculent, rient comme des gros paysans. Pour traverser l'île, on monte dans des minibus qui semblent tendus d'énergie, les vitres sont recouvertes d'un film de plastique noir ou bleu marine, il ne reste au chauffeur qu'une étroite bande de pare-brise pour viser la route comme à travers une meurtrière horizontale, on tangue sur des routes en vieux goudron clair, à chaque village des jeunes ont établi un barrage avec des fûts métalliques et font la quête pour agrandir leur mosquée en criant dans un haut-parleur, les chauffeurs des minibus passent sans presque ralentir en écoutant de la disco locale ou américaine, ils ont au-dessus de leur radiocassette des équaliseurs qui gonflent le son. Les chauffeurs sont surexcités, ils klaxonnent, ils appellent au passage les gens des villages qu'ils connaissent. Un jour je suis à l'avant du minibus et je porte des lunettes de soleil, nous traversons un village, le chauffeur ralentit pour tourner à gauche, un homme se tient au bord de la route de mon côté, il est bouche bée, médusé, sa tête suit mon visage et je l'entends prononcer : "Westlife..." C'est le nom d'un boys band irlandais ultra connu en Asie. Tellement peu d'étrangers passent ici, forcément, il a vu Westlife traverser son village.

Les jeunes hommes le soir regardent des VCD pornos, sans vraiment y faire attention, en fond, pour discuter. Quand en partant je fais un cadeau d'argent aux gens qui m'ont accueilli, ils me disent qu'ils vont s'en servir pour acheter des posters de Mickey Mouse et de *Donald Bebek* (Donald Canard), qu'ils les découperont et les colleront au plafond d'une chambre, avec de la peinture de couleur, comme ça je pourrai revenir avec des amis de France et on sera plus à l'aise. Je garderai toujours en moi cette émotion pathétique, le rythme qui pulse l'intérieur des minibus et les tornades de poussière qui balaient cette île stérile, son ambiance électrique et prolétaire, l'étrange association des appels à la prière et des rizières, et le doux vrombissement des hélices de bois qu'on accroche en haut des bambous juste pour le plaisir de les entendre.

La construction du pont qui reliera l'île à la ville qui lui fait face a commencé. Une dizaine de ferries continuent à dériver sur le détroit ; le soir, dans la lumière rose et la couleur sale de l'eau entre les deux îles, on se croirait dans un salon aux dimensions éclatées, les ferries ont branché leurs haut-parleurs sur le feuilleton qu'on voit sur des télés dans la salle des passagers, on entend sur le détroit, avec des dizaines de tankers amarrés, des grues et des cheminées d'usines à contre-jour, le ton absurde des répliques du sitcom.

Les moustiques sont si gros et si nombreux, et leur piqûre si douloureuse, que j'installe ma chambre en moustiquaire dès la tombée de la nuit, dans la pièce centrale d'une maison, carrelée, sous la lumière pâle d'une unique ampoule. J'y passe la soirée au milieu d'une famille, comme un animal en cage, les enfants font leurs devoirs, on mange et on regarde la télé, jusqu'à ce que les uns et les autres finissent pas se coucher.

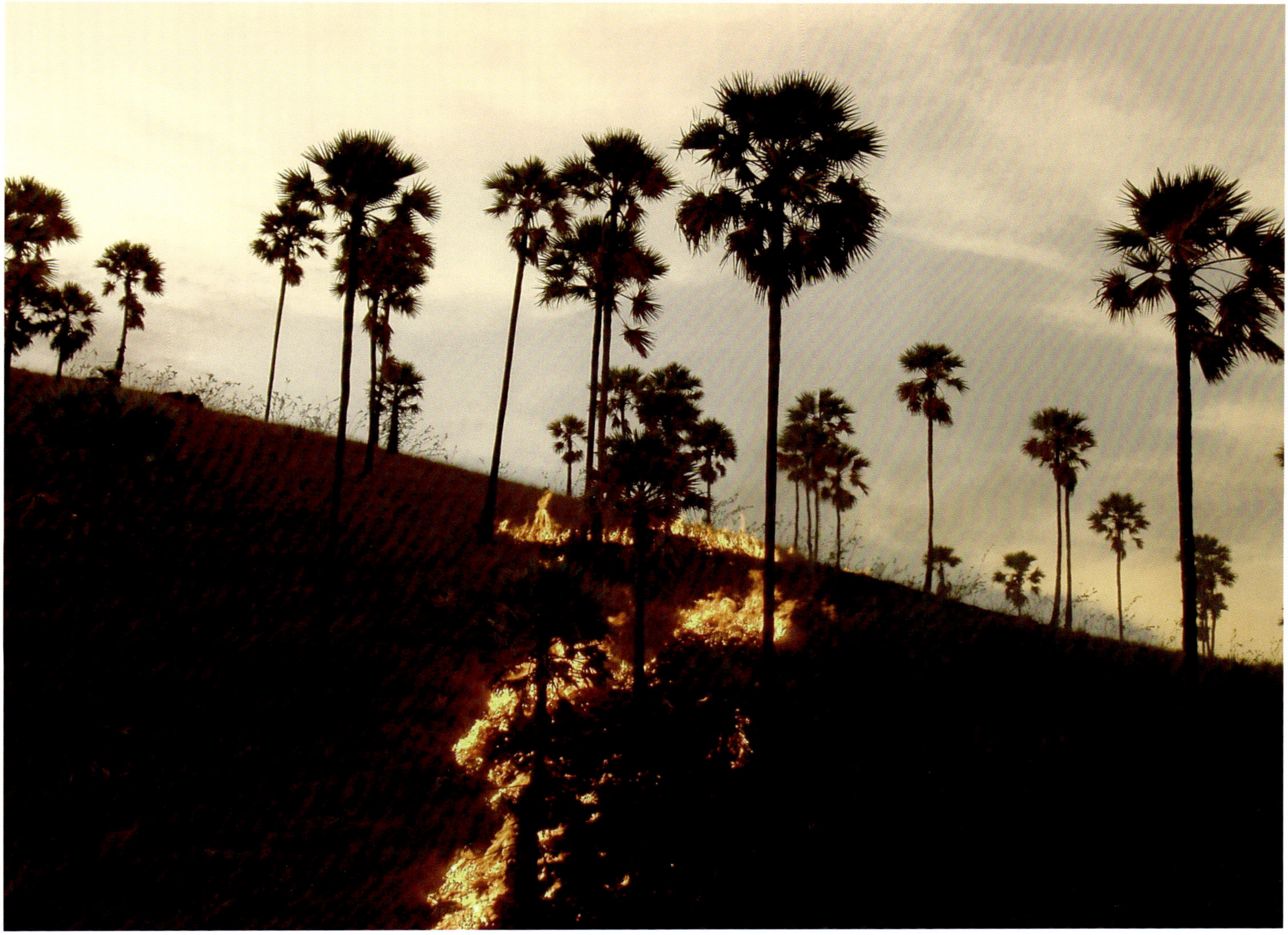

Antonin Potoski
Indonésie

Taufik sort d'une chambre une bombe aérosol fatiguée et il pulvérise tout autour de ma cage une odeur chimique de muguet, et ce rappel minable d'une fleur d'Europe me réconforte.
Le matin, la famille commence à circuler autour de ma chambre transparente. La maison n'a pas de plafond, je vois la charpente compliquée qui tient le toit en tôle. C'est tout juste l'aube. Une femme allume la télé et lance pour moi le VCD de Westlife, le boys band irlandais.

Les pilotes d'un ferry m'ont accueilli dans leur cabine, j'ai dormi sur une de leurs couchettes. A trois heures du matin, nous sommes arrêtés au large d'une côte que je vois dans la nuit parce qu'elle est bordée d'un liseré de sable blanc. On hisse mes bagages sur l'embarcadère et on marche, au-dessus de l'eau noire, sur un ponton très long, vers cette île nouvelle. Quelques loupiotes, à peine un village, des cantines devant la mer sombre, là où des bus attendent. Je monte à l'avant d'un minibus, sur le pare-brise je lis les lettres autocollantes : FUTURISTIK.

J'arrive à l'aube dans une petite ville de montagne, dans la brume, il y a partout des églises aux toits de tôle pointus, neufs et brillants comme des aiguilles dans un relief bouleversé comme une houle. On est au ras des nuages, dans l'atmosphère de cette mer chaude refroidie par l'altitude, on est sur les crêtes au point de rencontre de deux bouleversements, celui des nuages blancs dont on respire l'air frais et humide et celui des collines d'herbes jaunes ou vertes, grumeleuses, tourmentées, sans jamais cesser d'être douces, avec la mer qui brille au loin dans des ouvertures entre le relief et les nuages.

Les gens ont du rouge dans la bouche comme du sang, même derrière le comptoir d'enregistrement de l'aéroport, ils mâchent un mélange d'épices qui euphorise un peu, on le sent au voile sur leurs yeux, cela fait des bouches qui saignent dès qu'ils parlent, et par terre sur l'île il y a partout comme des taches de sang. Sur tous les chemins, des petits cochons noirs, et des gens qui me regardent, ravis, comme si on m'attendait, ou comme si on s'accrochait, en me souriant, à l'image de quelqu'un qu'on a vu passer et qui n'est jamais revenu.

Ce monde n'a pas quitté l'animisme, et cet animisme est essentiellement tourné vers la mort. Je suis heureux d'avoir vu, d'avoir vécu, au petit matin, à l'arrière d'une moto, ce paysage encore tout humide de la nuit, mais dès avant midi je commence à m'ennuyer, comme si cette île, ces forces, ce paysage, ne pouvaient pas retenir ceux qui n'y mourront pas. Je sens qu'on ne revient pas ici. Je ne voyage, et c'est cela qui me pousse, qu'en imaginant revenir partout où je mets les pieds, alors j'ai presque envie d'accélérer, presque envie de rater cette ville et de ne pas attendre le bus de demain puisque je ne reviendrai pas, puisque tout ce que je vois est une impression, le souvenir d'un monde étrange et bouleversant qui roule vers une mort autre que la nôtre, une mort de lune, argentée, une mort de sable blanc, de crique en arc de cercle ouverte sur un océan vide, un bout de terre trop lointain où la mort, et par conséquent la présence au monde, ne sont pas reliées, connectées, aux morts d'ailleurs, aux présences d'ailleurs.

On me parle indonésien mais j'ai l'impression qu'on le parle de loin, j'articule moi-même plus qu'ailleurs parce que je sens d'autres dialectes qui pèsent dans le regard ravi, dans l'éloignement, dans la gentillesse des gens. Sur la route nous avons dépassé à moto un groupe de jeunes gens qui m'ont tous salué, une fille a crié, c'est la seule phrase qu'on m'a dite en anglais sur cette île, je venais d'arriver et je commençais seulement à respirer cet air troublant : *"I miss you!"*

NOTES POUR UNE PETITE HISTOIRE DES IMAGES IMPRIMÉES DEPUIS L'INVENTION DE NIÉPCE[1]

Pierre-Lin Renié
Responsable des collections du musée Goupil (Bordeaux)

Pierre-Lin Renié est attaché de conservation au musée Goupil (Bordeaux), consacré à l'édition d'art au XIXe siècle. Depuis 1992, il a organisé de nombreuses expositions, dont "Gérôme & Goupil : art et entreprise" (2000-2001, également présentée à New York et Pittsburgh), et "Christian Milovanoff. Conversation Pieces" au Frick Art & Historical Center de Pittsburgh (2002), où il était commissaire invité. Lauréat de bourses de recherche au Metropolitan Museum of Art (New York, premier semestre 2004) et au Clark Art Institute (Williamstown, Massachusetts, été 2002), il a publié de nombreux articles sur l'estampe et la photographie au XIXe siècle, en particulier sur les phénomènes de la reproduction des œuvres d'art et de la diffusion de masse des images.
Plus récemment, il a écrit sur l'art contemporain, un de ses autres champs d'intérêt.

L'image photographique existe sous de multiples formes. Imprimée dans un livre, un journal ou sur une affiche, en tirage, encadrée et accrochée au mur d'une maison ou d'un musée, entassée dans une boîte à chaussures ou pressée entre les pages d'un album, elle est aussi projetée sur écran et apparaît maintenant sur celui de nos ordinateurs. Ces avatars se doublent d'une variété de pratiques : amateur ou professionnelle, artistique ou appliquée – aux sciences, à la médecine, à l'information, au contrôle judiciaire et social, à la publicité et à quantité d'autres activités humaines –, en diffusion de masse ou restreinte. Ces formes et attitudes se combinent parfois entre elles, ouvrant un éventail qui définit la photographie dans sa singularité.

L'intention première de Nicéphore Niépce était de trouver un procédé d'imprimerie apte à copier et multiplier les gravures. Son associé Louis Daguerre perfectionne ses recherches, aboutissant en juin 1839 à la présentation publique du daguerréotype, image photographique obtenue en exemplaire unique. Pour pallier ce handicap, lithographes et graveurs produisent des estampes d'après daguerréotype[2], et Hyppolite Fizeau tente de le transformer en plaque gravée, propre à être imprimée en taille-douce. Il appartient à William Henry Fox Talbot de mettre au point la photographie argentique multiple, telle que nous la connaissons encore aujourd'hui (peut-être plus pour très longtemps). La matrice du négatif permettant d'obtenir une infinité d'épreuves positives, le principe de multiplication qui guidait les travaux de Niépce refait surface, ancrant la photographie dans une tradition de l'image imprimée en nombre.

De 1844 à 1846, Talbot édite *The Pencil of Nature*; premier livre illustré par la photographie, c'est autant un ouvrage d'art qu'un instrument de promotion de la photographie et de ses possibilités, la principale étant intrinsèque à l'objet livre lui-même : la multiplication et la publication des images. En France, ce n'est qu'au début des années 1850 qu'émerge l'idée d'une "imprimerie photographique", une telle infrastructure servant à la fois à disséminer les produits de la photographie et à la faire considérer comme une activité industrielle sérieuse. Après avoir perfectionné les recherches de Talbot, Louis-Désiré Blanquart-Evrard ouvre en septembre 1851 près de Lille son imprimerie photographique, aventure éphémère mais capitale. Les épreuves de plus de mille clichés sortent de cet atelier, jusqu'à sa fermeture en 1855. Blanquart-Evrard publie pour son compte, mais aussi pour d'autres éditeurs, tels Gide et Baudry, dont le livre de Maxime du Camp[3] reste l'un des marqueurs de l'histoire de la photographie.

Ces premières photographies publiées sont des épreuves originales tirées en quantité, collées sur un papier vélin. Cette forme renvoie aux codes qui régissent l'édition d'estampes : l'image est pourvue de grandes marges; on utilise parfois un papier intermédiaire (chine appliqué) donnant une profondeur supplémentaire;

---

1. Ce texte s'appuie sur une première version réduite, parue sous le titre "La photographie, de la page au mur (allers-retours)", dans *Bordeaux culture*, n° 5, février 2005, p. 16-17.
2. C'est le cas de la centaine de gravures à l'aquatinte des *Excursions daguerriennes* (Rittner & Goupil, Lerebours, Bossange, Paris, 1842), images hybrides s'il en est. Jusqu'à la fin du siècle, des dizaines de milliers de photographies continuent à servir de base aux gravures sur bois destinées à la presse illustrée.
3. *Egypte, Nubie, Palestine et Syrie*, 1852.

Bernard Fontanel
Reproductions photographiques de peintures de Jean-Léon Gérôme, publiées au format "carte album" par la maison Goupil, années 1870-1880,
Bordeaux, musée Goupil

toutes les indications utiles figurent, imprimées – nom du photographe, titre de l'image et de la série, adresse de l'éditeur, etc. La critique, dont le vocabulaire est empreint de cette référence à l'estampe, assimile parfois les deux techniques : "Tirées sur papier de Chine, les épreuves de *L'Italie monumentale*, collées sur un papier blanc avec double marge, portent, comme les estampes, leur lettre gravée, contenant l'indication des monuments et, en suscription, le titre de la publication. Ce sont de belles et grandes gravures à la manière noire, avec lesquelles rien ne peut rivaliser [...]. Ainsi commence la série des livres, des voyages d'art illustrés par la photographie : M. Piot vient de créer une nouvelle branche commerciale[4]."

Première décennie de l'édition photographique, les années 1850 sont le théâtre d'une explosion des images, big-bang originel où les hiérarchies établies de genres et de techniques laissent place à l'expérimentation. Dans le sillage de Blanquart-Evrard, de nombreux éditeurs d'estampes s'emparent de la photographie. Parmi eux, la maison Goupil[5] publie dès 1853 les chefs-d'œuvre des pionniers, de Charles Nègre à Gustave Le Gray et Félix Teynard, aux côtés de sa production habituelle d'estampes reproduisant les peintures à succès du Salon. Compositions originales ou reproductions, vues, modèles pour l'enseignement du dessin ou des arts appliqués, gravures, lithographies ou photographies, toutes ces images d'une extrême diversité s'engouffrent avec fracas dans le même canal de diffusion.
Peu à peu, le marché se restructure. En dehors des photographes eux-mêmes, les autres protagonistes de cette histoire, imprimeurs et éditeurs, se replient à nouveau sur leurs spécialités, tout en intégrant l'outil photographique. A partir de 1858, Goupil & Cie fabrique des dizaines de milliers de reproductions photographiques d'œuvres d'art, sans jamais abandonner l'estampe; ils en inondent le marché par le biais de leurs succursales en Europe (Londres, Berlin, La Haye, Bruxelles) et à New York (dès 1848). Partout, des firmes concurrentes se créent ou se développent, provoquant d'intenses débats sur les droits de reproduction, sujet restant d'une actualité brûlante. Un marché international des images se met en place, reposant sur un réseau informel d'éditeurs et de marchands, dont la puissance ne cessera de peser sur la diffusion des images et des œuvres, mais aussi sur leur production elle-même – situation toujours d'une grande actualité, elle aussi.

Dans les années 1860, les épreuves photographiques argentiques manquent de stabilité. Une partie du public reste méfiante à leur égard, même si, à format égal, elles coûtent en moyenne moins cher que des gravures, mais plus que des lithographies. La question des procédés inaltérables occupe les chercheurs, qui tentent d'appliquer la photographie à l'imprimerie dès les années 1850. Les premiers procédés d'impression

4. F. Wey, "Publications héliographiques", *La Lumière*, 17 août 1851, p. 111. Eugène Piot devance de peu Blanquart-Evrard : il publie en juin 1851 la première livraison de son *Italie monumentale*.
5. Fondée par Henry Rittner et Adolphe Goupil, la maison Goupil représente une succession d'éditeurs d'art parisiens actifs de 1827 à 1921. Le fonds de cette maison, aujourd'hui conservé au musée Goupil, permet de comprendre cette histoire des images imprimées au XIXe siècle, dans laquelle estampe et photographie sont indissociables. Voir *Etat des lieux* n° 1 et 2 (musée Goupil, Bordeaux, 1994 et 1999), *Gérôme & Goupil : art et entreprise* (RMN, Paris, 2000), ainsi que DeCourcy E. McIntosh, "The Origins of the Maison Goupil in the Age of Romanticism", *The British Art Journal*, vol. V, n° 1, 2004, p. 64-76.

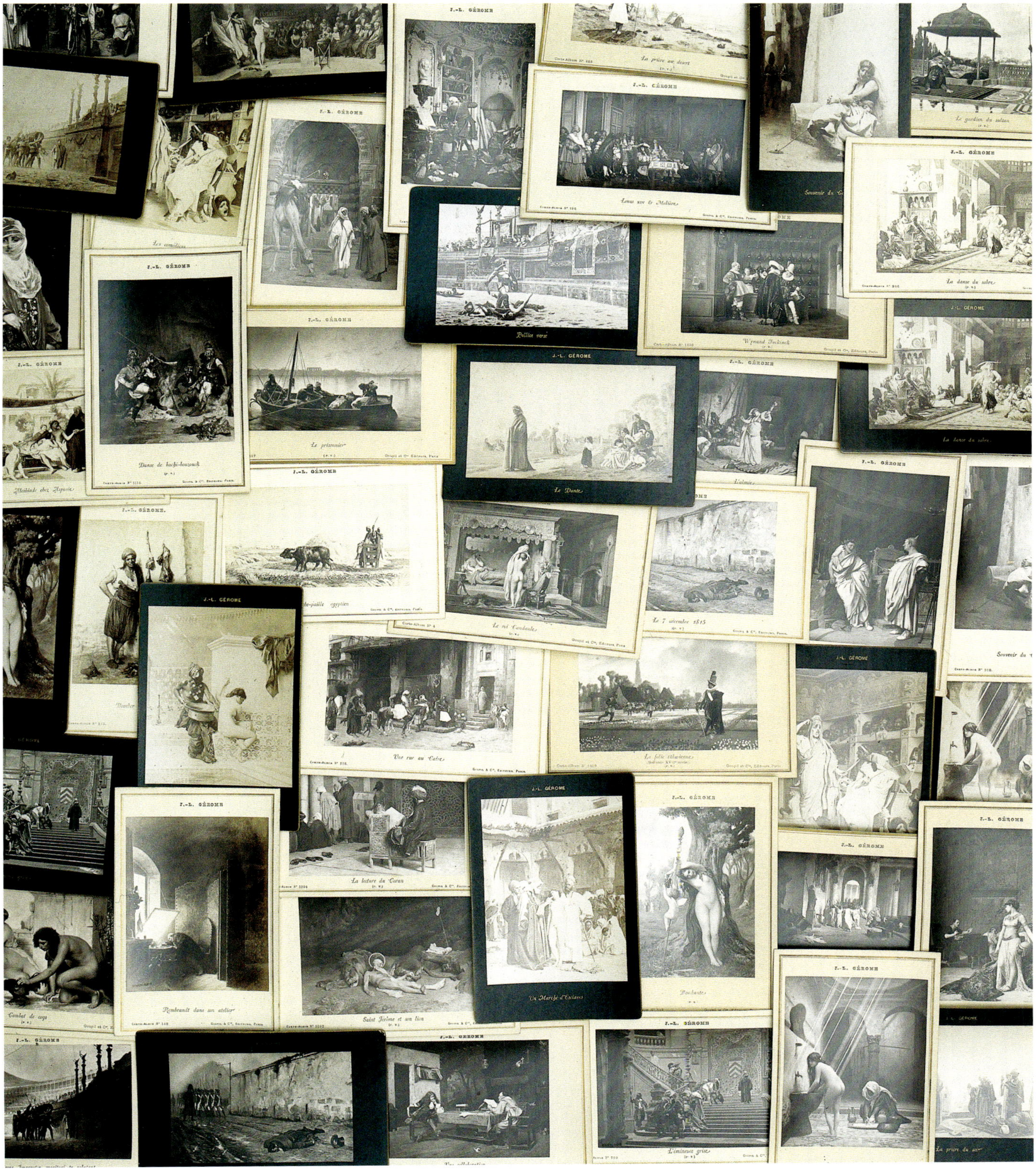
J.-L. GÉROME
La prière au désert
Le gardien du sultan
Louis XIV & Molière
La danse du sabre
Pollice verso
Le prisonnier
Danse de bachi-bouzouck
Le Dante
Le roi Candaule
Vue rue au Caire
La lecture du Coran
Rembrandt dans un atelier
Saint Jérôme et un lion
Un Marché d'Esclaves
L'éminence grise

photomécanique exploitables industriellement apparaissent au début des années 1870. Une décennie après, l'avancée est telle que l'on sait imprimer simultanément textes et photographies, accélérant l'essor de la presse illustrée. La photographie est définitivement entrée dans la "galaxie Gutenberg".

Si cette extraordinaire explosion des images au XIXe siècle a formé le substrat de notre culture visuelle, elle a aussi créé de nouvelles modalités de production, de circulation et d'apparition des images. Ces mécanismes nourrissent l'œuvre et la réflexion de nombreux artistes au XXe siècle – de Marcel Duchamp[6] à Andy Warhol. La reproduction et la multiplication deviennent elles-mêmes un des principes moteurs de la création. Parallèlement, cet incessant flux d'images fournit aux artistes de nouveaux matériaux. Dadas et surréalistes les intègrent dans les collages et assemblages devenus caractéristiques de leur esthétique. Figure singulière, Joseph Cornell amasse dès 1921 quantité de documents, images, textes, coupures de presse, reproductions de peintures, timbres-poste, cartes du ciel, menus objets, dont il peuple les boîtes et collages qu'il élabore par la suite.

S'appuyant sur les progrès de l'imprimerie, les avant-gardes de l'entre-deux-guerres inventent de nouvelles formes, publications illustrées ou simples éphéméras dans lesquels l'image photographique a souvent une large part. La modestie de ces œuvres n'a d'égale que leur puissance, aux antipodes de toute monumentalité. Dans cette lignée, de nombreux artistes des années 1960 utilisent la photographie afin de documenter des actions éphémères ou pour produire des images sans qualités particulières, à l'opposé de la "photographie d'auteur"; celles-ci trouvent souvent leur aboutissement dans l'édition d'imprimés. Réalisant à l'époque des interventions dans les magazines, Dan Graham conçoit en 1966 *Homes for America*, projet de publication pour *Arts Magazine* mettant en relation ses photographies de zones suburbaines du New Jersey et un texte critique. Sur la côte ouest des Etats-Unis, Ed Ruscha photographie "Twenty Six Gasoline Stations" ou "Every Building on the Sunset Strip"; il les édite en petits livres appelés à devenir le prototype du "livre d'artiste[7]". L'un d'entre eux, *Babycakes*, fait partie des dix-neuf projets rassemblés en 1970 dans la boîte *Artists and Photographs* par Multiples Inc., maison d'édition créée à New York par Marian Goodman. Cette publication résume à elle seule l'usage de la photographie et de l'imprimé par les artistes issus de la mouvance conceptuelle, du pop, et des happenings – on y retrouve, entre autres, Douglas Huebler, Jan Dibbets, Dan Graham, Robert Rauschenberg, Richard Long, Allan Kaprow, Bruce Nauman, Sol LeWitt, lequel publie par la suite de nombreux livres de photographie. En Hollande, de 1968 à 1989, l'équipe *de Art & Project Bulletin* confie à différents artistes la réalisation d'une feuille imprimée, support de nombreuses créations originales, et distribuée gratuitement. Actif à partir de 1962 autour de George Maciunas, le groupe international Fluxus diffuse quantité d'imprimés. Au Canada, le trio General Idea édite de 1972 à 1989 les vingt-cinq numéros de *File Megazine*, parodie de

6. Voir Francis M. Naumann, *Marcel Duchamp. L'art à l'ère de la reproduction mécanisée*, Hazan, Paris, 1999.
7. Respectivement en 1963 et 1966. Sur le livre d'artiste en général, voir Anne Mœglin-Delcroix, *Esthétique du livre d'artiste, 1960-1980*, Jean-Michel Place/BNF, Paris, 1997.

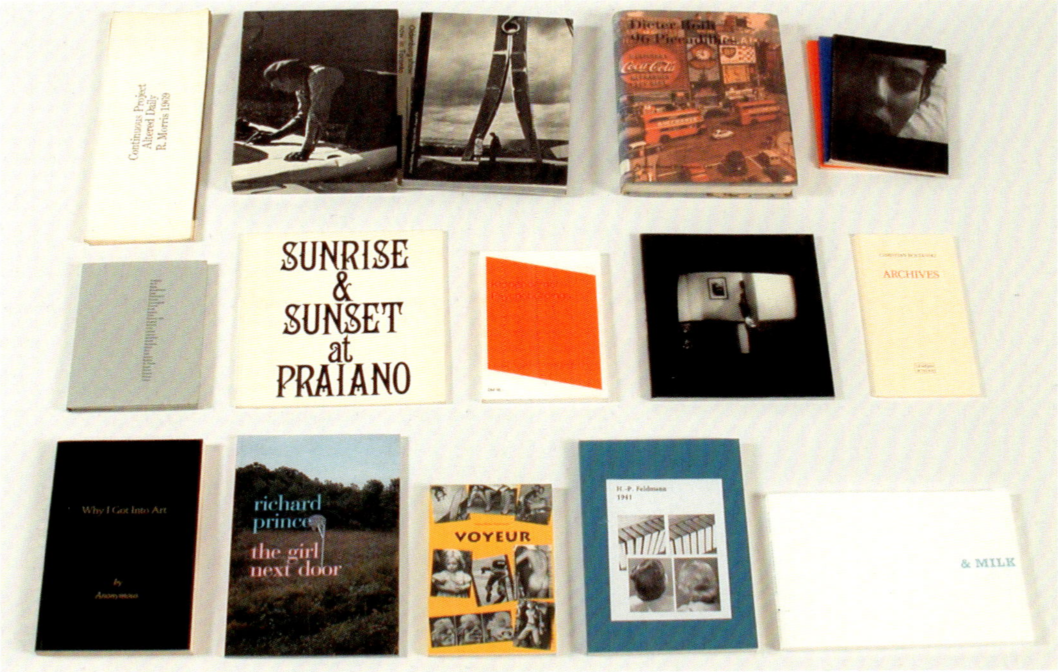

Bernard Fontanel
Livres d'artistes par Robert Morris, Claes Oldenburg, Dieter Roth, Louise Lawler, Richard Hamilton, Sol LeWitt, Martin Kippenberger, Allan McCollum, Christian Boltanski, Mike Kelley, Richard Prince, Hans-Peter Feldmann, Jonathan Monk, comportant des illustrations photographiques ou dérivées de la photographie, 1970-2004
Collection particulière

l'hebdomadaire *Life*. De 1968 à 1974, Hans-Peter Feldmann publie sa série séminale des *Bilder*, quarante-quatre livrets reproduisant une ou plusieurs photographies noir et blanc, trouvées ou faites par lui-même.

On pourrait multiplier les exemples tant la période est féconde en inventions de formes et de pratiques, dans lesquelles l'imprimé tient une grande place. Ces expériences sont pour les artistes une tentative d'échapper à l'emprise du marché de l'art. Produire des magazines ou des livres offre un accès direct à la sphère publique. Cette insertion dans les circuits de grande diffusion les inscrit dans des échelles d'économie et de valeurs opposées à celles du marché de l'art. Comme le souligne Dan Graham, pour qui "l'artiste en tant que professionnel est la pire des choses possibles", il s'agit de s'opposer à l'esthétique dominante, non seulement par la forme, mais aussi par le mode de diffusion[8].

Aujourd'hui, cette approche connaît un regain d'intérêt. Au risque de n'être parfois qu'une simple réaction vide de sens, quelle meilleure forme que le livre ou l'imprimé opposer à l'esthétique dominante matérialisée dans

8. "Je ne savais pas grand-chose de la photographie, sinon que la bonne photographie était très prétentieuse – à vouloir être du «grand art». La photographie correspondait alors à ce genre de choses, auxquelles notre ami Jeff Wall s'intéresse, comme Cartier-Bresson. Autrement dit, la photographie formaliste officielle que collectionnent les musées [...]. Pas Walker Evans, qui combinait la photographie à des pages de magazines, mais l'idée de la photographie en tant qu'œuvre d'art, comme une peinture." (Benjamin Buchloh et Dan Graham, "Quatre conversations, décembre 1999-mai 2000", *Dan Graham. Œuvres 1965-2000*, Paris-Musées, Paris, 2001, p. 75.)

l'autoritarisme glacé d'un immense tirage d'Andreas Gursky sous Diasec® – ou d'un autre ressortissant de la soi-disant "école de Düsseldorf", ou de n'importe lequel de leurs épigones ? Question d'échelle : jouer le proliférant contre le rare, le trivial contre le luxueux, le discret contre le monumental, la légèreté contre l'emphase, le bon marché contre l'exorbitant – mais aussi, souvent, l'objet contre le tableau. En France et ailleurs, plusieurs structures consacrées à l'imprimé sont apparues au cours de ces dernières années, centres d'art (CNEAI à Chatou ou Pays-paysage à Saint-Yriex-la-Perche), maisons d'éditions (Onestar press, Incertain sens, Sixtus, Zédélé, Small Noise, Book Works, Revolver, etc.) et librairies spécialisées. Ce mouvement est porté par les technologies numériques, dont la souplesse permet de réaliser mais aussi de diffuser les œuvres : c'est le cas des *Architectures remarquables*, série de livrets d'Eric Watier. Fasciné par l'héritage des années 1960, Jonathan Monk publie plusieurs livres qui renouent avec cette tradition (*2*, 1999 ; *Cover Version*, 2004 ; *& Milk*, 2004). Une génération intermédiaire se saisit du livre avec une grande pertinence, substituant à la traditionnelle monographie de photographe un projet artistique d'envergure, ainsi Peter Fischli et David Weiss (*Sichtbare Welt*, 2000), Günther Förg (*Moskau*, 2003), ou Suzanne Lafont (*Appelé par son nom*, 2003).

Depuis son invention, la photographie est prise dans ces allers-retours incessants entre le mur et la page imprimée – entre le tableau et l'objet. L'antagonisme des logiques de raréfaction et de multiplication concerne tous les genres d'images. Contemporain du renouveau de l'imprimé et du multiple chez de jeunes artistes, un mouvement inverse s'accélère depuis peu chez certains photographes de presse. Faisant tirer en édition limitée leurs images les plus marquantes (relevant souvent d'un style héroïque de plus en plus esthétisé), ils les rendent aptes au marché de l'art[9]. Le statut de ces épreuves reste flou ; leur pertinence même est douteuse. La puissance d'une image de presse, apparaissant dans le continuum d'un journal ou d'un magazine, paraît bien affadie lorsqu'elle est transformée en marchandise de luxe, privée de tout contexte, fétichisée, trônant sur un mur. Le geste de Hans-Peter Feldmann, publiant une version de l'hebdomadaire *Profil* où tous les textes ont été gommés, sur une maquette identique au numéro courant et en supplément à celui-ci[10], reste d'une pertinence sans comparaison avec une photographie de presse encadrée au mur, singeant plus ou moins habilement les esthétiques dominantes de la "forme tableau" ou des "nouvelles pratiques documentaires". Depuis les années 1990, la photographie, ancienne ou contemporaine, a pris une part de plus en plus importante dans le marché de l'art. Celui-ci a, encore une fois, le dernier mot.

---

9. Voir Michel Poivert, "Le photojournalisme érigé en objet culturel", *Art Press*, n° 306, novembre 2004, p. 21-26. On rappelle que, dans le domaine de l'estampe, la limitation des tirages, motivée par des raisons purement commerciales, n'apparaît qu'à la fin du XIXe siècle. Voir à ce sujet notre article "Guerre commerciale, bataille esthétique : la reproduction des œuvres d'art par l'estampe et la photographie, 1850-1880", *Reproductibilité et irreproductibilité de l'œuvre d'art*, La Lettre volée, Bruxelles, 2001, p. 59-81.
10. *Profil* et *Profil ohne Worte*, Vienne, 7 février 2000 (H. P. Feldmann, CNP, Paris, 2002, p. 136-137).

PHOTOGÉNIE

Paul Sztulman
Professeur d'histoire de l'art à la Villa Arson (Nice) et à l'ENSP (Arles)

A JEAN-FRANÇOIS POIRIER

Après ses études à l'ENSP, ***Paul Sztulman*** *travaille comme conférencier à la galerie nationale du Jeu de Paume. Il écrit pendant cette période un petit nombre de textes pour ce lieu et des articles pour la revue* Galeries Magazine. *Par la suite il rejoint l'équipe de la Documenta X (1997) dirigée par Catherine David et rédige une grande partie du guide de cette manifestation* (Kurzführer).
Il est l'auteur d'une monographie sur Suzanne Lafont publiée aux éditions Hazan en 1998. Récemment, il a participé à un colloque sur l'œuvre d'art totale (Gesamtkunstwerk) *organisé par l'Ecole nationale des arts décoratifs et dont les actes sont en cours de publications, ainsi qu'à un symposium, "Memory and Oblivion", organisé par l'Akademie Schloss Solitude de Stuttgart.*
Il a collaboré à une rétrospective sur le cinéma de Jean-Marie Straub et Danièle Huillet avec le cinéma Jean Vigo de Nice en partenariat avec le centre d'art de la Villa Arson et prépare actuellement une programmation autour de l'œuvre d'Abbas Kiarostami.
Il est actuellement enseignant d'histoire de l'art à l'Ecole nationale supérieure d'art de Nice (Villa Arson) et intervient régulièrement à l'ENSP.

Par où commencer? Disons que la photographie m'est d'abord apparue comme une solution. Adolescent, je rêvais de devenir artiste mais j'avais fait la cruelle épreuve de mon total manque d'habileté manuelle, pour ne pas parler de ce qui me semblait alors une absence de don radicalement préjudiciable. La photographie me paraissait facile à pratiquer malgré la minceur de sa forme qui semblait la condamner à n'être qu'un art mineur. Je l'ai donc adoptée dans l'attente de pouvoir devenir cinéaste... Mais, petit à petit, je me suis pris à aimer passionnément son caractère de petite forme. Ce qui m'attirait, c'était également sa dépendance à l'égard du monde : un enregistrement de la réalité éternisant l'instant. Ce qui me plaisait, enfin, c'était de l'idéaliser comme image pure, c'est-à-dire comme une image qui, d'une certaine façon, se faisait sans moi mais à travers laquelle se transfiguraient artistiquement mon existence et ma vision du monde... La mécanique impassible et objective de la photographie fixe à jamais l'émanation lumineuse des choses. Un simple déclenchement peut suffire à faire une image parfaite de l'étendue du visible au regard des lois de la perspective monoculaire. Il y a bien entendu un lien entre la minceur de cette forme et la puissance de son effet, tant dans les procédures artistiques qu'elle autorise que dans l'objet matériel qu'elle constitue à terme. Plus on amincit cette forme, plus on renforce son effet au point que, tout au long de son histoire, la tentation fut vive de concevoir la photographie comme une technique, plutôt qu'un art, en tant qu'elle contiendrait son essence dans la genèse de sa formation, indépendamment des auteurs qui la pratiquent. Cet argument court sous des formes variées de Benjamin à Barthes en passant par Bazin. Je l'avais inconsciemment fait mien. A travers la photographie, c'était en fait la photogénie du monde que je contemplais. J'ignorais alors à quel point cet envoûtement était aussi un piège : celui de croire que si le monde était donné par les images, cela signifiait réciproquement que son essence se mesurait à sa photogénie. Ce voile de véronique non divin pouvait "sauver l'être par l'apparence" comme l'écrivait Bazin.

L'architecte Aldo van Eyck raconte que le paradis des Dogons est semblable au monde terrestre. Les choses y sont à la même place et les inégalités humaines sont identiques. Seule la couleur des fruits y est plus lustrée afin que les morts sachent qu'ils se trouvent au paradis. Pour moi la photographie faisait déborder le lustre des fruits sur la vie. Elle présentait le même monde mais avec des couleurs plus intenses, même lorsque celles-ci se déployaient en camaïeux de gris. C'était son caractère magique et son charme mélancolique : le paradis, c'est l'instant qui passe sans qu'on s'y éternise et que la photographie préserve.

Mes études à Arles me familiarisèrent très vite avec toutes les sophistications de l'esthétique photographique – celles qui battaient en brèche l'idée reçue qu'elle n'était qu'une technique et non un art. Particulièrement les fameuses thèses de Barthes sur la photographie comme "émanation du réel passé" qui en fait essentiellement une magie. Leurs instrumentalisations par les universitaires, souvent remplies de contre-sens d'ailleurs, étaient alors des théories rejetées par les étudiants qui n'y trouvaient aucune aide pour faire leurs propres images. Pourtant je ne suis jamais tout à fait parvenu à me détacher de cette idéalisation de la photographie

comme image acheiropoïète et, en tant que telle, "faite par personne". Elle portait en elle le rêve de la "révélation du réel" dont parlait Bazin. J'en voyais la preuve dans le fait que le propre de la photographie tenait moins à mes yeux dans la finesse de ses qualités descriptives que dans l'exactitude de miroir avec laquelle elle restitue les choses, leur matérialité et leur place. De la découpe des traits aux plissements des rides d'un visage, des traces de doigts déposant une légère luisance sur le rebord d'une table à la déchirure d'un vêtement, de la pousse arbitraire de chaque brin d'herbe à la disposition singulière des nervures de chaque feuille, les multiples hasards de la vie dont est tissée la matière sans cesse changeante du réel inscrivaient ainsi leur être dans l'image pour la première fois. Là où l'artiste disposait, synthétisait, choisissait, la photographie enregistrait tout et le fixait pour toujours. Elle comportait ces "détails inévitables" (Barthes) qui avaient troublé les esprits depuis son invention et que l'approche synthétique des peintres classiques avait partiellement estompés jusque-là. Je ne vis que plus tard en quoi les pratiques picturales modernes avaient incorporé pour leur part cette nouvelle donne en redoublant l'image peinte du sujet par l'image factuelle du peindre avec ses propres aléas.
Mais la photographie était une image produite par l'empreinte lumineuse des choses qui s'inscrivent d'elles-mêmes, sans gestes et sans matériaux, non par addition d'éléments mais par soustraction de l'étendue infinie du réel. C'est sur la base de cette transparence supposée du médium que Bazin pouvait dire que dans le royaume de la photographie, la réalité "fait plus que d'imiter l'art, elle imite l'artiste". Le passage de la vie fugitive à la vie éternisée de l'image photographique contenait le rêve secret d'une métamorphose possible par l'image du plan de la vie concrète, contingente, empirique au plan de la vie essentielle, celle des instants éternels et des significations ultimes. A l'instar de ces pierres imagées dont la coupe fait surgir au cœur des concrétions minérales abstraites des figures qui semblent la révélation d'une vie secrète, le plan du miroir coupait dans le flux du réel une lamelle spéculaire figeant les êtres et les choses en une constellation signifiante.

Rien n'aura poussé cette conception d'un réel qui se convulserait de lui-même pour atteindre à une beauté réconciliatrice autant que le surréalisme prôné par André Breton. Mais déjà, chez lui, la photographie ne se suffisait pas en elle-même, elle était charriée par le flot du langage. C'est en lisant Jacques Rancière récemment que j'ai mieux compris comment la photographie participait d'une redéfinition problématique du régime moderne de l'image. Sa fixité et son mutisme mettent le spectateur dans l'obligation de lui faire dire ce que le réel refuse d'énoncer par lui-même ou de rester sans voix devant la manifestation de la présence brute et insensée du monde. Il le formule mieux que je ne saurais le faire en écrivant que "la photographie est devenue un art [...] en faisant parler deux fois le visage des anonymes, comme témoins muets d'une condition inscrite directement sur leurs traits, leurs habits, leur cadre de vie et comme détenteurs d'un secret que nous ne saurons jamais, un secret dérobé par l'image même qui nous les livre. La théorie indicielle de la photographie comme peau décollée des choses ne fait que donner la chair du fantasme à la poétique romantique du *tout parle*, de la vérité gravée sur le corps même des choses[1]". Ce fantasme fut le mien. Celui d'une réconciliation possible par la photographie de la vie immédiate et de la vie essentielle, un refuge où le sens et le mystère échangeraient leur signe. Et cette réconciliation serait de l'ordre de la vie et non de l'art à condition que la photographie soit une image impersonnelle. Mais à partir de là j'ai commencé à comprendre que ce raisonnement idéaliste était boiteux car force m'était de constater qu'il y avait des différences sensibles dans les jugements esthétiques que je portais sur les photographies. Il y avait bien l'hypothèse pertinente de Walter Benjamin selon laquelle cette distinction pourrait reposer en dernière instance sur le fait que la réalité doit "pour ainsi dire brûler de part en part le caractère d'image" et que cela ne se fait que grâce à ce qu'il nomme "l'étincelle de hasard, d'ici et de maintenant". Cette "étincelle de hasard" avancée par Benjamin était une manière bien plus ouverte que "l'instant décisif" de Cartier-Bresson pour maintenir encore dans l'expérimentation photographique le tranchant singulier de la césure. Cependant, pour nécessaire que soit cette condition elle n'en était pas pour autant suffisante : les reporters en apportent la preuve quotidiennement. Je compris que la photographie, à l'instar des autres arts, se situe à la croisée d'une activité et d'une passivité, d'une image faite et d'une image regardée, d'un art de la saisie et d'un art de l'écoute.

J'ai retrouvé cette tension dans l'œuvre de Muybridge. Avec lui la coupure opérée dans l'histoire des représentations esthétiques par la photographie se double d'une coupure dans la représentation de la figure humaine. Celle-ci ne fut pas visible dès l'invention de la photographie, elle dut attendre que des problèmes techniques fussent résolus pour voir le jour. Si, dans les premiers daguerréotypes, la durée du temps de pose obligeait les hommes à se figer en une image immobile au risque que leur agitation inévitable ne trouble et ne dissolve la belle apparence de leur intégrité, l'image de l'homme pétrifié dans son mouvement mit en effet quelque temps à apparaître. La première fois, ce fut peut-être dans l'œuvre de Muybridge qui sut saisir les individus de manière instantanée et isoler au cœur de leur mouvement un état de leurs corps dans une immobilité souveraine malgré une position d'équilibre intenable. En divisant la durée en une succession d'instantanés équidistants, Muybridge rapporte le mouvement à des points quelconques de son évolution. Même si cette appréhension par l'analyse qui confond le mouvement et l'espace parcouru propose des positions successives ne disant en fait rien du progrès entre les intervalles temporels qui les séparent – passage indivisible que seule la synthèse intuitive est à même de saisir –, cet alignement d'instants soustraits à la durée permettait aux planches de Muybridge de se dérouler comme un répertoire de positions de corps et de gestes que l'on ne croisait pas dans l'histoire des représentations humaines antérieures à la photographie. La désarticulation fugitive que le mouvement conduit se trouvait figée par l'enregistrement et offerte au regard. Cette image fut reprise à l'infini par la *straight photography* dans un flot d'images étonnantes qui

1. Jacques Rancière, *Le Destin des images,* La Fabrique, Paris, 2003, p. 23.

ne donnaient pas à voir la grâce d'un mouvement mais un point indifférencié de son effectuation. Comme on le voit parfois dans les vues de ville du XIXe siècle, l'homme en mouvement n'apparaît d'abord que comme une silhouette déformée ne laissant sur la plaque que la trace de son passage. L'invention de l'instantané permit aux photographes de partir à la recherche de ces spectres et de donner à voir leur consistance humaine.

Il existe un lien entre le mode technique de production d'image qu'est l'enregistrement et ce que signifie le geste saisi dans cette nouvelle image de l'homme. Selon Jacob Taubes, l'époque moderne s'ouvre avec une nouvelle conception du monde où l'ordre hiérarchique s'est effondré et avec lui son système d'articulation entre le haut et le bas remplacé par l'idée d'équilibre propre à l'ère démocratique et à son égalitarisme de principe. Ce qui eut pour effet d'abolir également les hiérarchies de l'art et de ne plus régir celui-ci par des normes. Ce déplacement me semble visible dans les planches de Muybridge car son dispositif fonctionne sur l'égalité de fait avec laquelle chaque appareil enregistre les différentes phases du mouvement, aussi bien ses points remarquables que ses points quelconques. La question que l'on peut alors se poser est de savoir si la fascination dans laquelle nous tiennent ces images de gestes à l'arrêt ne provient pas de la promesse d'égalité entre tous les instants qu'elles induisent. Ou, pour le dire autrement : si aucune coupure n'est préférable à une autre, existe-t-il une étape du geste plus signifiante qu'une autre ? Si tous les instants se valent, ne menacent-ils pas d'être vides ? Ce moment vide n'est-il pas le signe que le désir d'être logé à l'enseigne de l'égalitarisme risque de ne conduire qu'à l'ennui – ce mal typiquement moderne ironiquement opposé par le romantisme aux promesses de la démocratie ?

Cette image du corps à l'arrêt révélée par Muybridge eut de nombreuses incidences et significations. Dans le domaine de l'art, elle désintégra la croyance dans l'expressivité des poses et des postures. La saisie à son insu d'un être apeuré, d'un soldat à la guerre ou d'un religieux en prière dénonça les incorrections du style chez les acteurs mimant un sentiment dramatique ou religieux et chez les maîtres de la tradition académique en peinture. Le nouveau répertoire de figures renvoya la posture à son emphase rhétorique. La recherche naturaliste l'emporta peu à peu sur le jeu des expressions. Le reportage photographique enregistra des gestes réduits au regard de ceux, théâtraux, qui habitaient jusqu'à présent le tableau d'histoire. Dans la posture comme dans la pose, le modèle se fige en une image faite pour être regardée et d'une certaine manière produire du sens. Ce sont les instants où l'on vit sans se soucier d'être regardé que la photographie allait saisir et examiner de près. Selon la formule paradoxale d'Oscar Wilde, être naturel devenait une pose difficile à garder. Ne cessant d'enrichir notre perception du réel, la multiplication des techniques d'enregistrement a transformé les détails en gros plans, nous faisant voir comment les mouvements les plus inconscients et les plus discrets peuvent êtres porteurs de significations. L'image enregistrée, soutenue par la psychologie, chercha dans les gestes des hommes et des acteurs moins leur volonté de signifier une conscience historique que le témoignage involontaire d'un inconscient malmené. Les gestes involontaires et les soubresauts imperceptibles de l'âme ont atteint un seuil de visibilité imprévu. Le portrait ou le gros plan cherchaient à lire sur les visages les tressaillements infimes trahissant les impulsions souterraines de la psyché dans leurs inexprimables nuances. Les poses accentuées trahissaient de plus en plus une affectation outrancière comparées à celles, naturelles, des photographies. Tout cela participant, comme on le sait, de l'affirmation de plus en plus problématique de la domination de l'individu et de la disparition de l'homme tragique.

J'ai toujours vu les photographies d'instants quelconques de la vie quotidienne comme appartenant à cette même recherche de l'originalité du commun qui hante le roman et le cinéma. Les gestes réduits de la photographie sont à l'échelle de l'image ce qu'est à l'échelle de la narration la figure de l'homme ordinaire, l'homme anonyme des grandes foules, l'homme sans qualité et sans héroïsme, le sujet de l'histoire de la démocratie. Dans ses gestes réduits que la photographie figure inlassablement se joue la disparition de l'éloquence passée. Celle de la tragédie et des tableaux d'histoire. Que cette perte de l'éloquence du geste aille de pair avec la perte de l'éloquence de l'art, c'est ce dont l'œuvre de Manet, longuement commentée par Bataille, se fait l'écho le plus profond. C'est cette disparition que Jeff Wall dialectise par la mise en scène de micro-gestes vus dans la réalité. C'est d'ailleurs, avant tout, à travers son œuvre et ses écrits que j'ai compris ce problème. Jeff Wall était déjà la figure identificatoire de mes années d'école et les images que je présentais à mon diplôme étaient les pâles copies d'un épigone confus. Il avait pour sa part précisément perçu de quoi cette réduction était le signe : "Les petites actions contractées, les mouvements corporels involontairement expressifs qui se prêtent si bien à la photographie, voilà ce qui reste dans notre vie d'aujourd'hui, de l'idée ancienne de geste en tant que forme corporelle, picturale, de la conscience historique. Peut-être ce double grossissement de ce qui a été conçu comme petit et maigre, de ce qui a apparemment perdu toute signification, permet-il de dévoiler quelque peu la misère objective de la société et l'action catastrophique de sa loi de la valeur[2]." En mettant en scène des acteurs, Wall joue magnifiquement de la tension entre la puissance expressive du jeu et l'instant infiniment plus bref de sa saisie par la photographie. Il dialectise la promesse de la photogénie et l'impossibilité de sa saisie spontanée dans une société aliénée. Contradiction qui nécessite un travail de reconstruction à l'attention du spectateur. Il y a toujours un fantôme derrière et devant l'image.

Les artistes utilisant la photographie qui m'intéressent à présent, de Wols à Douglas Huebler, sont ceux qui explorent avec le plus de pertinence les différents endroits que ce procédé mécanique ouvre à leur activité, en refusant de réduire celle-ci à la singularité d'un "regard" ou à un traitement esthétisant de l'image. Ils ne

2. Jeff Wall, "Gestus", in *Essais et Entretiens (1984-2001)*, éditions de l'ENSBA, Paris, 2001.

cessent de soumettre ainsi à examen la généalogie des opérations qui séparent le moment de la prise de vue de l'élaboration de l'image comme objet exposé, publié ou édité. Ils prennent en compte toutes les médiations qui s'articulent entre le réel et l'affect produit par l'œuvre. Mais ils n'abandonnent pas pour autant la promesse de l'image réconciliatrice, je crois... Ils la mettent simplement en tension avec le constat de son inaccomplissement. Les artistes qui s'emparèrent de la photographie durent travailler avec une technique qui menaçait la singularité de l'art. Et certains d'entre eux le firent sciemment parce qu'ils étaient à la recherche de cette contradiction interne à l'art moderne. Car en fait, la photographie est tout simplement prise, comme les autres pratiques modernes, dans la double contrainte d'aspirer à la fois à son idéal d'autonomie (technique et formelle) qui la sépare comme pratique des autres activités humaines, et d'être également tenue par le devoir de se dissoudre comme forme et devenir un acte d'enregistrement témoin de l'histoire des hommes. C'est ainsi que la photographie problématise cette étrange identification de l'art et du non-art que l'esthétique moderne n'a cessé de formuler selon des modes et des enjeux très différents. La contradiction entre le désir de l'art de se transformer en forme de la vie et la résistance inflexible que la réalité lui impose, sauf à le compromettre, signale que la promesse d'émancipation dont il est porteur est indéfiniment différée. Ce n'est pas sans regret que l'on perd la croyance dans le salut par l'image. Mais l'abandon de l'idée selon laquelle le réel s'accomplit intégralement dans sa photogénie m'apparaît aujourd'hui comme un problème plus passionnant que la solution dont je rêvais étudiant.

LE LABORATOIRE DES MOTS ET DES IMAGES

Yannick Vigouroux
Critique, photographe

***Yannick Vigouroux** est né en 1970. Critique d'art et photographe, il sort diplômé de l'Ecole nationale de la photographie en 1993. Co-commissaire artistique de "La Conquête des pôles" (1997) et de "Japon, 1945-1975. Un renouveau photographique" (2003), expositions présentées à l'hôtel de Sully (Paris), et de "Foto Povera" (2005), présentée à la Maison de l'art et de la communication de Sallaumines, il est directeur artistique à* Patrimoine photographique *de 1994 à 2004. Outre des articles sur la photographie, la littérature et le cinéma, il a publié plusieurs ouvrages, dont* La Photographie contemporaine *aux éditions Scala (2001), et* Les Pratiques pauvres *aux éditions Isthme/CRDP académie de Créteil (2005). Il poursuit parallèlement une pratique photographique consacrée aux bords de mer et espaces portuaires, série intitulée "Littoralités" et réalisée avec une simple "box".*

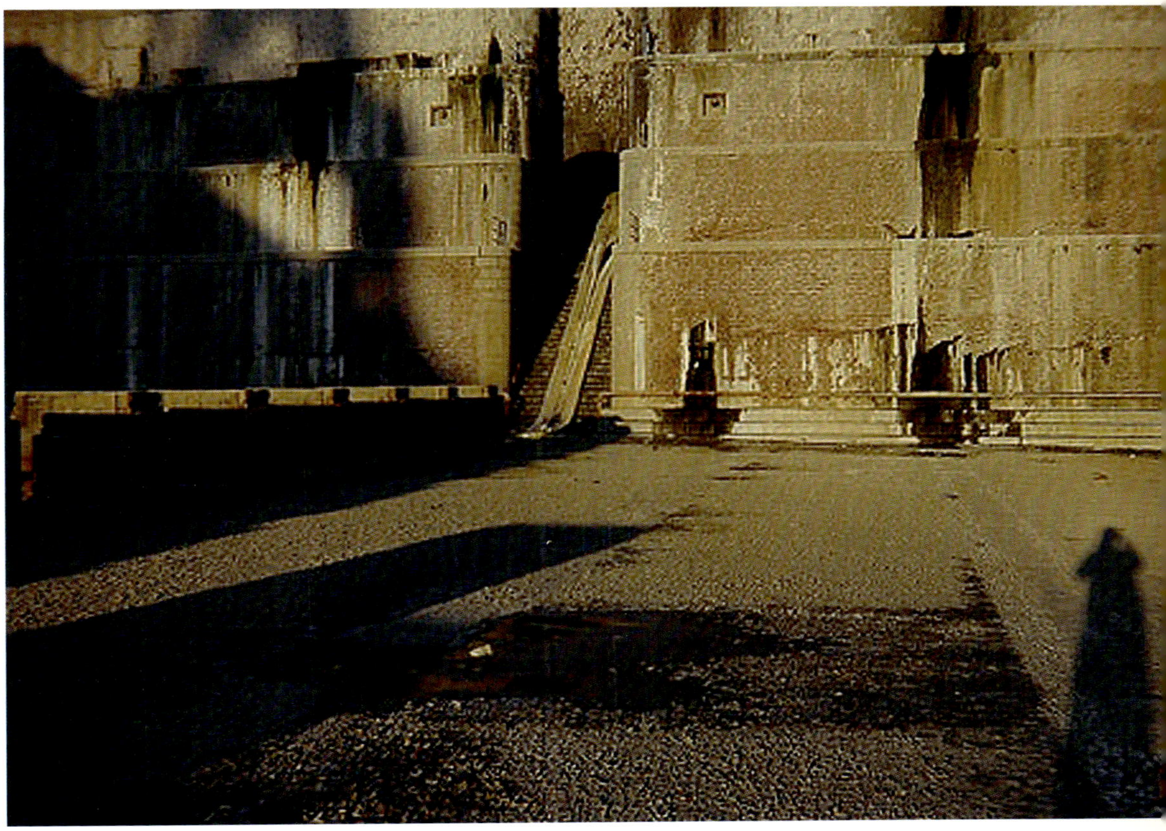

Yannick Vigouroux
Le Havre,
de la série "Littoralités",
août 2002

Une idée reçue, tenace, transmise par nombre d'historiens de la photographie, voudrait qu'on s'inscrive dans une filiation faite aussi, bien sûr, de ruptures... Bref, on doit rester entre soi, c'est-à-dire avec ceux qui pratiquent les mêmes moyens d'expression. Et si des problèmes surgissent, ils s'apparentent à ceux d'une famille. On ne doit pas quitter sa "famille" et l'on doit régler cela entre nous. Je réfute cette idée, sans doute parce que, "enfant du divorce", je n'ai jamais eu l'esprit de famille...

Un autre préjugé, très français semble-t-il, voudrait que l'on ne puisse mener plusieurs activités de front : écriture et photographie par exemple. Avec, toujours, l'arrière-pensée que l'on ne peut pas exceller simultanément dans un domaine et dans un autre... et l'angoisse sous-jacente de ne pouvoir coller sur quelqu'un une étiquette unique et précise. Oui, décidément, la France n'aime pas la polyvalence et depuis ma sortie de l'Ecole nationale de la photographie, combien de fois m'a-t-on reproché, explicitement ou par sous-entendus, d'être versatile. Indécis, moi?... Quelle amnésie par rapport à une très longue tradition des écrits d'artistes,

Bernard Plossu
Portrait de Marc Trivier dans son appareil,
1992

consacrés à leur travail et à celui des autres[1], que l'on peut faire remonter à Giorgio Vasari (1511-1574). Les artistes ont toujours écrit, travaillé en collaboration, noué des correspondances passionnées ou houleuses ; accepté aussi, on l'oublie souvent, de poser comme modèle – depuis l'école, j'aime encore, à l'occasion, faire cela – afin d'éprouver le sentiment troublant d'entrer encore plus intimement dans l'œuvre des autres. Professeur responsable de la troisième année à l'ENP (1993), Christian Gattinoni m'a beaucoup influencé. Plasticien et critique, il ne cesse, en plus de celle d'enseignant, de mener deux carrières entremêlées (mais ne s'agit-il que d'une seule et même carrière à deux faces ?). Je propose cette hypothèse : et si le discours critique n'était pas seulement un métadiscours sur l'image ?... Et si les mots et les photos se régénéraient à leur contact mutuel, impulsés par leur rencontre et offraient en alternance un espace, un temps de repos ou de respiration ? En tout cas, quel bonheur ai-je à faire des prises de vues après une longue période d'écriture ! L'inverse est aussi vrai. Les images génèrent chez moi naturellement des mots, les mots des images, qui sont d'ailleurs aussi des "images" au sens figuré. Gattinoni, personnalité ouverte et généreuse, tant du point de vue humain qu'intellectuel, hostile aux préjugés nés de l'esprit de chapelle, m'a aidé à déculpabiliser, à ne jamais m'autocensurer. A préférer le doute constructif au dogmatisme stérile. Après des années d'incertitude malgré cette porte ouverte, j'assume maintenant les différentes facettes de mon activité[2] : "A la fois acteur, en tant que photographe et historien de ce courant [les pratiques pauvres en photo] j'ai souhaité avec Remi Guerrin, grâce aux regards croisés de photographes, critiques et écrivains, montrer la vivacité de ces pratiques..."

"Regards croisés" en effet, mais surtout "circulation[3]" entre les œuvres d'auteurs s'influençant mutuellement, consciemment ou non, libérés de l'obsession du plagiat, dont le spectre a trop souvent hanté les esprits des créateurs ces dernières années.

Grâce à l'ENP, j'ai publié en 1993 mon premier texte dans *IX photographes*. Il s'agissait d'un article consacré à Yves Guillot, intitulé "Les écueils du réel[4]". Je me souviens qu'il m'avait fallu une bonne semaine pour terminer ce texte qui ne devait faire, au final, qu'un feuillet. Chaque matin, rivé à mon Macintosh, je remettais l'ouvrage de la veille sur le métier, partagé entre la griserie de la trouvaille, du mot juste et la déception éprouvée en fin de journée à la relecture de ma nouvelle mouture. Mon envie d'écriture et ma passion pour le style étaient telles que je me suis senti parfois au bord de la crise de nerfs et définitivement vidé de toute énergie.

1. Dans les exemples récents, signalons l'exemplaire et si rafraîchissant ouvrage de Robert Adams, *Essai sur le beau en photographie*, Aperture, 1981 et 1989, éditions Fanlac, Périgueux, 1996, pour l'édition française.
2. Comme je le revendique dans l'introduction d'un catalogue de l'exposition "Foto Povera", publié aux éditions de la Maison de l'art et de la communication de Sallaumines en 2005.
3. J'emprunte cette expression à la revue de cinéma *Simulacres* (n° 2) qui avait consacré un numéro à ce sujet pendant l'hiver 2000, pour évoquer notamment la notion de "remake".
4. Editions du ministère de la Culture/Amboise, les éditions du Cygne, 1993.

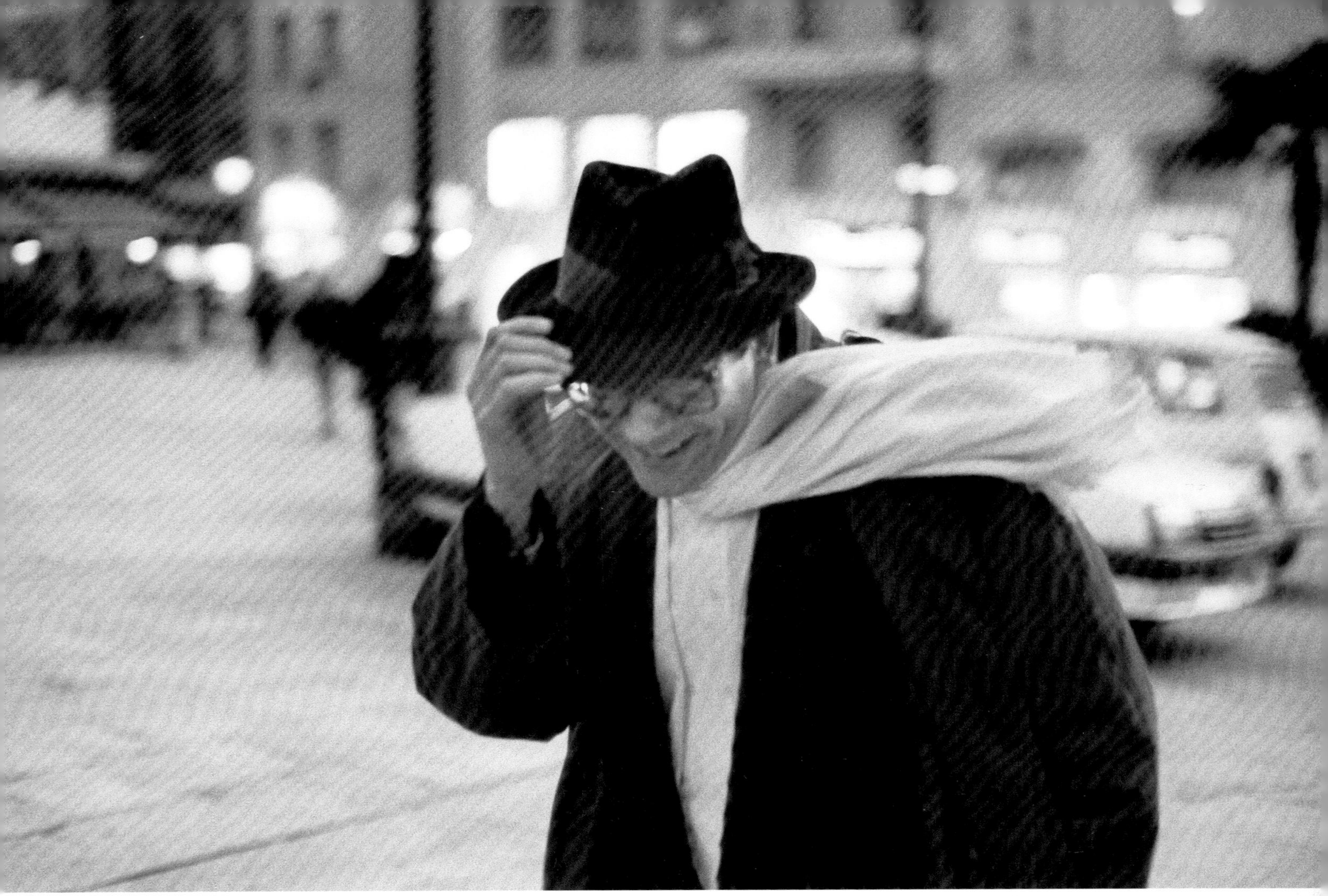

Bernard Plossu
Christian Gattinoni,
1988

Mes véritables débuts, je les ai faits au *Jardin des modes*, fin 1994, grâce à sa rédactrice en chef, Alice Morgaine, rencontrée pendant la soutenance de mon diplôme. Elle m'a conforté dans mon goût d'une expression précise et juste, convaincu de renoncer à tout verbiage au profit de la fluidité, de la clarté du propos. Une école de l'exigence stylistique, de l'honnêteté intellectuelle aussi. Mais surtout, cette revue "historique" n'était pas une revue comme les autres. Sous l'impulsion d'Alice, depuis les années 1980, elle proposait une passionnante plongée dans les arts visuels et décoratifs, abordant même les recherches vidéo les plus avant-gardistes. Une revue polyvalente, soucieuse de décloisonner les moyens d'expression, hélas disparue fin 1996. Puis, quelques années plus tard, la rencontre avec Bernard Plossu, photographe tellement marqué par les autres arts visuels, en particulier par le cinéma de la Nouvelle Vague. La découverte de sa correspondance avec tant de photographes, aux quatre coins du monde, a été pour moi décisive. Des échanges épistolaires, noués bien sûr avec ceux de sa génération (nés pendant ou au lendemain de la Seconde Guerre mondiale) ou des auteurs plus âgés, aussi avec les générations suivantes... Bernard ne cesse de prodiguer avec décontraction ses conseils aux plus jeunes. De leur prêter, en père spirituel bienveillant, des revues ou des ouvrages rares, de les inciter à se rencontrer lorsqu'il pressent chez eux des affinités possibles... Et mettre à l'occasion en abîme le regard de l'autre, avec une générosité amusée : Plossu a ainsi mis en boîte le visage de Marc Trivier dans sa propre *box*. S'est réjoui de m'envoyer pour ce texte un portrait de Christian Gattinoni décoiffé par le vent... Jeux de miroirs amicaux et ludiques.

De quoi est faite l'influence des artistes? Cette question m'a toujours passionné. *La Fabrique du Pré*[5] de Francis Ponge constitue selon moi une excellente réflexion là-dessus, sous la forme d'une mise en pratique de la fabrique du créateur : le poète a proposé plusieurs versions possibles du même texte, ainsi que toutes ses sources d'inspiration, les plus inattendues parfois : photos, dessins, partitions musicales, etc., qui remplissent les trois quarts de l'ouvrage alors que seulement quelques pages, imprimées dans un papier de couleur différente, proposent à la fin du volume plusieurs versions possibles du poème "Le Pré".

Je me permets, pour illustrer mon propos, de citer les premières lignes d'un article récent où j'évoque les rapports entre la photographie et le cinéma :

"L'influence du cinéma sur la photographie a souvent été sous-estimée sinon carrément passée sous silence. Celle-ci est pourtant évidente et capitale à partir des décennies 1960 et 1970. Car cette période fut celle de la diffusion massive des films – y compris et peut-être surtout de ceux à petits budgets, des films B aux films Z – grâce à la télévision et à la démocratisation du marché vidéo. Pour une jeune génération d'auteurs, l'image cathodique a de toute évidence joué un rôle important dans l'élaboration de leur imaginaire, construisant une mémoire visuelle et affective originale, fondée pour partie sur des stéréotypes et figures archétypales (*slasher killers*, vampires, loups-garous et autres monstres). Ce brassage singulier, apparemment chaotique et décousu, communément qualifié depuis l'invention de la télécommande, au sens propre comme figuré de «zapping», a parfois généré une mémoire composite, synthétique dans tous les sens du terme (à la fois artificielle et compilation de références), où l'esprit critique et l'ironie sont loin d'être exclus[6]."

J'avais déjà abordé cette question dans un article sur Joel-Peter Witkin, quelques années plus tôt. En voici un court extrait :

"Si le daguerréotype a servi de matrice, bien d'autres strates se sont superposées, ou plus précisément enchâssées sur la première strate référentielle. L'art du décalage cultivé par Witkin se traduit dans cette œuvre gigogne par un glissement constant de la citation vers la distorsion[7]."

Poreuse, l'image s'imprègne du monde et nous traverse (ou est-ce nous qui la traversons?). Portée, déclenchée par les mots parfois, quand ceux-ci ne s'appuient pas sur elle. L'activité d'un artiste, comme celle d'un critique ou d'un écrivain, est comparable à celle d'un laboratoire ou encore d'une fabrique où sont digérés, recyclés, distordus, tous les moyens d'expressions et influences multiples, des plus évidentes aux plus inattendues, souvent sinon presque toujours, indirectes. Ce processus complexe me fascine plus que jamais. Mon laboratoire personnel s'est mis en place dès mes années de scolarité à l'ENP ; sans doute existait-il déjà, mais j'ai pris conscience de cela pendant cette période, grâce à mes professeurs, et en particulier Christian Gattinoni. Je conseille, à mon tour, aux prochaines promotions de l'ENSP, de cultiver cet heureux mélange des genres et des sens jusqu'au vertige, sans jamais accepter la censure ou l'autocensure.

---

5. Francis Ponge, *La Fabrique du Pré*, Skira, Paris, 1971.
6. "Ces photographes qui font leur cinéma...", *Réponses Photo*, hors série n° 1, automne-hiver 2004, p. 134.
7. "*Le studio de Winter* par J.-P. Witkin : citations et distorsions d'un remake photographique", *Correspondances*, n° 9, année 2000/2001, p. 15.

PROFESSION WEB REPORTER

Claude Vittiglio
Responsable du site web "Cités du monde" de TV5

Né en 1960 à Marseille, ***Claude Vittiglio*** *suit des études en histoire de l'art tout en pratiquant assidûment la musique. Il entre à l'Ecole nationale de la photographie et multiplie les activités en free-lance : photographe pour les secteurs privé (photographie d'architecture) et public (musées de Marseille), assistant pour l'agence Magnum. Il s'établit à Paris pour travailler à la Mission du patrimoine photographique au ministère de la Culture. Il y gère de nombreuses collections acquises par l'Etat (Studio Harcourt, François Kollar, Sam Lévin...) et développe les capacités d'acquisition et de diffusion. Polyvalent, il assure la conservation des fonds, leur commercialisation et leur valorisation par le biais d'ouvrages de librairie et d'expositions au palais de Tokyo, puis à l'hôtel de Sully, espaces dont il a la responsabilité muséographique. Il écrit pour des monographies (René-Jacques, Marcel Bovis, Daniel Boudinet...), pour des revues spécialisées ainsi que pour de jeunes photographes indépendants. En 1999, il décide de s'initier aux nouvelles technologies en suivant une formation de concepteur-réalisateur multimédia. Ses nouvelles compétences lui permettent d'intégrer le service interactivité de la chaîne TV5 où il retrouve la production audiovisuelle en devenant journaliste multimédia. Eclectique, il se plaît à utiliser photographie, son, vidéo et texte lors de reportages au long cours qui confortent son credo : la primauté des contenus sur la forme.*

A la fin des années 1990, le développement des nouvelles technologies en matière de communication et de diffusion de l'information *via* le web a fait éclore de nouveaux métiers, notamment dans la production de contenus multimédias. Les "JRI" (journaliste reporter d'images), *web-trotters* ou encore *web-reporters* – autant de vocables pour des profils aux compétences et objectifs variables – ont fait, depuis, l'objet d'une professionnalisation tout en demeurant une corporation floue dont les lettres de noblesse sont tributaires plus qu'ailleurs de la fiabilité du support. Car internet a bouleversé le menu des consommateurs en leur offrant un festin planétaire où se mêlent le pire et le meilleur. Il est donc capital pour ces journalistes d'un nouveau genre d'avoir comme fil rouge la valeur du propos et comme leitmotiv la formule selon laquelle les histoires n'arrivent qu'à ceux qui savent les raconter.
Sur le départ pour un reportage, ma barque n'est parée que du nécessaire. Régulièrement je me prépare devant mon équipement comme un prêtre se concentre devant sa chasuble et ses ornements liturgiques, afin d'évaluer quel sera le meilleur viatique pour revenir de loin ou convaincre beaucoup. Ma foi s'arrête cependant en l'homme et à sa prédisposition heureuse à répondre aux sollicitations des médias.

J'ai aussi la chance de maîtriser un peu ma destinée en matière d'investigation et de charges. Je passe le plus clair de mon temps à aller vers les uns et les autres, ceux qui me semblent être les parlants reflets de leur environnement, de pertinents commentateurs, de nobles vieillards, de séduisantes jeunes femmes ou simplement de braves gens. J'essaie de tirer le plus possible de ces entretiens en jaugeant au premier coup d'œil quel miel je vais pouvoir faire de tel propos, de tel visage ou de tel décor. La sincérité ne se mesure pourtant pas à la durée de la rencontre. Je ne mens ni ne vole, j'écoute et je vois, je suis à l'affût plutôt qu'en embuscade. Je collecte et accumule, me faisant parfois violence pour rester dans une neutralité utopique et fuir un ethnocentrisme intempestif que quelques décennies ont imprimé en moi malgré des actes de résistance périodiques. Car apprendre, c'est aussi désapprendre.

"Atteindre le progrès c'est accéder à la vitesse", disaient les chantres de la modernité de l'entre-deux-guerres. J'y ajouterais la légèreté car je constate au retour, avec une grande satisfaction, que mon équipage n'est alourdi que par le poids de ces rencontres sans lendemain. Toute une vie remue au fond de mes mémoires, c'est mon appareil qui le dit.
Je dresse donc depuis quelques années les "portraits multimédias" de grandes villes du monde[1]. J'ai pour mission de capter ce qui fait le sel de cultures qui me sont souvent étrangères. Je tente pour chaque destination de recouvrer une virginité des sens mais je constate des similitudes troublantes entre des scènes aux exotismes apparemment incompatibles, des lieux aux antipodes et des personnages toujours uniques. Nous vivons en effet une époque paradoxale où le monde n'a jamais paru aussi accessible dans ses plus

1. http://www.cites.tv

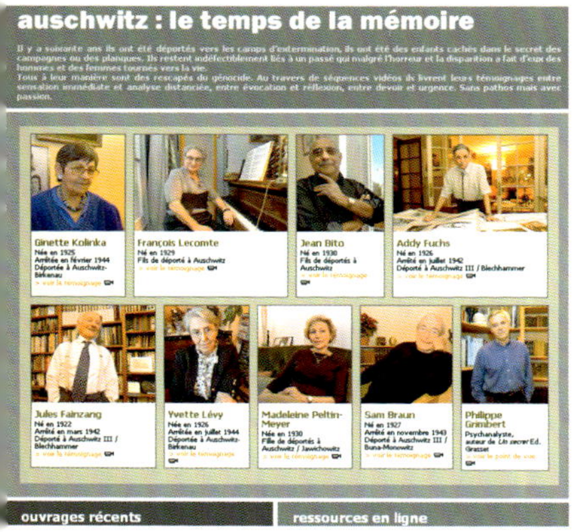

Claude Vittiglio
Page d'accueil du reportage vidéo en ligne "Auschwitz, le temps de la mémoire"

lointains confins tout en restant réfractaire à la compréhension individuelle. Qui ne s'est jamais senti à jamais étranger dans une ville présentant apparemment tous les signes de la familiarité ? Seraient-ce les effets insidieux d'une mondialisation qui nous signifierait un chez-nous partout alors que le chez-soi n'est nulle part ? Les pistes du voyage sont souvent brouillées par des ornières de préjugés, des talus de clichés et des culs-de-sac d'incompréhension. En réalité il ne s'agit plus de saisir à tout prix les profondeurs subtiles des différentes cultures, mais plutôt de garder une juste distance entre ce que nous sommes dans un nouveau contexte et ce que nous pensons être aux yeux de l'autre.

La ville a le pouvoir de présenter un condensé saisissant, violent parfois, d'un pays tout entier. Minorités ethniques, groupes cultuels, folklores, traditions, pratiques, tendances et profils socio-économiques divers jusque dans les disparités les plus extrêmes s'y croisent sans se voir, se frôlent sans se toucher, s'affrontent parfois ou bien au contraire tendent à fusionner dans une reconnaissance mutuelle. Le vrai exotisme est là, au coin de la rue, en plein *downtown*, sur les discrètes rides d'un visage ou dans les accents d'une mélopée ténue tenant tête aux clameurs des foules laborieuses...

Impossible pourtant d'être blasé lorsque l'on est un journaliste multimédia tout jeune. Relativement, bien sûr, au regard d'une profession prématurée, sortie en force du grand maelström des nouvelles technologies et souvent, mais pas toujours, tenue sur les fonts baptismaux des institutions ou des grands organes de presse.

Je consomme les médias comme un goinfre qui n'aurait jamais de crise de foi(e) : la bulle web a ceci de bon qu'elle permet, même après le plus calamiteux des gavages, une digestion par régurgitation. Il y a un grand plaisir, lorsque l'on se situe du côté de la production, à travailler à la fois pour l'instant et la pérennité. L'internet a comme spécificité de procurer un accès immédiat aux sources, propice aux flux tendus de l'actualité, tout en ménageant un mode de consultation à discrétion, à la manière d'un livre perpétuellement ouvert pour autant de niveaux de lectures. La finalité du support permet au producteur de contenus de s'affranchir de la surenchère médiatique liée à certains événements.

La commémoration de la libération d'Auschwitz le 27 janvier 2005[2] en offre un exemple : des témoignages vidéo, dont la mise en ligne a pourtant coïncidé avec la date clé, ont été conçus pour une consultation en différé, selon les disponibilités des internautes – téléspectateurs, auditeurs et lecteurs par ailleurs – saturés par une convergence des médias traditionnels. Il y a là une énorme avancée, à la fois pour véhiculer et rendre ses lettres de noblesse à l'information qui pâtit souvent de l'urgence et de la compétition. Il y a là enfin de quoi voir les prémisses d'une bibliothèque virtuelle idéale pour un avenir encyclopédique.

2. http://www.tv5.org/auschwitz

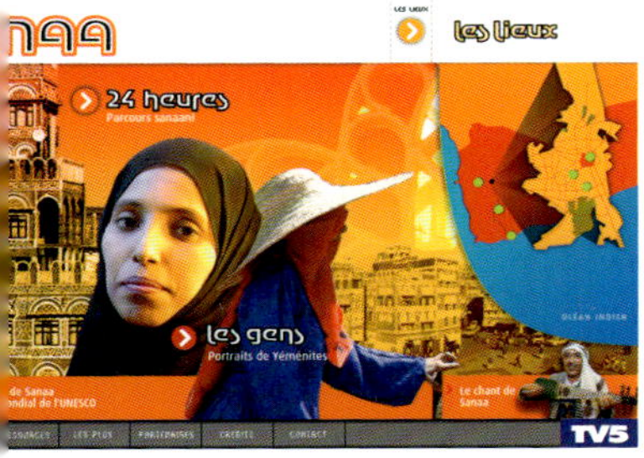

Claude Vittiglio
Page d'accueil du site "24 heures à Sanaa"

Que vienne le son

Les sociétés dont la culture se fonde ou épouse tant bien que mal les valeurs du modèle occidental tendent à utiliser avant tout les images pour propager un certain nombre de messages. Qu'il s'agisse d'information ou de consommation, le flot incessant d'images de toutes formes et de toutes provenances impose ou distille à ses spectateurs des exemples dont il leur est de plus en plus difficile de s'affranchir mentalement. La passivité du public devant ce qu'il faut bien appeler un anti-spectacle, à savoir le dispositif de perpétuelle autocitation et de mise en abîme des signes, n'est pas seule en cause. C'est que l'illusion a pris le pas sur le libre arbitre et que personne ne peut fondamentalement être taxé de malhonnêteté intellectuelle lorsqu'il s'agit de donner un avis péremptoire sur une question de société. Les têtes bien pleines se perdent en déductions oiseuses et seules les têtes bien faites ont la connaissance ou l'intuition qu'il existe un envers du décor.

Depuis un millénaire, les images sont au pinacle des médias en ce qui concerne l'édification des foules. La pédagogie non verbale est longtemps passée par l'icône et cela continue aujourd'hui malgré les alternatives produites par la technologie et le rôle joué par la psychologie à l'époque moderne dans l'acquisition des connaissances. Que se passe-t-il lorsque l'image dérange ou désoriente? Le spectateur peut instinctivement piocher dans un catalogue de références personnelles afin d'y trouver le sens et les justifications de ses interrogations ou de son émoi. Car l'image rassure, elle contient et décline les symboles qui permettent de tisser les liens nécessaires à la dédramatisation, le refoulement ou l'oubli.

Le son, lui, interpelle ou inquiète. Orson Welles l'avait compris et avait magistralement utilisé sa puissance d'évocation dans un effarant canular radiophonique[3]. Sans doute parce que ses référents résistent mieux à la mise en boîte du sens et à l'étiquette de la raison, le son favorise le travail de l'imaginaire, à l'instar de ces films où les bruits précèdent et annoncent une action imminente. C'est au moment où l'image surgit enfin que la scène prend toute sa justification en répondant aux interrogations du spectateur. L'image fixe, le son déplace.

Il n'est pas question de hiérarchiser les médias mais lorsqu'il faut rendre compte de faits, la simplicité reste une vertu. Le son a une capacité à dire l'évidence, il entraîne l'oreille vers l'essentiel, la présence et l'instant, en un mot la vie. Les pratiques restent pour moi complémentaires et on ne jugera pas ici si de bonnes photographies valent mieux qu'une mauvaise vidéo ou si un rédactionnel épaule l'image plus efficacement que l'inverse. Disons que si le résultat du sens l'emporte sur la forme, la photographie est un média parmi d'autres, ni plus judicieux, ni moins convenable : un média moyen, au risque du pléonasme.

3. Une adaptation du roman de H. G. Wells, *La Guerre des mondes*, qui avait créé une panique générale aux USA le 30 octobre 1938.

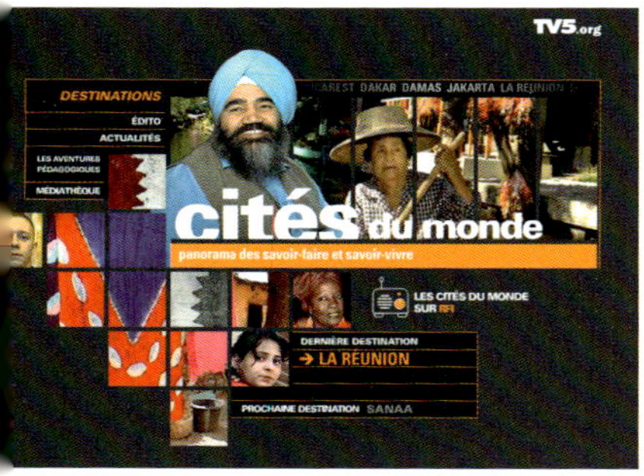

Claude Vittiglio
Page d'accueil du site "Cités du monde"

Photographe ou pas

Si être photographe, c'est travailler sans relâche sur le même motif, jusqu'à l'obsession ou le trouble, sonder le quotidien de profonds questionnements ou alors suivre le fil d'une intrigue qui mène du désir jusqu'au projet abouti, je ne le suis pas assurément. Si être photographe, c'est produire des images de manière récurrente, en un espace-temps régi par des impératifs de commande, et donner à voir selon un mode de diffusion accessible à tous, alors je le suis pleinement. Je suis en tous cas un professionnel de l'image, si l'on considère *a minima* la part que la production de cette dernière occupe dans ma vie et le soutien financier qu'elle me procure, ce qui est loin d'être une évidence aujourd'hui pour nombre de coreligionnaires.

Photographe par défaut ou par la force des événements. Il y a une certaine étrangeté à n'être en définitive que ce que l'on est dans le regard des autres, et à ne plus être une chose ou quelqu'un au seul motif qu'on se sent l'être. Sans doute au fil du temps suis-je devenu un chasseur d'images en même temps qu'un chasseur de déprimes, rompu aux exercices les plus divers, aux situations les plus extraordinairement banales ou les plus banalement extraordinaires, mais abordées avec un enthousiasme juvénile et une conviction de compagnon du tour du monde.

C'est que depuis les années de formation, faites d'influences, d'emprunts esthétiques, de vols stylistiques, d'introspection et d'impudeur, d'hésitations suivies de certitudes, puis de doutes encore, un autre monde est passé, celui qui appartient à ceux qui se lèvent tôt. Nul n'est besoin de raviver des mémoires de chrysalides estudiantines bien au chaud dans leurs cocons de soie. Un temps où la *finis terrae* arlésienne s'étendait du cirque à l'amphithéâtre. Une époque où il suffisait, pour se sentir créatif, de convaincre ou d'avoir la caution d'une poignée de "séminaristes" tous acquis à la cause commune de la gent d'images. Un vase clos ô combien formateur par son exceptionnelle densité mais aussi un prisme déformant rappelant l'anecdote du fou sortant une tête de l'asile et demandant au premier passant venu s'ils sont nombreux là-dedans.

Qu'il est bon d'être sans états d'âme, une rétine accompagnée d'un peu de cœur, de se satisfaire de conter des histoires, de pressentir simplement les contours d'une brèche artistique aux abords d'une prise de vues, de miser sur le détail plutôt que sur l'ensemble, sur l'instant plutôt que sur l'histoire et de croire que la qualité sera un jour au rendez-vous de ceux qui voudront bien l'apprécier ou, mieux, y déceler une quelconque force. Bref, de croire que de bons samaritains ou des critiques inspirés finiront un jour par murmurer qu'il est une œuvre dans ce fatras.

d'un moment à l'autre | 20 ans après

Stanislas Amand
Alexa Brunet
Erik Bullot
François Burgun
Daniel Challe
Nicolas Chesnais
Amaury Da Cunha
Monique Deregibus
Maitetxu Etcheverria
Pierre Faure
Anne Favret
Jean-Baptiste Ganne
Arno Gisinger
Valérie Jouve
Andréa Keen
Mireille Loup
Patrick Manez
Olivier Metzger
David Mozziconnacci
Jürgen Nefzger
Mathieu Pernot
Gaël Pollin
Antonin Potoski
David Rosenfeld
Lukas Roth
Bruno Serralongue
Florence Vialettes

"D'UN MOMENT A L'AUTRE",

Exposition à l'abbaye de Montmajour, Rencontres d'Arles 2005

Du 4 juillet au 29 août 2005

Laetitia Talbot est commissaire d'exposition indépendante.
Elle a exercé ses activités à New York (French Institute) entre 1984 et 1989, dirigé la galerie "La Box" de Bourges entre 1992 et 1995 et organisé localement plusieurs opérations hors les murs, puis, à l'Ecole nationale supérieure d'art de Nancy, réalisé diverses expositions et une importante commande publique – "Passionnément" de Piotr Kowalki – en collaboration avec le Centre européen de formation au verre (CERFAV), coordonné plusieurs colloques et développé des collaborations avec des institutions italiennes (Palazzo delle Papesse de Sienne, galeries romaines, telles "Volume" et la Villa Médicis). Dans ces différents contextes, elle a notamment travaillé avec les artistes suivants : Valérie Favre, Jiro Nakayama, Mathieu Mercier, Saâdane Afif, Anne Ferrer, Bernard Plossu, Natacha Lesueur, François Morellet, Jean-Pierre Bertrand, Louise Bourgeois, Tacita Dean, Mélik Ohanian , Pierrick Sorin, Bertrand Gadenne, Alain Fleischer, Piotr Kowalski, Peter Campus, Thibaut Cuisset, Muntadas, Pierre Alechinsky, les artistes contemporains ayant produit des œuvres à la Manufacture de Sèvres, Tom Shannon, etc.

"D'un moment à l'autre", pour marquer le passage du temps, soit vingt années entre le moment où, à Arles, au printemps 1985, la première promotion sortait de l'Ecole nationale supérieure de la photographie et cet été 2005 au cours duquel, dans le cadre des "Rencontres", une exposition présentait à l'Abbaye de Montmajour les œuvres photographiques d'un certain nombre de ces mêmes étudiants dont tous avaient, chacun pour sa part, perdu ce statut à des dates variables. Vingt années au cours desquelles, au début du mois de juin, un nouveau groupe d'une vingtaine de jeunes gens quittait l'Ecole pour aller, en France et à l'étranger, mobiliser son savoir au service de la production et de la diffusion des images photographiques.

L'exposition voulait rendre compte non de tout ce qui a été permis grâce à la formation dispensée au cours de ces deux décennies – la tâche aurait été impossible et le résultat sans doute fastidieux – mais elle entendait montrer, à partir d'une sélection significative, la diversité des approches photographiques conquise à partir d'une même matrice suffisamment généreuse pour donner en fin de compte à chacun les moyens de son ambition propre, laissant simultanément ouvert l'accès aux options et aux pratiques les plus variées.

C'est ainsi que, grâce aux images proposées par ces vingt-sept photographes et vidéastes (car la vidéo, dans l'exposition comme dans l'Ecole, avait droit de cité), on passait d'un pays à l'autre, du centre des villes à leurs confins, d'un regard sociologique à un point de vue politique, du portrait au paysage, de la méditation à la narration, sans compter tous les registres intermédiaires, le brouillage des frontières et des catégories en quoi réside un des attributs permanents de la photographie. On pouvait constater au passage que l'irrésistible poussée du numérique n'a pas écrasé l'argentique mais constater également que, quelle qu'ait été la technique choisie, la possibilité d'un recours à la fragmentation et à la recomposition digitale introduisait une donnée supplémentaire ; en face de chaque objet offert proposé aux "regardeurs", sa mise en jeu sous forme interrogative était inévitable.

Ces questions, qui participent aujourd'hui à la construction de toute pratique photographique et de toute réflexion à son sujet, étaient perceptibles de mille manières dans les œuvres présentées. Simultanément, elles traversent et animent l'Ecole qui a formé leurs auteurs.

A ce propos et en contrepoint de ce qui vient d'être dit, face à ce déploiement d'images produites par des auteurs dont la qualité d'ancien élève de l'ENSP constituait le premier critère de sélection, il était difficile de ne pas être sensible à l'existence d'un fil subtil et ténu reliant les unes aux autres des façons de faire, de regarder et de dialoguer avec le monde. Cet aveu n'est pas sans risque dans la mesure où les accusations de formatage, non sans quelque raison d'ailleurs, sont toujours imputées à crime aux institutions d'enseignement artistique ; il est vrai qu'elles présentent l'avantage de fournir un argument critique de poids à ceux qui refusent de regarder avec attention et préfèrent les affirmations péremptoires à une pensée dont la profondeur n'est pas nécessairement exempte de légèreté. A bonne distance de ces attitudes, l'inventaire de ce qui donne substance et qualité à ce qu'on hésite – là aussi très légitimement – à identifier comme un style, mérite d'être engagé. Ce n'est pas le moindre bénéfice de cet anniversaire que d'avoir ainsi mis en évidence un axe de recherche qu'à travers expositions futures et textes à venir, l'Ecole nationale supérieure de la photographie, au fil de confrontations voulues et assumées, pour s'en déprendre ou pour le confirmer, explorera ouvertement comme elle a accepté, à l'occasion de l'exposition présentée à Montmajour, de montrer ce qu'elle revendiquait comme sien.

Les photographes présentés dans le cadre de l'exposition "D'un moment à l'autre" étaient les suivants : Stanislas Amand, Erik Bullot, Alexa Brunet, François Burgun, Daniel Challe, Nikola Chesnais, Amaury Da Cunha, Monique Deregibus, Maitetxu Etcheverria, Pierre Faure, Anne Favret, Jean-Baptiste Ganne, Arno Gisinger, Valérie Jouve, Andréa Keen, Mireille Loup, Patrick Manez, Olivier Metzger, David Mozziconacci, Juergen Nefzger, Mathieu Pernot, Gaël Pollin, Antonin Potoski, David Rosenfeld, Lukas Roth, Bruno Serralongue, Florence Vialettes.

L'exposition "D'un moment à l'autre" a été organisée et mise en espace par Laetitia Talbot. Elle a été produite par les Rencontres d'Arles et l'Ecole nationale supérieure de la photographie avec le soutien du Jeu de Paume et de la Fondation nationale des arts graphiques et plastiques, de Monum, ainsi que du laboratoire Dupon.

PORTFOLIO

Tadashi Ono

Edith Roux

David Huguenin

Anna Malagrida

Tadashi Ono

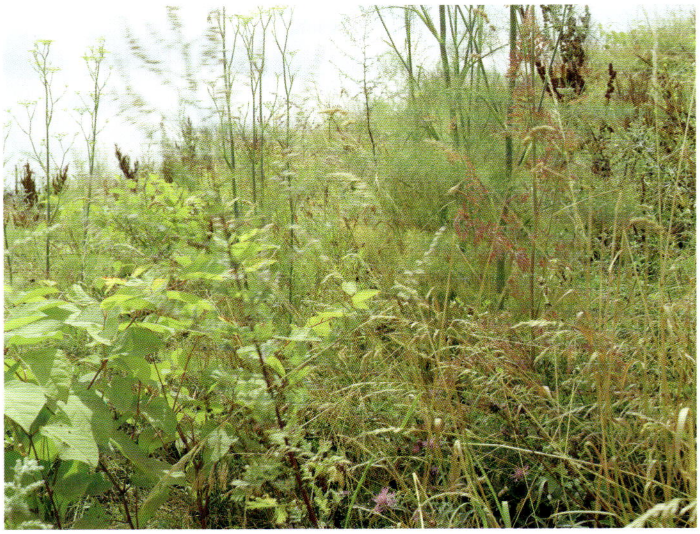

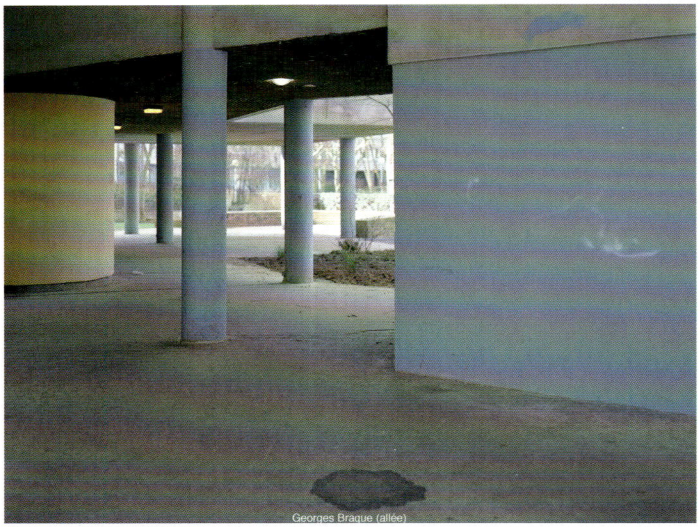

1. *Fieldwork from Periphery*/Study for a garden – Paris 2004, format variable, tirage numérique
2. *Fieldwork from Periphery*/Street – Paris 2004, format variable, tirage numérique

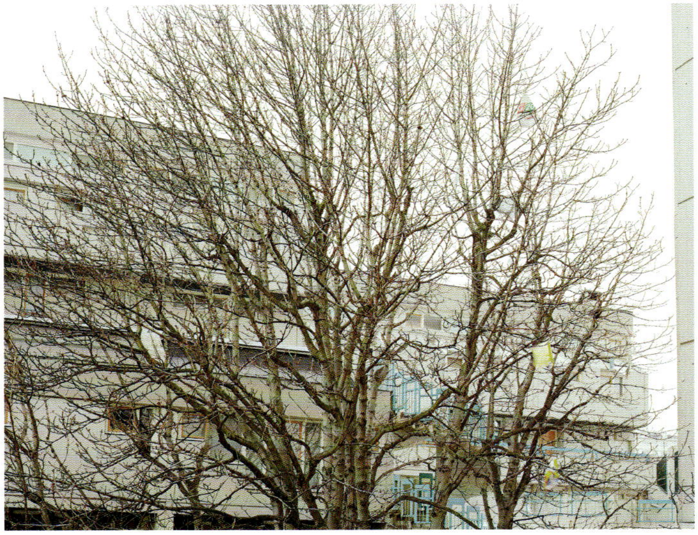

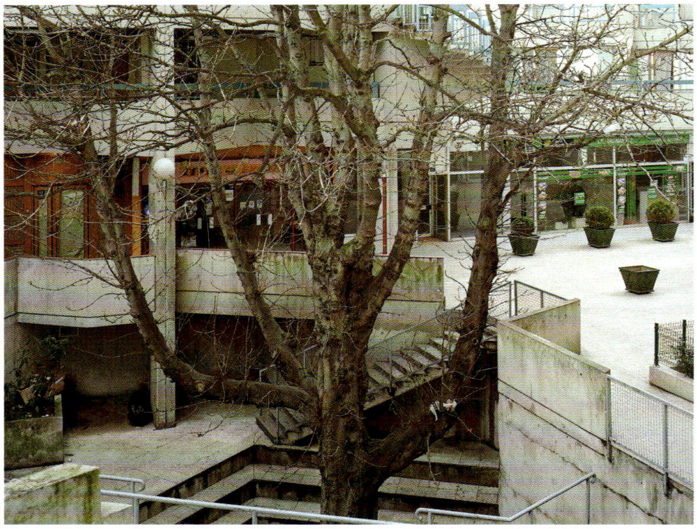

3. *Fieldwork from Periphery*/Study of tree – Horse chestnut – Paris 2004, format variable, tirage numérique

Né en 1960 à Tokyo, **Tadashi Ono** *vit et travaille à Bagnolet. Après des études universitaires de sylviculture et d'écologie, il sort diplômé de l'ENSP en 1991. Tout en continuant son travail personnel, il développe sa carrière de photographe d'illustration dans le domaine de l'édition et de la publicité. Il a été également journaliste-correspondant de la revue japonaise* Nippon Camera *et réalisé de nombreuses interventions en milieu scolaire dans la région parisienne. Actuellement, il enseigne dans une école préparatoire aux écoles supérieures d'art.*
Son travail photographique débute avec la série "Transposition" (1990-1992), une reproduction minutieuse des surfaces de verre, suivi de "Two Albums of Egypte" (1992-1994), deux séries de paysages qui cherchent à traduire la réalité d'un pays couvert de clichés tout en évoquant les images du temps des pionniers.
Dans la série "Street" (1996-1999), il reprend le style de l'image de la rue parisienne élaboré un siècle auparavant, et la transpose au contexte contemporain, notamment à la population immigrée et à son histoire. Cette série fait pendant à la série "Museum" (1997-2000), un essai sur le lieu où la culture et le commerce se confondent.
Dans le travail récent "Fieldwork from Periphery" (2002-2005), il poursuit son enquête sur la représentation du territoire périphérique parisien à travers quatre séries d'images : rues qui ont des noms de grands peintres/études d'arbre dans des cités/vues de la tour Eiffel/friches.

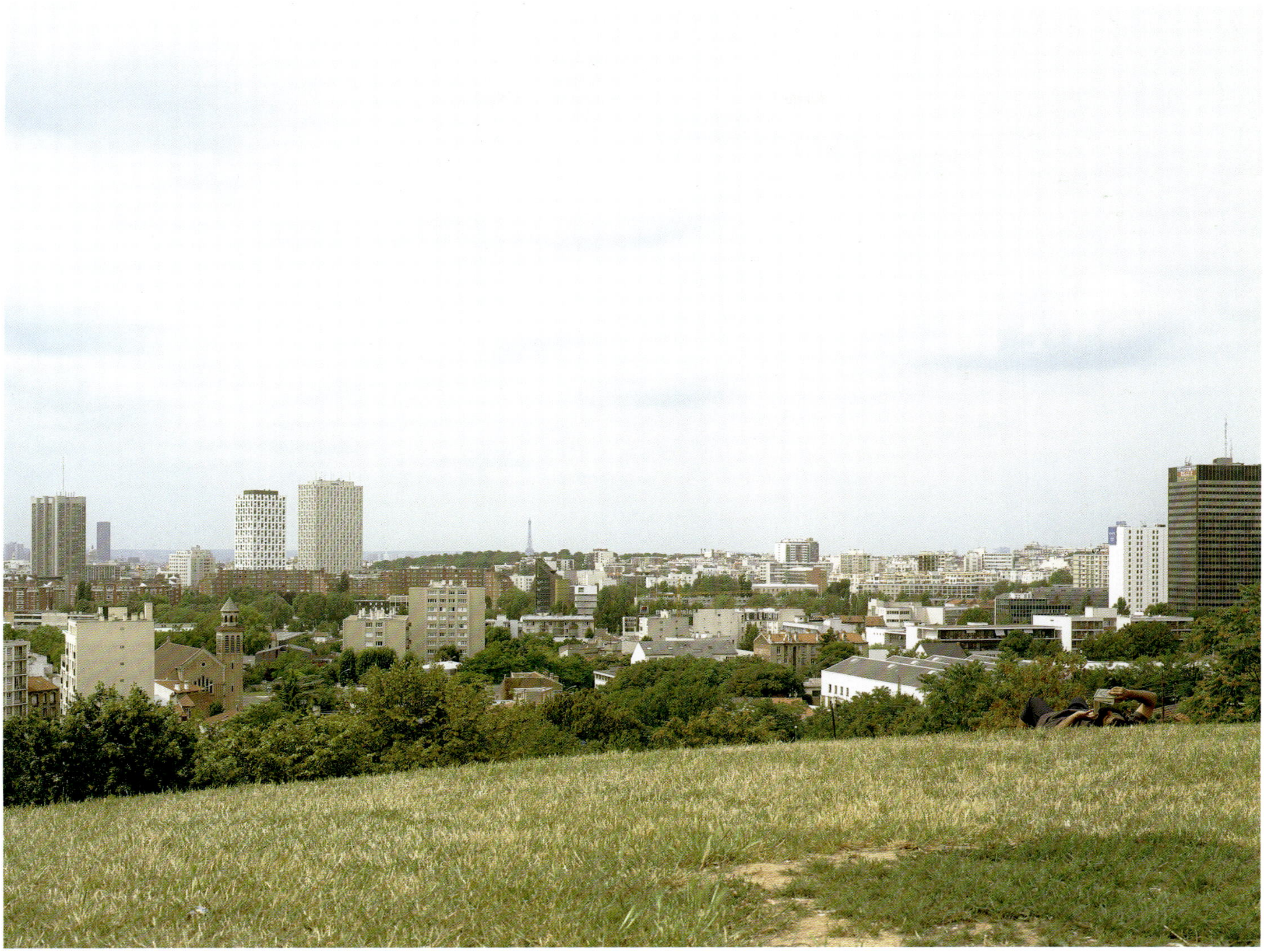

4. *Fieldwork from Periphery*/View (with the tower) – *Reader of the Koran* – Paris 2004, format variable, tirage numérique

Edith Roux

Après des études d'histoire de l'art aux Etats-Unis (Emory University, Atlanta), ***Edith Roux*** *entre à l'ENSP et en sort diplômée en 1993. Elle vit à Paris et, parallèlement à son activité dans le cinéma, développe un travail personnel alliant photographie, multimédia et vidéo. A partir d'éléments documentaires, elle compose un univers visuel qui interroge la société contemporaine. De 1997 à 2000, elle parcourt l'Europe et explore les zones périurbaines de grandes métropoles, ce qui donne lieu à "Euroland". En 1999, elle réalise une série de paysages en Alsace commanditée par la DRAC Alsace, La Filature et le ministère de l'Agriculture. La série "Les Médusés" est réalisée à Paris en 2000. Elle obtient une bourse du Fiacre qui l'amène à Shanghai en 2002. Ce voyage donne naissance à "Dreamscape" (frise de photographies tirées sur bâche) et "Underscape" (quatre DVD interactifs réalisés à partir d'images prises dans le métro). En 2004, elle publie aux éditions Images en Manœuvre le livre* Dreamscape*, accompagné d'un texte de Paul Ardenne, et l'année suivante* Euroland *aux éditions Sujet/Objet, Jean-Michel Place (textes de Gilles Clément et Guy Tortosa). En 2005, elle reçoit la bourse Villa Médicis Hors les Murs pour les Etats-Unis.*

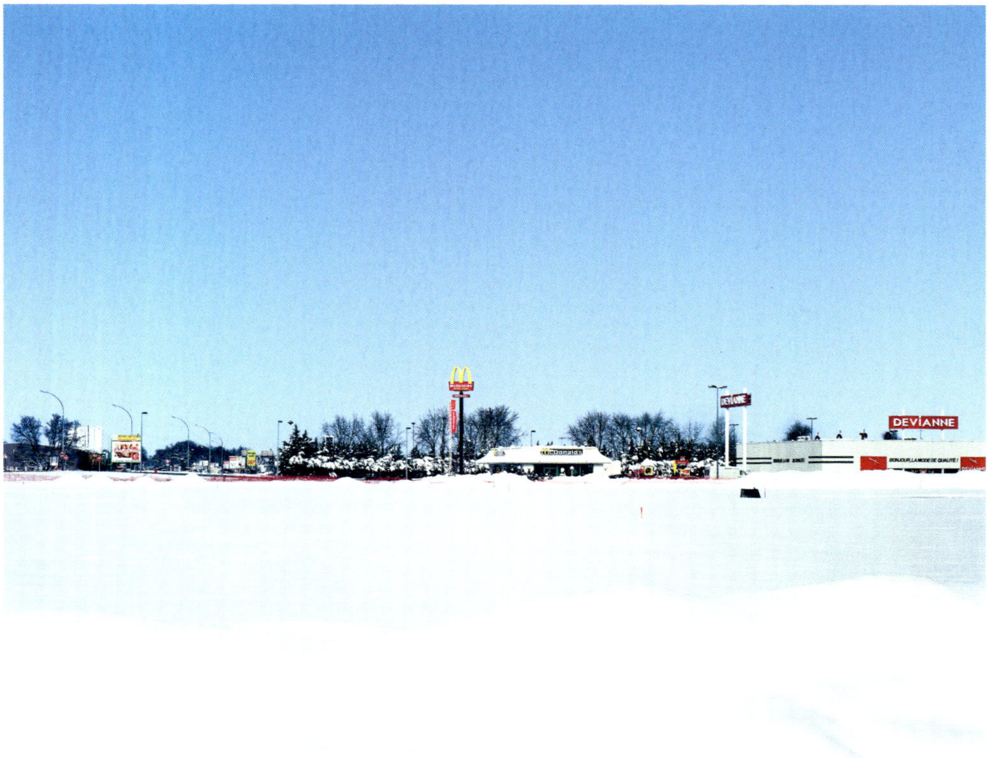

Sans titre, 1999, tirage lambda, 100 x 120 cm

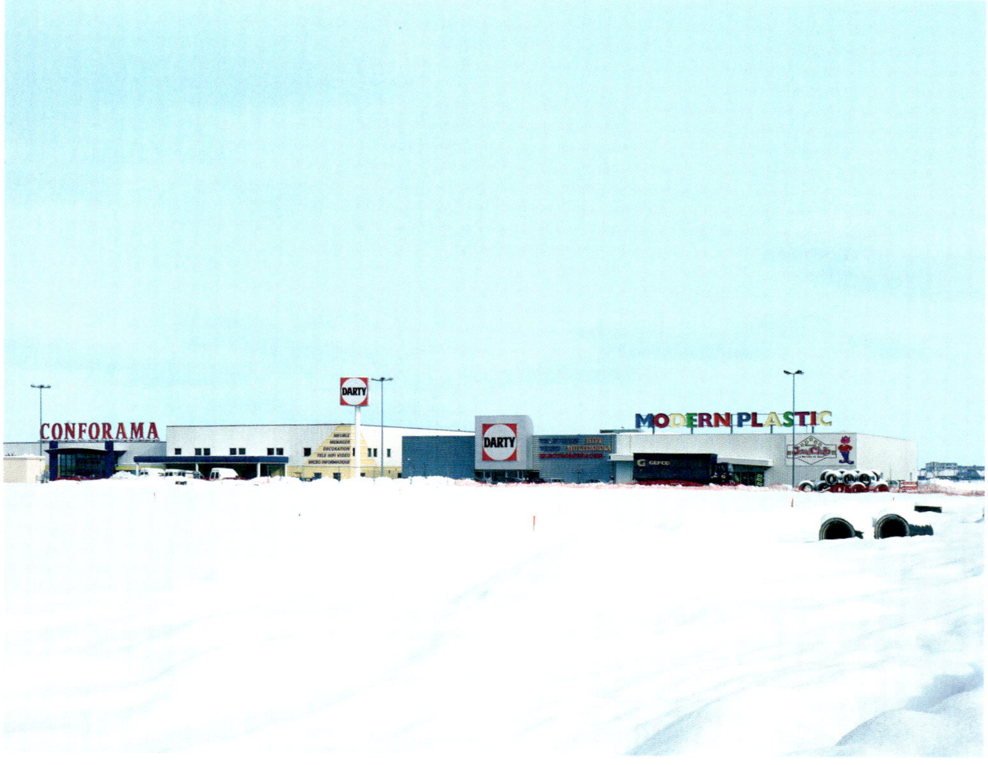

Sans titre, 1999, tirage lambda, 100 x 120 cm

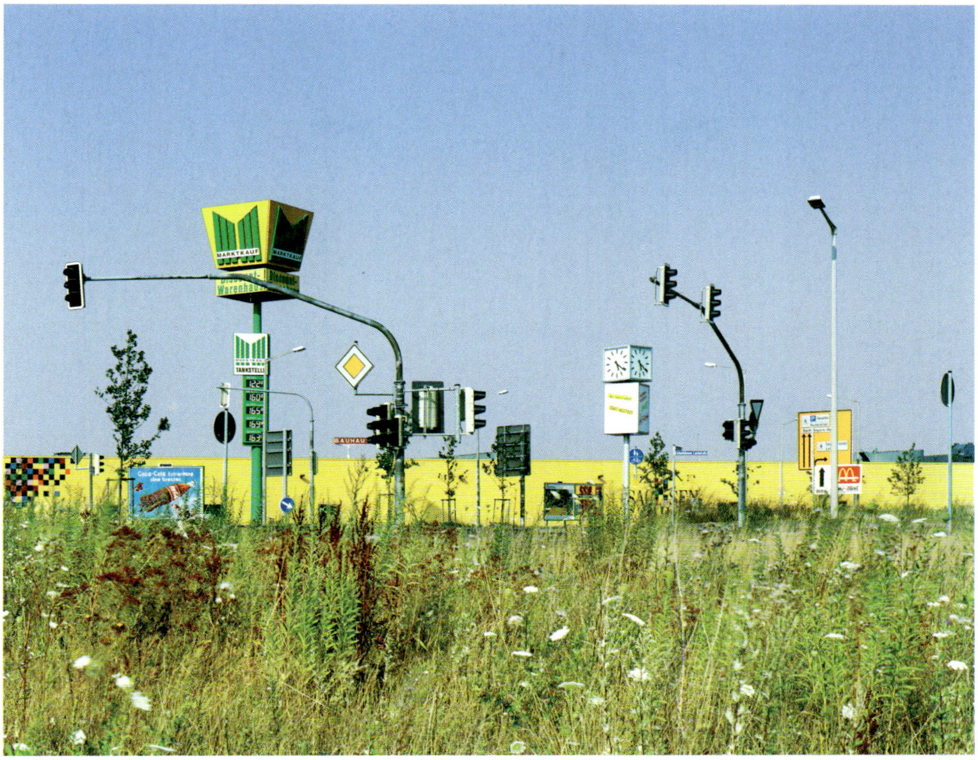

Sans titre, série “Euroland”, 2000, tirage lambda, 100 x 120 cm

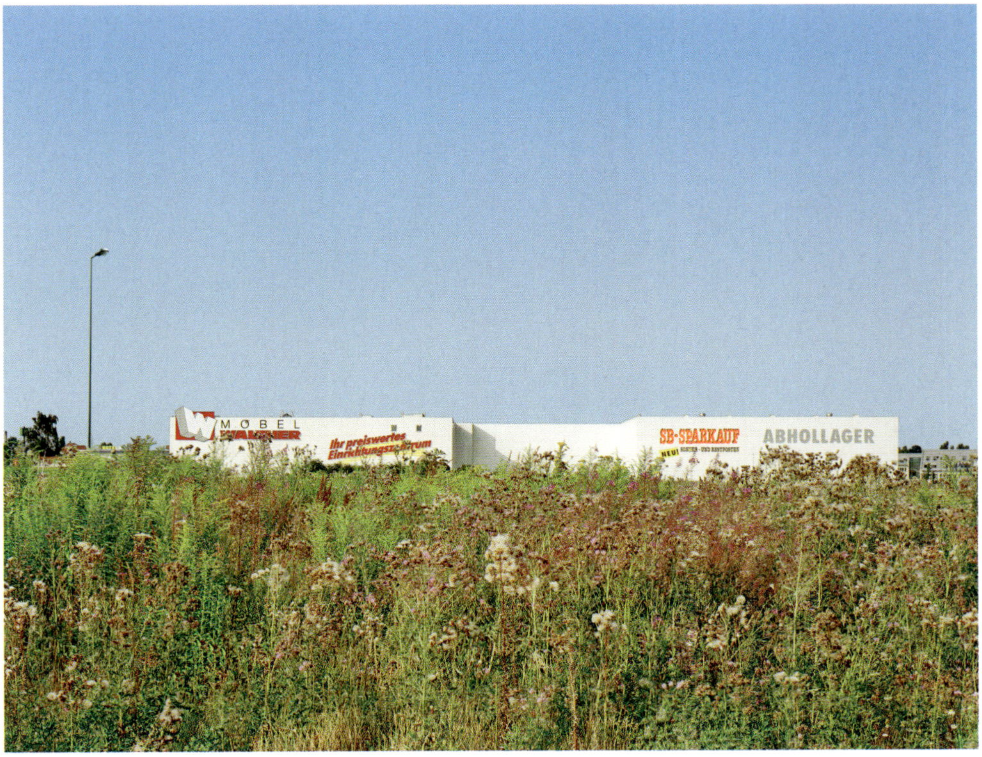

Sans titre, série “Euroland”, 2000, tirage lambda, 100 x 120 cm

David Huguenin

***David Huguenin** est né en 1971 à Genève. Diplômé de l'Ecole nationale supérieure de la photographie en 1996, il partage son activité entre des commandes publiques et le développement d'un travail personnel. Entre 1997 et 2000, il collabore à l'Observatoire photographique du paysage sur le mont Ventoux. De 1998 à 1999, une mission auprès du CNRS l'intègre aux recherches du Centre franco-égyptien d'études des temples de Karnak. En produisant une série photographique comparative des temples de Karnak entre le XIXe (à partir du fonds A. Beato) et le XXe siècle, il témoigne des transformations d'un haut lieu archéologique. Habitant désormais dans la région de Sète, il travaille pour divers lieux d'art contemporain (le Carré d'Art à Nîmes ; le MOMA de San Francisco…), participe régulièrement à des projets liés à l'architecture (publications, jury, expositions…) et à caractères historique et ethnologique, notamment, en 2005 au Museon Arlaten (Arles), l'exposition "Restaurer la montagne", d'après les fonds photographiques des Eaux et Forêts au XIXe siècle, ou encore pédagogique, comme le projet d'exposition entre Bob Wilson et l'ENSP. Son travail personnel, orienté vers l'architecture et le paysage, puis l'observation botanique, rassemble maintenant ces trois sources pour essayer de prolonger en image un étonnement à la fois esthétique et contemplatif.*

18.2.04, série "Micro-observation de la terre"

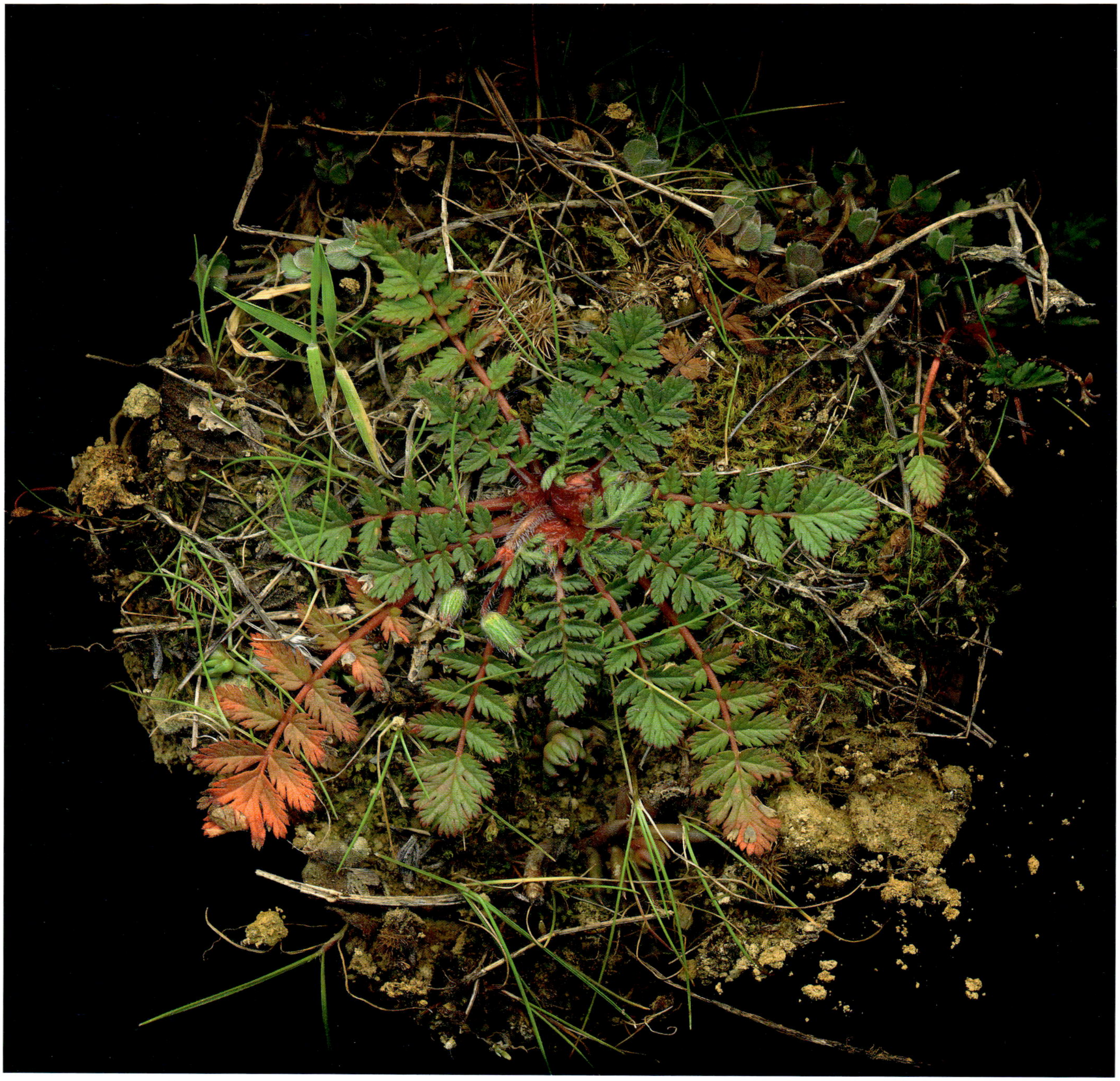

17.6.03, série "Satellites"

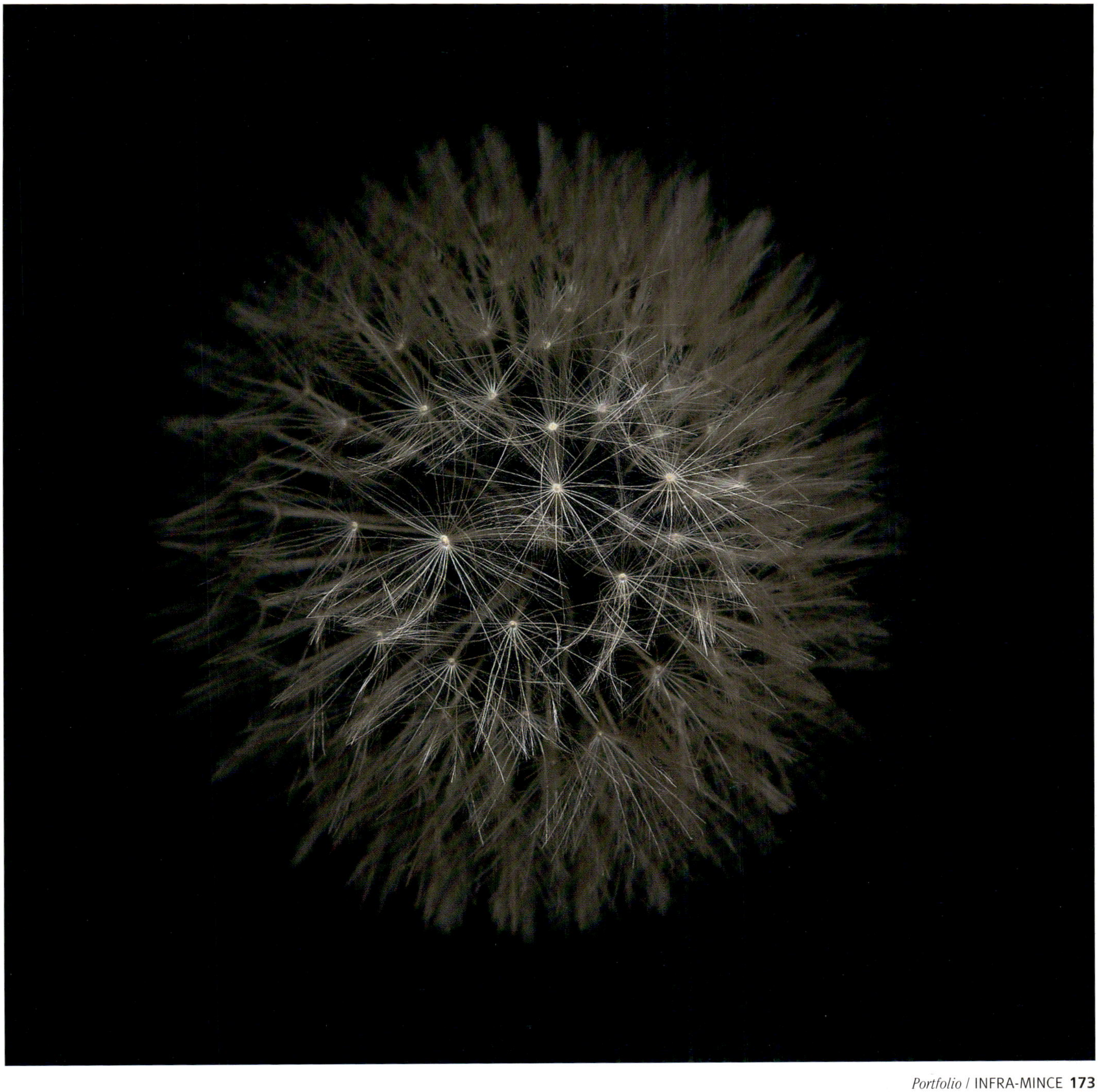

Anna Malagrida

Anna Malagrida
Vit et travaille à Barcelone et à Paris.
Née à Barcelone en 1970, elle est diplômée de l'Ecole nationale de la photographie d'Arles en 1996. Depuis 1998, elle développe un travail qui interroge le statut du document photographique et développe une écriture autour des notions d'intérieur et d'extérieur dans la ville contemporaine pour mieux questionner les frontières entre réalité et représentation. En 2002, la galerie 779 présente pour la première fois une exposition personnelle, à Paris dans le cadre du Mois de la Photo.
Elle a participé au Printemps de Cahors (1998), au Loop Festival de vidéo de Barcelone et à PhotoEspaña en 2004. Son travail a été notamment montré au Photomuseum de Zarauz, à la salle Metrònom de Barcelone et au Centre ibéro-américain de Miami et figure dans des collections publiques comme la Fundació La Caixa à Barcelona, le Fonds national d'art contemporain en France, ainsi qu'au Kawasaki City Museum au Japon. Ses images sont régulièrement présentées dans les foires internationales comme ARCO, Paris Photo ou la FIAC où, en 2001, la galerie Senda lui consacre une exposition individuelle.
Actuellement elle prépare une monographie avec les éditions 779 et présente à ce titre le prix du projet des Rencontres de la photographie d'Arles 2005. Elle partage sa vocation artistique avec l'enseignement. Professeur d'histoire de la photographie entre 1996 et 2000 à l'Escola de Fotografia de l'Universitat Politècnica de Catalunya. Entre 2000 et 2002 elle dirige des conférences sur l'histoire de la photographie au Centre photographique d'Ile-de-France.

Sans titre,
série "Intérieurs",
2002,
99 x 138 mm

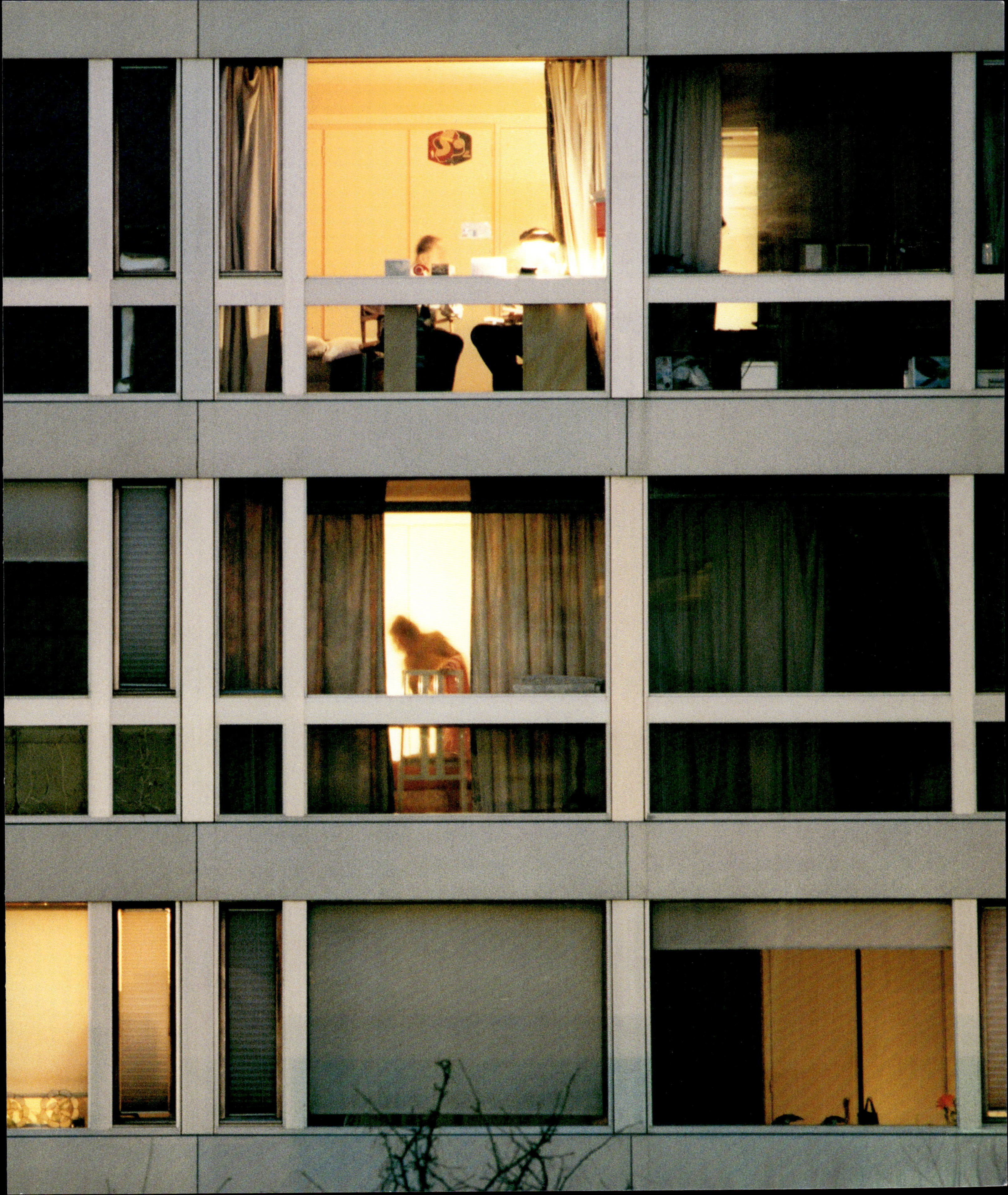

“Ailleurs”, en hommage à quatre partenaires de l’Ecole nationale supérieure de la photographie, dont les enseignants comme les étudiants aiment partir à la rencontre de nouveaux paysages, d’autres visages, d’espaces différents. Quatre escales sur les chemins du monde : *New York* à l’International Center of Photography autour duquel rôde encore, même diffus, le souvenir des frères Capa ; *Beyrouth* entre USLEK (Université du Saint-Esprit de Kaslik) et ALBA (Académie libanaise des beaux-arts) et au-delà, le Liban, dont le destin mouvementé, complexe, ne peut jamais laisser les Français indifférents ; *Hô Chi Minh-Ville* où les souvenirs coloniaux, déjà immergés dans un prisme littéraire et la mémoire d’une guerre gagnée contre l’empire, sont aujourd’hui submergés par l’énergie du marché, laquelle, pourtant, n’abolit ni le mystère ni l’énigme ; *Alexandrie* enfin, immense métropole dans laquelle, autour de la Bibliothèque reconstruite, autrement dit un lieu évoquant la vitalité intellectuelle du monde antique, un petit groupe connecté à l’ENSP s’est durablement établi. Quatre villes parmi d’autres possibles où s’effectuent échanges et rencontres autour des images et des commentaires qui les accompagnent.

AILLEURS

Robert Blake
Pour fêter le programme d'échange entre l'ICP et l'ENSP

Jean-Luc Fournier
La dernière fois que je ne suis pas allé au Liban

Frédéric Valabrègue
Les jardins de la cathédrale (Hô Chi Minh-Ville)

Yannick Vernet
Cette ville qui nous habite (Alexandrie)

POUR FÊTER LE PROGRAMME D'ÉCHANGE ENTRE L'ICP ET L'ENSP

Robert Blake

__Robert Blake__, dont les parents s'échappèrent de l'Allemagne nazie fin 1938, est un immigré de deuxième génération.
A seize ans, il participe aux événements de 1968 et commence à prendre des photographies pour protester et résister à la guerre du Viêt-nam. Il devient ensuite objecteur de conscience, refusant ainsi de participer à l'effort de guerre. Ses projets artistiques, ses photographies, ses performances, ses vidéos et ses écrits ont souvent pour sujet des peuples indigènes, des cas de censures ou des causes impopulaires, les politiques de l'image, des musiciens de jazz, le non-conformisme culturel, des marginaux, des amis et des excentriques.
La relation qu'il entretient depuis longtemps avec la France s'apparente à un exil à l'envers. Il y revient souvent afin de poursuivre son œuvre photographique sur les communautés immigrées et les domaines ambigus. "Légende" est une épopée visuelle, ou une œuvre "ouverte", regroupant la plupart des photographies qu'il a réalisées en France au cours des vingt dernières années. Depuis 1985, Robert Blake dirige le "General Studies Progam" de l'International Center of Photography de New York.

Cornell Capa a créé en 1966 le Fonds international pour la photographie engagée *(International Fund for Concerned Photography)*, dédié à la mémoire de quatre grands photojournalistes morts dans l'exercice de leur activité (Robert Capa, Werner Bischof, David Seymour et Dan Weiner). Ce fonds avait pour mission de conserver des images photographiques importantes et de cultiver le goût de la tradition documentaire.
Pendant quasiment dix ans, fonctionnant comme un musée sans murs, il a permis de rassembler une collection de photographies documentaires, de réaliser des expositions au niveau international, de publier des livres et des catalogues, et d'organiser des conférences. Puis, en 1974, il a ouvert ses portes et c'est ainsi qu'est né à New York le Centre international de la photographie *(International Center of Photography – ICP)*, qui est à la fois une institution d'enseignement et le premier musée au monde consacré entièrement à cette pratique.

Au cours des vingt dernières années, les deux cursus proposés à l'ICP *(General Studies Program et Photojournalism and Documentary Program)* ont permis à de jeunes aspirants photographes motivés, ainsi qu'à des artistes travaillant à partir de ce médium, d'étudier au contact de professionnels du domaine. Suivre ces personnes, tandis qu'elles redéfinissent leurs pratiques et leurs idées, constitue une expérience incomparable. En effet, les cours, les ateliers, les conférences, les expositions et les relations informelles qui s'établissent entre elles éclairent d'un nouveau jour les différences de langue, de culture, d'origine ethnique, de religion, de morale et d'appartenance politique de chacune.
Dans un esprit d'enseignement et d'échange, l'ICP permet d'entretenir une relation privilégiée avec les producteurs d'images dont la vie et le travail façonnent notre compréhension visuelle des sujets, des groupes sociaux, du monde qui nous entoure, des changements politiques et de l'histoire. Les programmes proposés sont conformes aux méthodes responsables préconisées dans les médias et les arts. Fidèle à la vision de Cornell Capa (offrir un lieu pour les photographes et leurs images), l'école de l'ICP héberge plusieurs programmes différents : certains sont destinés à des collectivités locales, et touchent un public d'adolescents et leurs familles dans diverses communautés immigrées ou défavorisées de New York, d'autres se développent à partir de sites internationaux d'ateliers itinérants au Viêt-nam, en Chine, ou au Nouveau-Mexique (Etats-Unis).

Comme souvent pour les bonnes choses, les liens se tissent grâce au contact individuel et à l'étincelle de la reconnaissance mutuelle. Robert Blake, directeur du cursus *General Studies* de l'ICP, a ainsi sillonné, sans but précis, le Sud de la France à la fin des années 1970. Plusieurs années après, une fois perfectionnées ses notions de français, il a commencé à fréquenter Arles et ses Rencontres, puis a découvert Beauduc, les environs de l'étang de Vaccarès, le Luberon, le Vaucluse et les Cévennes. Au cours de ses séjours de plus en plus fréquents, il photographiait et vivait chaque jour davantage comme un des habitants du *lieu*, cessant progressivement d'être considéré comme un invité.
Puis, "l'Amerloque" a rencontré Alain Desvergnes, premier directeur de l'ENP qui l'a rapidement mis en contact avec Arnaud Claass, permettant à une profonde amitié de voir le jour. Les voyages loin du pays natal

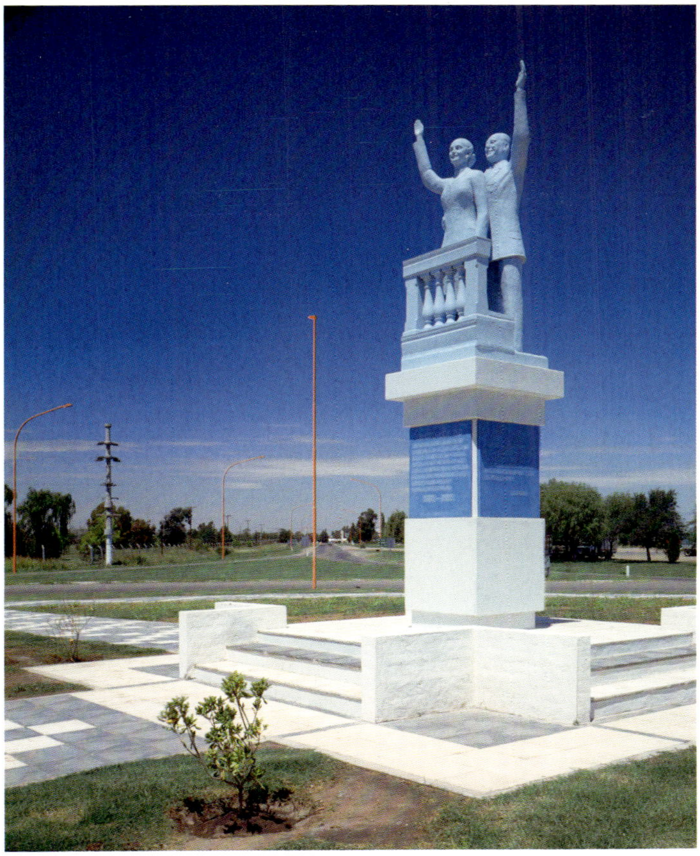

Martin Weber, 2004

et de la famille impliquaient des échanges et un véritable engagement. Ils s'en sont préoccupés et se sont ainsi associés pour créer les conditions de possibilité d'un lien entre les deux institutions. Ils ont imaginé des interventions pour initier un dialogue, puis ont étendu le champ de cette relation fondée sur la bonne volonté de chaque école, jusqu'à ce qu'un programme d'échange officiel se mette en place. Celui-ci se caractérise aujourd'hui par une vision ambitieuse, une taille modeste, l'espoir de voir de nouveaux fonds se constituer, la joie de ses participants, et un cadre ouvert permettant aux deux acteurs d'imaginer et de définir la nature de leur relation future. Cet échange a enrichi d'un nouvel horizon le travail des étudiants qui y ont participé. Ils ont été accueillis sur "l'autre rive", comme le souhaitait et l'écrivait Octavio Paz. Or l'hiver a désormais laissé place à l'énergie renouvelée du printemps : de nouveaux étudiants, participant à l'échange, arrivent avec tant de choses à faire en si peu de temps.

La photographie, la vidéo, les médias numériques, le son, la performance, l'installation, l'histoire, la documentation, la peinture, la sculpture, le film documentaire, l'anthropologie, les études culturelles, la physique, la linguistique, la pornographie, la théorie, la littérature comparée, la chimie, la muséologie, la psychologie, les sciences cognitives, les nanotechnologies, les télécommunications, les logiciels payants et gratuits, les communautés virtuelles, les médias interactifs, le journalisme, la recherche d'images, la mémoire culturelle, l'édition, la propagande, la publicité, l'imagerie médicale, la télémétrie radio, la philosophie...
Qu'est-ce qui échappe à l'image? Qu'est-ce qui résiste à la consommation? Quelle est la valeur de la contemplation? Quelle part de l'apprentissage ne peut pas être enseignée? De quel groupe social faites-vous partie? Où commence votre recherche?

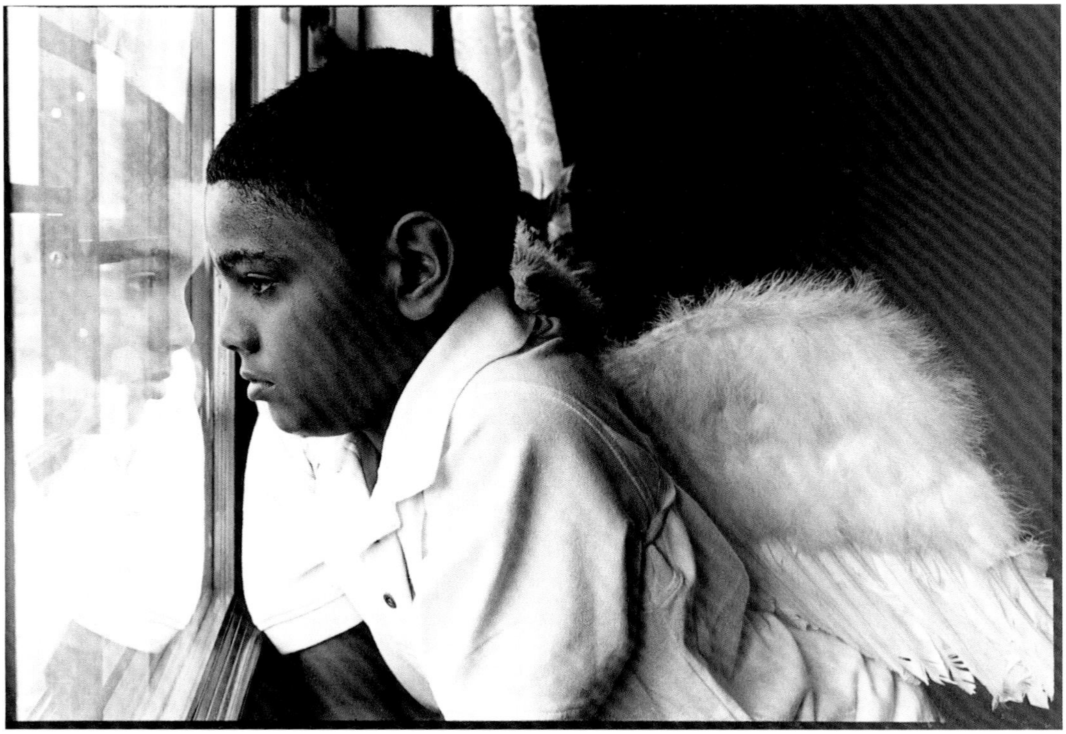

Josselin de Jesus
Boy with Wings
"ICP Community program's student"

Tandis que nous cherchons des manières d'enregistrer le *réel* et de ré-imaginer *la relation à soi*, la photographie reste un médium d'exploration et d'expression extraordinaire. L'innovation en photographie est toujours possible tant que la lutte pour obtenir une diversité d'approche et de résultat est menée avec créativité.

Alors que les pressions exercées sur le médium et la profession augmentent, les institutions d'enseignement ont pour défi de rester suffisamment équipées, à la fois sur le plan pratique et intellectuel. La demande d'investissements technologiques et d'espace rivalise avec le besoin de compétence créative et de programmes. Face à l'argument, presque trop ancien déjà (tel un fait accompli), selon lequel les beaux-arts se fondent dans le divertissement et la mode, il faut des défenseurs de l'enseignement visuel et de sa valeur traditionnelle dans le contexte des humanités. Si l'on ajoute à cela la mise en correspondance des pratiques d'enseignement avec les modèles étatiques ou de l'entreprise, il est clair que les compétences de direction dans le monde de l'art seront tout aussi importantes à l'avenir qu'elles le sont aujourd'hui.

Heureusement, les perspectives futures ne manquent pas. Les centres d'enseignement ont pour mission d'inspirer les professionnels d'aujourd'hui et de demain. De même que la génération à l'origine des agences coopératives comme Magnum a bénéficié des pratiques de la presse magazine ainsi que d'un certain degré d'autorité charismatique, de même le monde de la photographie actuel a ses visionnaires, ses novateurs et ses entrepreneurs. De nouveaux contextes de production et de distribution offrent aux photographes de nouveaux groupes d'appartenance et un nouveau public.

Tandis que la course technologique fait évoluer les moyens qu'ont les photographes de représenter une unité de temps, de lieu et d'événement, l'intérêt public doit sans cesse être défendu et réaffirmé. L'appétit du monde des affaires est insatiable lorsqu'il s'agit de média et de contrôle des produits médiatiques. Parallèlement, l'accès sans précédent aux archives et aux bases de données numériques fait de la relecture

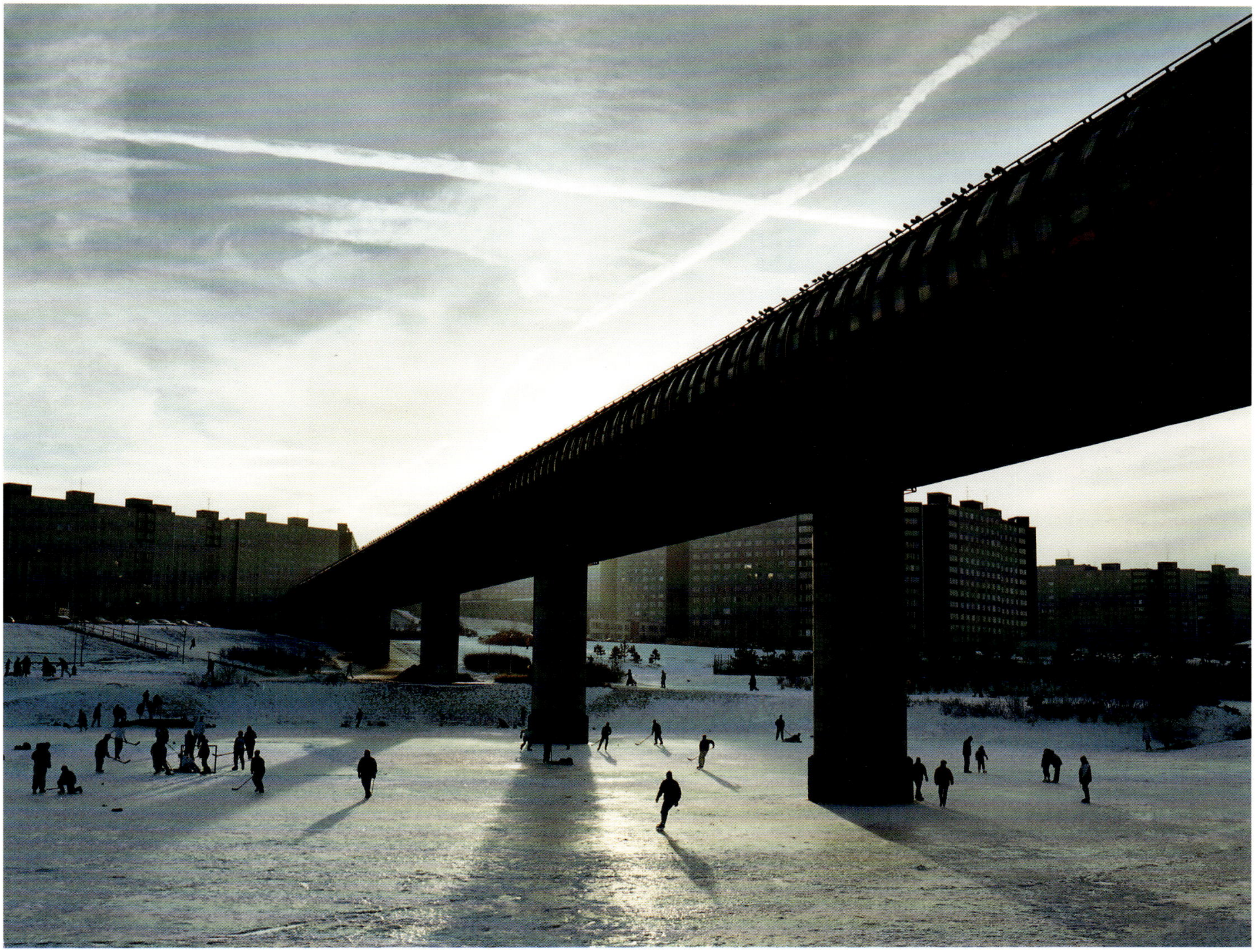

Matthew Monteith
De la série "Cesky Raj" (Czech Eden)

et de la recontextualisation des images une entreprise artistique et culturelle profitable. Ce sont là quelques-uns des nouveaux territoires explorés actuellement par les photographes, qui excèdent les limites de l'art et de l'histoire de l'art, qui convoquent une pensée et une analyse inédites.

Dans ce contexte, l'ENSP et l'ICP peuvent envisager avec optimisme les vingt prochaines années de leur partenariat. L'histoire et les caractéristiques de ces deux centres d'enseignements permettent d'offrir un cadre d'échange exceptionnel. Nous voulons aujourd'hui fêter avec Patrick Talbot, les professeurs, le personnel, les anciens élèves et les étudiants, le vingtième anniversaire de la première promotion de l'ENSP. Comme l'ICP fête également le vingtième anniversaire de son cursus *General Studies*, nous voulons remercier à cette occasion tous ceux qui ont rendu possible le programme d'échange entre l'ICP et l'ENSP.

Nous sommes heureux de pouvoir faire découvrir au lecteur certaines des photographies des anciens élèves de l'ICP.

LA DERNIÈRE FOIS QUE JE NE SUIS PAS ALLÉ AU LIBAN

Jean-Luc Amand Fournier

Jean-Luc Amand Fournier
Une moustache le précède, une réputation le suit. Il collectionne les spéculums, les agaves, il alimente un cabinet de curiosités érotiques, il dessine, il peint, il écrit, il photographie. Photographie qu'il enseigne à l'ENSP depuis 1998.

La dernière fois que je ne suis pas allé au Liban, c'était en février 2005.
Le 14 de ce mois, mon père mourait ; le même jour, quelques heures plus tard, entre les hôtels Saint-Georges et Phenicia au départ de la corniche de Beyrouth, Rafic Hariri, ancien premier ministre, était emporté dans l'explosion sa voiture. Le 16, quelques dizaines de personnes d'un côté, environ trois cent mille de l'autre, rendaient hommage aux défunts. Le 18, le ministère français des Affaires étrangères affichait sur son site des recommandations très fermes concernant les voyages au Liban : mieux valait à tout prix les éviter dans les jours et les semaines à venir. Conséquence : la mission pédagogique dont j'étais chargé à l'ALBA – Académie libanaise des beaux-arts – et le voyage à Beyrouth de deux étudiants de l'ENSP – Carole et Mehdi (nous devions partir ensemble le 21) – étaient annulés.

Cette impossibilité, tout à fait compréhensible administrativement, a provoqué chez moi un sentiment de frustration, de déception, de colère et de tristesse : on me volait mon deuil. Je voulais que le mien se passe au Liban et que les circonstances permettent le partage et la fusion des deux deuils, le mien et le leur – ce dernier d'ailleurs ambigu car, pour certains, il réunifiait le pays, pour d'autres, il le divisait, pour tous, il était un deuil rempli d'espoir et de danger, auquel je n'ai pas eu accès, ce qui, par ricochet, m'a empêché de faire le mien. Unité de temps, unité d'action, mais pas unité de lieu. Cette sensation d'exil, ici, en France, souligne l'importance que le Liban a pris dans ma vie.
La première fois que je suis allé au Liban, c'était en janvier 2001. J'étais accompagné de cinq étudiants, ou, plus exactement cinq étudiants accompagnaient un vieux professeur casanier. Notre lieu d'accueil : l'USEK, université du Saint-Esprit de Kaslik. Le premier trajet entre l'aéroport et l'université, soient 30 à 40 kilomètres environ, avec la traversée de Beyrouth, fut pour nous tous une bonne claque contre les mauvais clichés : immenses publicités lumineuses, fast-foods et mosquées, immeubles en dentelles côtoyant ceux, tout d'arrogance verrière, multiples barrages de différentes armées que l'on nous apprit à distinguer – la libanaise, la syrienne –, une milice, des chaussons de bébés servant à conjurer le mauvais sort accrochés sous le pare-choc de vieilles Mercedes, gri-gri anti-mines, boutiques et voitures de luxe comme jamais je n'en ai vues à Zurich, centre ville au début de sa reconstruction, mélange de styles architecturalement situés entre Marne-la-Vallée, Cap d'Agde et la Défense. Maquette à échelle un, reconstruction orchestrée par feu Rafic Hariri, l'une et l'autre objets de toutes les polémiques et de toutes les fascinations. Je me souviens plus particulièrement du très beau travail d'un de mes étudiants, Aymeric : photographies de halls d'immeubles prises juste avant la remise des clefs, gardant tout le mystère de leurs destinations, à la fois uniques et tellement semblables dans leurs agencements. Aymeric qui, comme beaucoup, passant par le Liban n'en est pas revenu intact.

L'université maronite nous accueillit avec une grande chaleur humaine et force sons de cloche. Université pluridisciplinaire, la théologie et l'art sacré y font partie des enseignements au même titre que les services

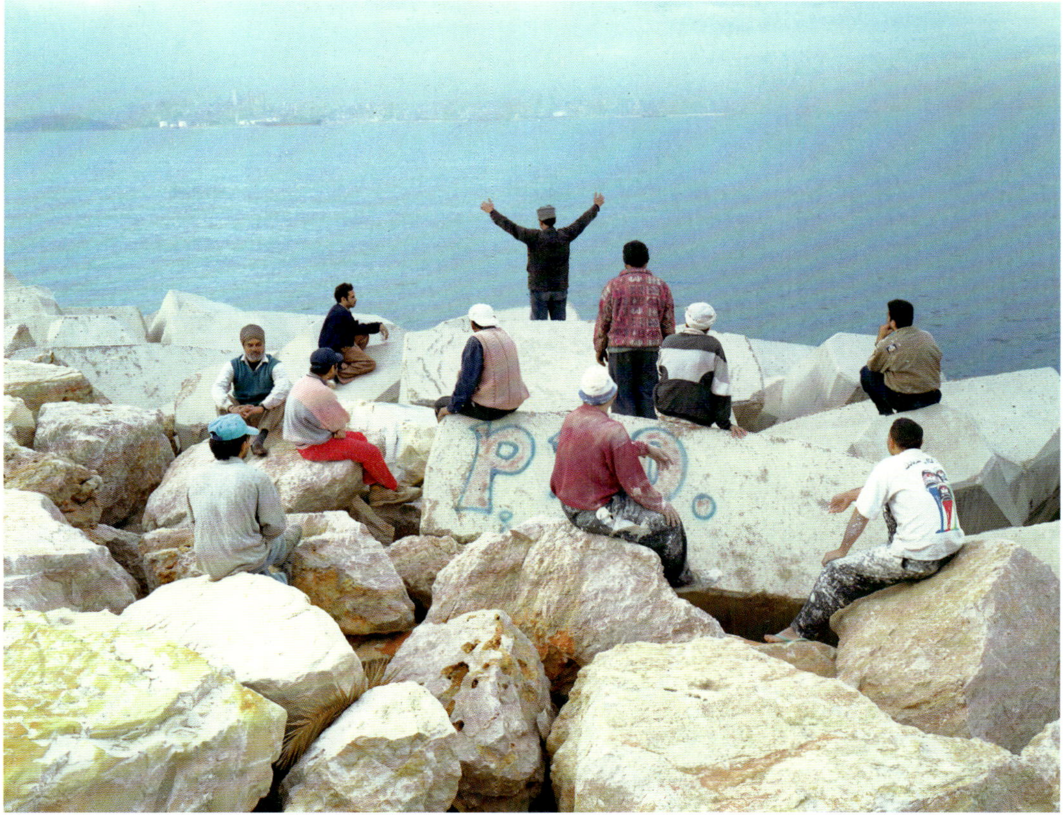

Sarah Perrig
La Marina, La Marina, Liban,
le 18 janvier 2001

religieux pour les futurs moines. Prêtres enseignants et moines en robes de bure côte à côte avec des étudiantes plus sexy les unes que les autres. Nous étions naturellement d'abord curieux de leur pratique de la photographie et de la vidéo. La première constatation, très rapide, fut que leur rapport à l'image était paradoxalement plus simple et plus complexe que le nôtre, cela s'est toujours vérifié jusqu'à ce jour. Plus simple, car pragmatique : la photographie est un moyen de vivre, seules intéressent ses applications commerciales. Dans le même temps, chez la même personne parfois, la photographie est une thérapie qui va permettre de digérer l'indigérable, une guerre longue de quinze ans. A quoi il faut ajouter que, dans un pays, dont chacun sait qu'il est un puzzle, une mosaïque au sein de laquelle dix-huit religions sont répertoriées et se côtoient, les usages et les pouvoirs de l'image ne sont pas les mêmes pour tous. Suivant les régions ou les quartiers, en fonction de la religion dominante, certaines publicités sont recouvertes, taguées jusqu'à les rendre invisibles, ou même détruites tandis qu'à quelques encablures, rayonne la même image – celle d'une fille trônant en sous-vêtements, aguichante et prête à tout, pour vendre... n'importe quoi. Malgré ces violents contrastes, l'université maronite accepte des étudiants de toutes confessions, comme d'ailleurs toutes les universités libanaises quelle que soit leur confession affichée. Le travail autour de l'image et plus précisément de la photographie devient ainsi plus complexe et aussi plus passionnant.

Au cours de ce premier voyage, les étudiants venus de l'ENSP ont abordé, chacun selon ses affinités, les spécificités du Liban qu'ils découvraient. Alexa est partie à la rencontre des Bédouins vers la Bekaa, Bédouins libres et sans frontières mais aussi apatrides et exclus. L'exclusion, séquestration disait Foucault, devint du fait de cette rencontre le moteur d'un autre travail illustré couronné par un magnifique diplôme ayant pour sujet la rue Alexandre-Dumas où sont réunis, à Arles, les exclus provisoirement logés dans des gourbis... depuis plus de dix ans. Une fois partie d'Arles, Alexa a continué de parcourir le monde : la Mongolie hier, la Chine du nord au moment où j'écris ces lignes... Le Liban a été pour elle plus qu'une étape. Kizzy, pour sa part, a cherché à comprendre ce que peut être un pays, une frontière, une limite, qui décide et pourquoi. Que représente une nation? Est-ce que ses racines sont liées à l'espace, à la géographie ou à la culture, à la part humaine? A ces questions qu'elle se posait, elle a cherché des réponses à travers le Liban, essayant de s'approcher du Sud, encore occupé à cette époque. Elle aura en tout cas mis à profit ce séjour pour construire un travail plastique autour de notions ensuite développées à son retour. Johan, lui, a "mitraillé" – mot bien guerrier dans ce pays pour parler photographie! – multipliant, déclenchant – voilà qui est plus photographique! – grâce à la photo une cascade de "bienvenues" dans la population beyrouthine. Sachant mettre à distance tout exotisme, il a ramené du Liban une masse de photographies qui se sont naturellement fondues dans l'ensemble qu'il construit. Je l'ai revu, il y a peu, s'occupant d'une galerie associative, heureux de retrouver dans un présentoir de cartes postales une vue de Beyrouth que nous avions découverte ensemble, de même que j'avais effectué avec lui une visite très particulière au cours de laquelle, pour un dollar et pour nous seuls, le chauffeur d'un petit bus collectif avait accepté d'effectuer un tour de ville dont chaque arrêt, chaque station, était une concession automobile, motif de fierté pour notre guide, comme pour tous les Libanais, l'automobile étant un objet commun de passions et de polémiques, celui d'une véritable adoration comme de toutes les haines. Il y avait aussi Sarah avec laquelle nous sommes montés jusqu'à Notre-Dame du Liban, à Harissa. D'abord par le funiculaire qui trace son chemin entre les balcons, les cuisines et les chambres à coucher des immeubles de Jounieh, avant de s'élever au-dessus de la baie pour finalement débarquer ses passagers sur l'esplanade du sanctuaire au pied d'un escalier en colimaçon d'une vingtaine de mètres qu'il nous a fallu monter chargés d'une chambre photographique munie de son trépied pour atteindre enfin la base de la statue de la Vierge, lieu de pèlerinages fanatiques au mois de mai et de dévotions quotidiennes de la part de gens de toutes conditions, offrant de surcroît un point de vue exceptionnel sur la ville. Photographies de Sarah qui contribuent à nourrir son rapport aux pays dont les conflits intérieurs peuplent l'amnésie et la fuite en avant, tels le Népal et le Mexique, Sarah, aujourd'hui réalisatrice et documentariste d'une chaîne de télévision suisse romande. Il y avait aussi Thomas qui s'intéressait au Hezbollah et Florence qui s'attachait à photographier le centre ville.

D'autres étudiants me reviennent en mémoire qui ont, à la suite des premiers, pu bénéficier de ces séjours photographiquement, pédagogiquement et humainement fructueux : Marina qui malgré une jambe douloureuse parcourait Beyrouth en tous sens, Bertrand, chiffonnier de la mémoire, véritable chiffonnier "benjaminien", qui après des réveils difficiles était d'une activité débordante, collectant par la photographie les éléments d'une archéologie du futur. Naoura, d'origine syrienne qui nous ouvrit la route de Damas, et simultanément celle des relations si complexes entre Liban et Syrie. Emilie qui s'interrogeait sur la jeunesse libanaise, mélange de traditionalisme et d'apparente frivolité. Il y en eut d'autres, Adèle, Christine et Pharoah, puis Aurore et Jenny, cette fois dans le cadre du nouveau partenariat avec l'ALBA (Académie libanaise des beaux-arts), celui que nous n'avons pas pu honorer au printemps 2005. Tous et toutes ont découvert les

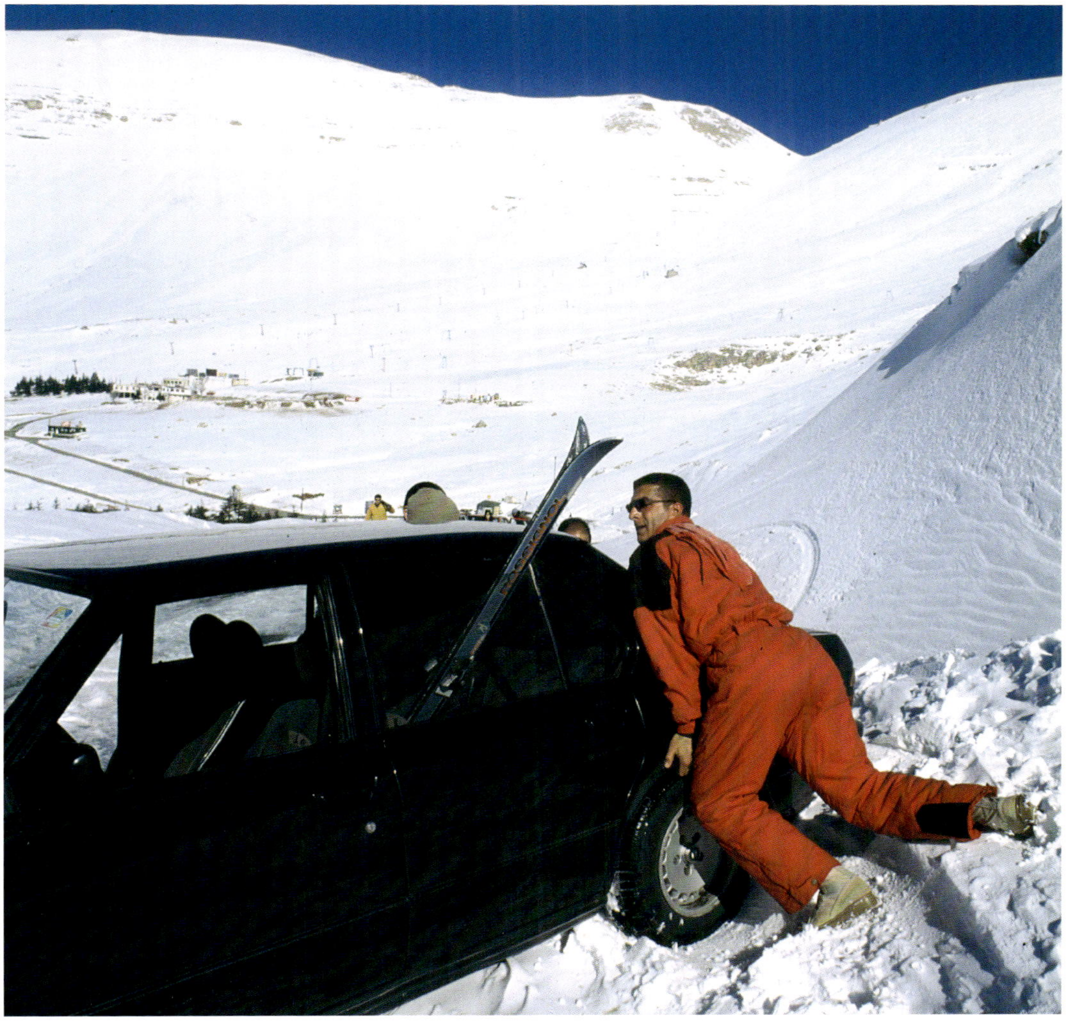

Johan Delacour
Bekaa, Liban, 2001

mille facettes d'un pays infiniment complexe auquel une curiosité intellectuelle en éveil alliée à une pratique photographique déjà bien constituée leur a donné un accès privilégié.

Il faut aussi mentionner l'accueil extraordinaire qui est une donnée permanente et essentielle de ce pays. Des liens d'amitié ont progressivement doublé les liens institutionnels avec un certain nombre de professeurs : Gilbert Hage, Ghada Waked, Paul Zgheib, Charles Chemaly, Joseph Chemaly ; il en est de même avec les étudiants : Jo, Georges, Rania, Cynthia, Rana, Diane, Carla, Charles, Genia, Georges, Saro... j'en oublie forcément, qu'ils me pardonnent.

Certains parmi nos collègues libanais sont venus en éclaireurs à l'Ecole afin de préparer la venue de leurs étudiants. Il s'agissait moins pour eux de se familiariser avec nos méthodes pédagogiques que de tester si notre enthousiasme à les accueillir serait égal au leur ! La vitalité de nos échanges est surtout redevable à Gilbert et Ghada, au soin qu'ils apportent à leur préparation, à la manière dont ils accompagnent leurs étudiants et les nôtres, à leur capacité d'analyse et à leurs conseils. Enseignants à l'USEK, en charge du département de photographie de l'ALBA, ils ont, depuis le début, été impliqués dans toutes les missions qui nous ont liés. L'un comme l'autre sont de véritables passeurs entre les deux pays et les deux cultures, Ghada peut-être parce qu'entraînée à penser nos différences par ses recherches historiques et esthétiques sur la comparaison du rapport qu'entretiennent avec le magique et le tragique l'Orient et l'Occident, Gilbert parce qu'il sait mieux que personne regarder d'un œil toujours neuf le monde qui l'entoure.

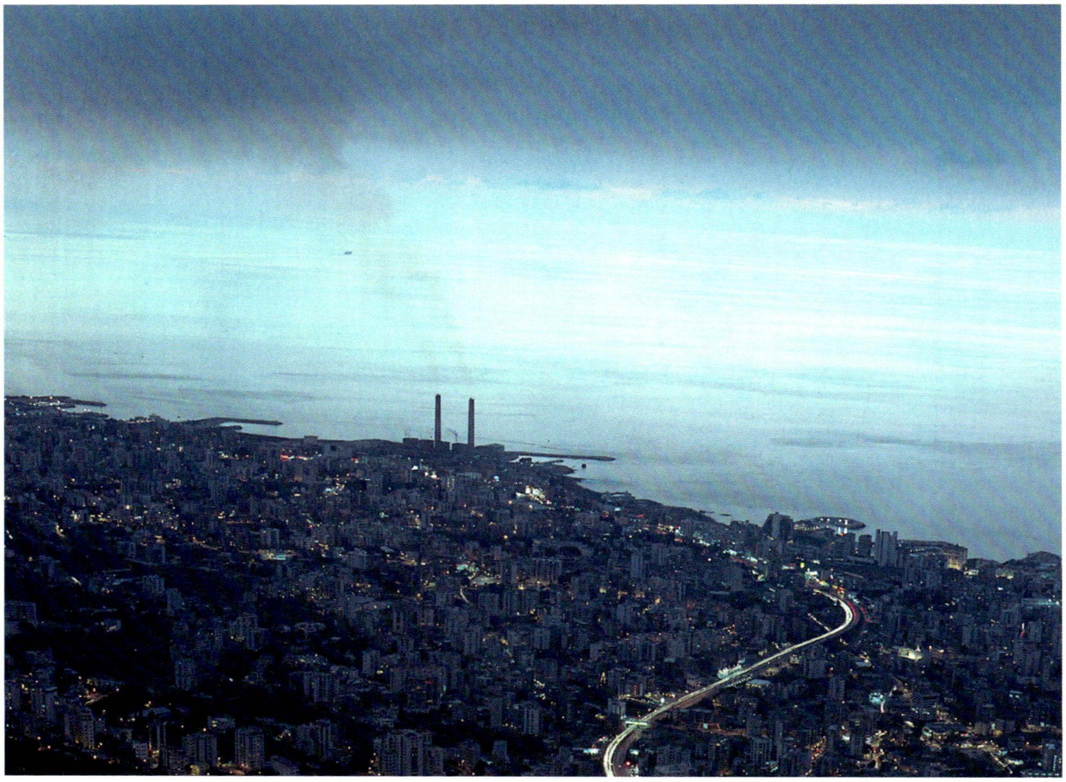

Sarah Perrig
Harissa, Liban, le 9 janvier 2001

Avec quelques autres, ils ont même été tous les deux des acteurs de mon travail puisque, en dehors de ces missions, mon attachement pour ce pays m'a amené à y revenir plusieurs fois afin d'essayer de le raconter, à ma façon, dans le chapitre d'une histoire intitulé "Il n'y a pas que des cèdres au Liban". Comment saisir et introduire de façon originale ce que tout le monde sait, que, bordé par la Méditerranée, le Liban est l'ancienne Phénicie, le rivage sur lequel Zeus a enlevé Europe, qu'il est une charnière entre l'Occident et l'Orient, porte de nombreux pays arabes et voisin méridional d'Israël… A travers une collection d'images et le montage de leur rémanence : un tunnel de bougainvilliers, les ruelles d'Amchit, juste au-dessus de Byblos, "berceau du monde" – Djbail comme l'appellent les Libanais, la tombe d'Henriette, sœur d'Ernest Renan, le portail d'entrée des maisons traditionnelles construit avec la récupération de chapiteaux romains ramenés des fouilles archéologiques du XIXe siècle… Objet de toutes les convoitises, le Liban, à l'égard duquel il est difficile d'être objectif, est une sorte de mille-feuilles composé d'histoire et de peuples dont, significativement, la langue charrie des mots qui témoignent parfois de réalités anciennes auxquelles aucun souvenir n'est plus attaché. A preuve, ce quartier de Beyrouth appelé Gemmayzé, un nom dont personne n'était plus capable de me dire ce qu'il signifiait jusqu'au jour où, rencontrant un vieil homme, ancien paysan, aujourd'hui manœuvre sur les chantiers de la ville, il m'a expliqué qu'on appelait ainsi un arbre de la famille des sycomores donnant des petits fruits délicieux ; sur les marchés, jusqu'en 1975, on les vendait par charrettes entières, mais la guerre a détruit tous les arbres et le mot survit aujourd'hui quand bien même le souvenir des fruits s'est déjà effacé dans beaucoup de mémoires. En dépit de ces absences ou grâce à elles, le Liban est un pays où il y a beaucoup à comprendre et à appendre. C'est aussi pour cela que je l'aime et que j'ai plaisir à partager cette passion avec les étudiants que l'Ecole y envoie.

LES JARDINS DE LA CATHÉDRALE (HÔ CHI MINH-VILLE)

Frédéric Valabrègue

Frédéric Valabrègue
Ecrivain et critique d'art. Vit à Marseille. Enseigne l'histoire de l'art aux Beaux-Arts de Marseille-Luminy et à l'Ecole supérieure de la photographie d'Arles.
Dernier livre paru : Les Mauvestis *(éditions P.O.L., 2005).*

Dès les premiers instants, il a fallu entrer dans le rythme. Pas affairé, diligent. Pressé avec prudence, compressé dans une boîte à chaussures, prenant l'échelle d'un monde à la présence, sur un bout de trottoir de dix mètres carrés, d'un inventaire pléthorique de métiers, de la fillette accroupie coupant des mangues pour les transformer en corolles de fleur au réparateur de chambre à air guettant des bulles dans une bassine en plastique...

La posture accroupie, les coudes posés sur les genoux, mains rapides et libres envoyées en avant, comme pour happer, tongs bien à plat dans la poussière...

C'est l'espace, sa contraction, son épaisseur, qui conditionne ma tenue et mon visage... Ici, on vit et travaille dans l'épaisseur, les strates, l'empilement des tâches : multitude des métiers rencontrés en s'accroupissant, de la tête en l'air des passants, étage soi-disant supérieur, au trente-sixième dessous des assis dans la poussière et le bruit...

Une compression de chiens comestibles chalée sur un scooter dans une cage grillagée ou une avalanche d'oies dévalant la selle d'un vélo, avec leur bec dur cornant sur le macadam...

Ici, tu te contiens, ne dévies ni ne débordes de la frange qui t'est impartie, où tu frôles une foule appliquée à te contourner au millimètre... Merveille que cette foule sans heurt glissant dans un espace au cordeau. Danse méticuleuse des évitements sans regard.

Dès mon arrivée à Hô Chi Minh-Ville, j'ai évité le mot "touffeur", rejeté "le grand banyan", écarté la métaphore des petites fourmis et toute la naphtaline indochinoise.

J'ai loué un vélo, me suis appliqué à passer entre les gouttes en plein milieu du flux. Mais les gouttes de pluie de la pré-mousson sont plus denses que je ne le crois et la fillette transformant une mangue en fleur entre trottoir et chaussée est, que je le veuille ou non, ma première carte postale. L'accroupissement est ma première enquête para-anthropologique. La multitude des petits métiers rencontrée sur dix mètres carrés de trottoir vietnamien est mon premier inventaire à la Perec et mon premier reportage.

J'en aurai discuté combien de fois, de la validité des premières impressions, celles dont on dit qu'elles sont les plus durables et qu'on finit toujours par les retrouver un jour?

Moi, la tête dans le guidon comme entre des œillères, je renvoie ce qui me trotte dans la tête à son inanité, non pas pour être original, résistant à ce qui s'impose, mais pour ne pas être trop vite encombré, savourant mon ignorance.

J'ai commencé à travailler sur-le-champ. Tu arrives de l'aéroport, tu commences à enseigner, enseigner, un tunnel exténuant, jusqu'à ce qu'on te raccompagne à l'aéroport un mois plus tard. Là, j'ai commencé par me taire et évaluer la situation. Je ne voulais pas que M. Khanh, mon infatigable interprète, s'épuise trop vite dans un marathon-poursuite de notions inconnues et intraduisibles. J'ai d'abord regardé le visage des jeunes gens de la section photographie de l'Ecole des beaux-arts. Visages d'enfance, déférents et sans attente particulière. Visages soumis, où l'apprentissage de la liberté semble remis à plus tard. Visages dans lesquels les paroles peuvent tomber et couler à pic. Vous débarquez dans un pays où pas un instant de l'histoire

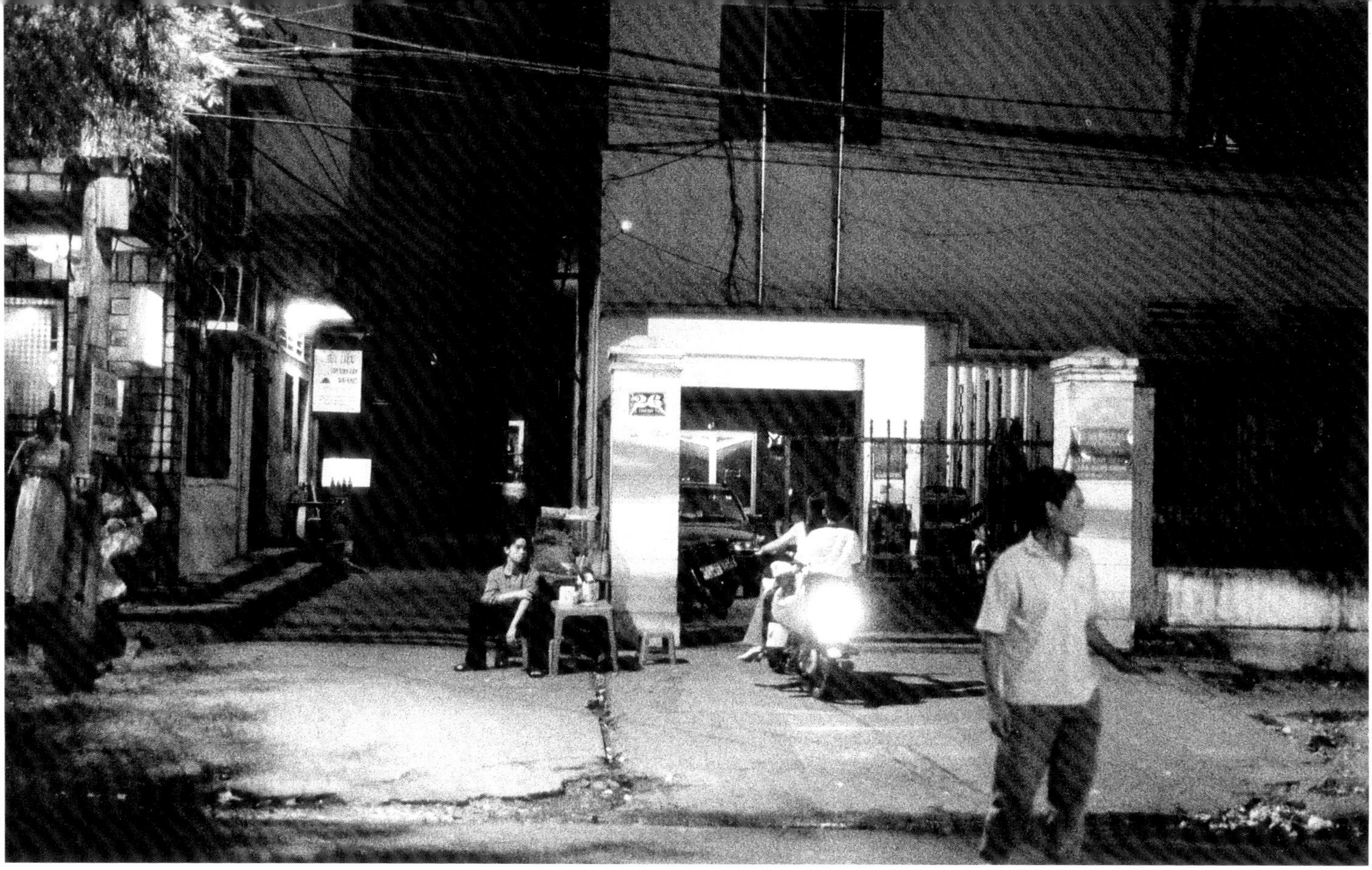

Laure Pfeffer
Le Thanh Ton, Premier District, Saïgon, novembre 2004

des idées coïncide avec la vôtre, que faites-vous ? Vous cherchez à vous mettre à la place d'un interlocuteur que vous ne connaissez pas ? Vous vous mettez à spéculer sur son niveau de compréhension, ce qui serait le comble de la condescendance néocoloniale, ou vous dites simplement qui vous êtes, ce que vous sentez, exposant la manière dont vous avez réfléchi à des questions passant largement au-dessus de la tête d'interlocuteurs confrontés à d'autres urgences ?

Le soir, je posais la question à Khanh avec inquiétude : que peut-il passer de tout mon fatras, de mon bombardement d'images et de réflexions déracinées ? Une étrangeté, au moins ? Une curiosité pour l'étrangeté, au moins, ou envers l'étranger occupé à parler des heures d'images ni belles ni laides qu'on ne sait pas regarder parce qu'on n'a jamais vécu avec de semblables, parce qu'on n'en a jamais rencontré ni dans les journaux ni dans la rue ?

Qu'est-ce que c'est, ces images qui ne parlent pas de l'avènement de la marchandise ?

Kha l'étudiante solide, la rieuse à grosse voix, Kha au large visage rempli de vivacité et d'éclat, préférait s'occuper de l'entracte : eau minérale, soda, café ?

On m'avait recommandé de ne pas parler de ce qui fâche : la politique et le sexe. Pourtant, on aurait pu se demander ensemble en quoi politique et sexe sont liés. Bref, il fallait planquer une grosse part de la photographie mondiale, art sexuel s'il en est. Commençant par remballer mon cabinet des curiosités personnelles mais m'enhardissant au fil des heures passées devant des visages aussi patients, impassibles et ennuyés, j'avançais, de temps en temps, une "créature" de Diane Arbus, une pose de Molinier, une polissonnerie de Mapplethorpe. Je ne réussissais qu'à mettre dans l'embarras mon courageux interprète dont la traduction soudain raccourcie mangeait mon propos. Je savais que la photo faisait mouche grâce à l'impassibilité et à l'indifférence encore plus soutenue de ma jeune assistance. Quand j'avais l'impression qu'un coup d'éponge supplémentaire effaçait leur visage, c'est qu'une de mes photos les avait touchés. J'ai vite cessé avec ce

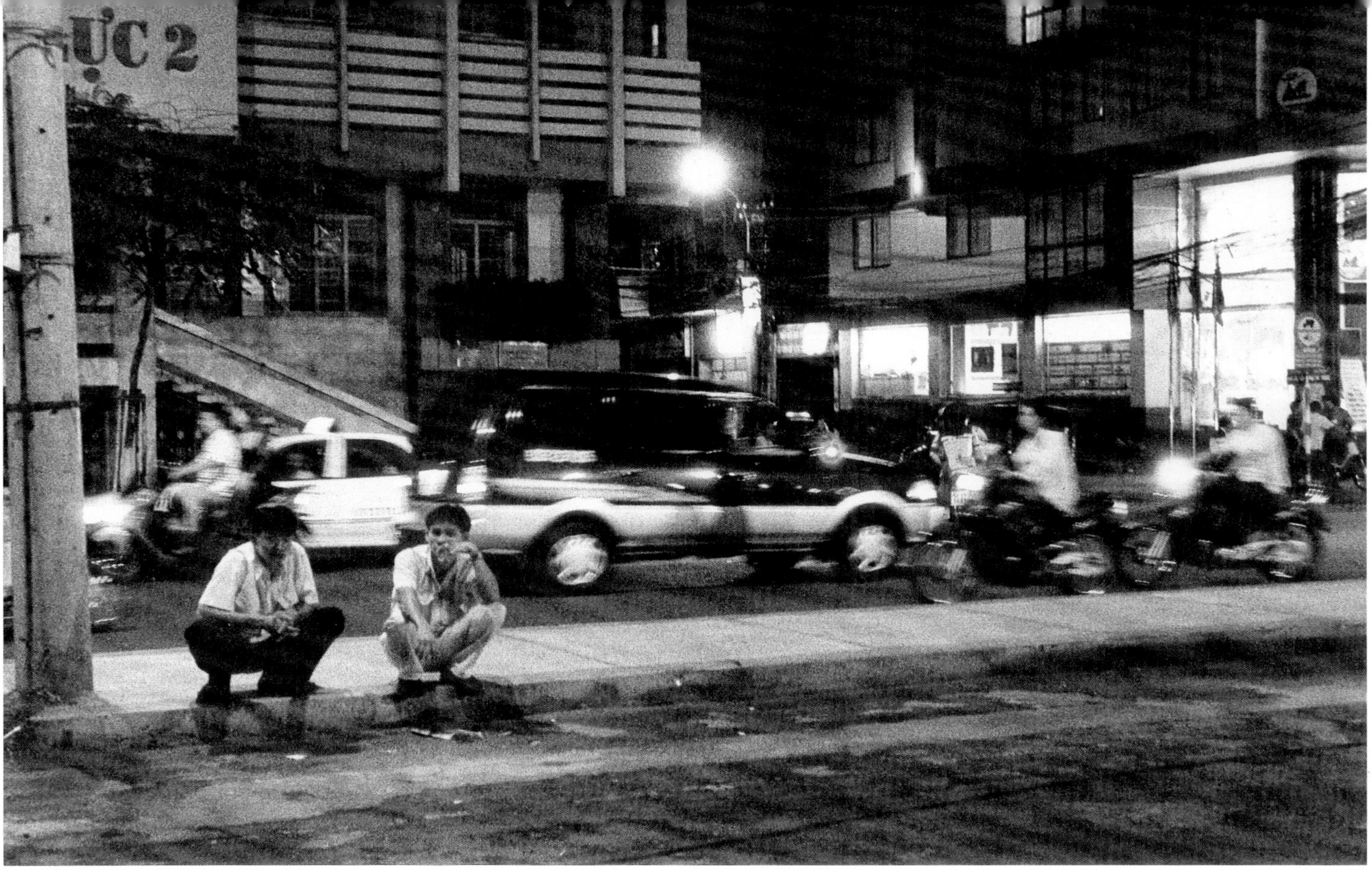

Laure Pfeffer
Accroupis, Saïgon, novembre 2004

genre de tentatives parce que je n'avais pas envie qu'elles ressemblent à de la provocation. Devant leur réserve, la rétraction secrète que je devinais lorsque je projetais un document quasi interdit, me trottait aussitôt dans la tête une vieille phrase juridictionnelle et chrétienne : la faute incombe à celui qui regarde. Pesanteur de la faute. Lourdeur du verbe incomber. Ainsi, quand nous allions le soir dîner dans une cour remplie de bancs de bois autour desquels des cuisinières armées de chaudron préparaient au feu de bois des mets tous aussi légers que délicieux et que nous traversions les jardins de la cathédrale, nous avions tout loisir de croiser le labeur, sur les bancs et dans la demi-pénombre, de prostituées minuscules, toutes vêtues de la même robe noire, masturbant dignement leur client aux yeux fermés, sans doute pour ne pas voir des passants ne pouvant pas les ignorer mais qui le faisaient pourtant.

Ce qui me frappait, c'était le hiératisme et la minusculinité de ces scènes de genre, les pauvres amateurs de ce service élémentaire étant vêtus de la tenue passe-muraille d'ici : chemisette blanche et léger pantalon à plis, torse rejeté en arrière et bas du visage à peine contracté. Moi, comme le dernier des nigauds, je n'aurais pas pu m'exclamer, fasciné : Vous avez bien vu ce que j'ai vu ? Personne autour de moi ne semblait allumé par un petit air folichon ou le moindre indice de gaudriole... Distance et promiscuité... Distance gagnée sur la promiscuité... Vide inventé malgré la densité, l'empilement... Je sentais bien qu'il était impossible de poser la moindre question sans passer pour un malotru ou mettre mon interlocuteur en danger d'impudeur ou d'indécence. Je commençais donc à entrer dans le pays sur cette apparente contradiction, faisant taire mes trois mégots de vérité dont celui-ci : Comment devenir photographe si l'on refuse de voir ce que l'on voit ? Pressentant qu'il y avait pour eux sans doute d'autres espaces, un tout autre type de regard biais, peut-être à teneur symbolique, et décidais pour moi-même, contre ma puérilité, d'entourer mon séjour du même vague et d'un semblable effacement.

CETTE VILLE QUI NOUS HABITE (ALEXANDRIE)

Yannick Vernet

Yannick Vernet
Diplômé de l'université Paris-I-Panthéon-Sorbonne et de l'Ecole nationale supérieure des beaux-arts de Marseille. Après avoir travaillé dix ans au sein de l'ENSP, Yannick Vernet coordonne aujourd'hui le programme des Volontaires pour la coopération en Méditerranée à Alexandrie (Egypte).

Je travaillais à l'ENSP depuis dix ans lorsque Stéphane Ipert, le directeur du Centre de conservation du livre dont le siège est arlésien, nous a proposé, avec Aurélia Frey – tout juste diplômée – de partir en Egypte dans le cadre du programme de coopération signé entre la région Provence-Alpes-Côte d'Azur et le Gouvernorat d'Alexandrie afin de développer le service culturel du musée d'Histoire des sciences de la Bibliotheca Alexandrina. Aujourd'hui coordonnateur de ce programme à Alexandrie, je suis amené à développer des projets culturels dans plusieurs domaines et m'aperçois que le rôle joué par l'ENSP à l'étranger, bien que déjà grand, pourrait l'être encore davantage.

Lumière...

Lorsque nous sommes arrivés en 2002, la Bibliotheca Alexandrina n'était pas encore inaugurée et le département Sciences dans lequel nous travaillons aujourd'hui restait à créer. C'était un grand défi à relever et une chance inespérée, celle d'aider au développement de ce service, de contribuer à la définition de ses orientations, d'impulser la dynamique lui permettant de prendre son envol et de participer à la genèse de cet endroit d'exploration et de découverte qu'il est devenu trois ans après. Notre travail consistait à concevoir des actions de sensibilisation et de vulgarisation scientifique pour tous publics avec une priorité donnée aux jeunes. Nous avons ainsi mis en place des expositions, des cycles de conférences et de nombreux ateliers. Et la photographie a été, dès l'origine, un outil indispensable.

Le premier projet que nous avons conçu proposait des expérimentations très simples permettant aux jeunes de découvrir la lumière, l'optique, la vision et la couleur. Cet atelier s'achevait par une initiation qui offrait aux enfants l'opportunité de mettre en pratique leurs nouvelles connaissances. Une exposition fut organisée, au cours de laquelle les enfants purent converser avec Mme Suzanne Moubarak, Première Dame d'Egypte, en visite à la Bibliotheca Alexandrina, et raconter comment ils avaient vécu toutes les étapes – prises de vue, développement, tirages – d'une première approche de la photographie.
Pour leur permettre de mieux appréhender ce médium, nous avons ensuite conçu une camera obscura mobile qui, tractée par une voiture, sillonne la ville et donne à tous la possibilité de faire cette expérience magique consistant à pénétrer dans l'antre de l'image. En Egypte, cette manière ludique de découvrir la science est encore nouvelle et l'emploi de la méthode expérimentale en est à ses premiers balbutiements ; c'est pourquoi toutes les activités que nous concevons se basent sur cette approche permettant à chacun de ne plus recevoir l'information de manière brute, mais d'y accéder en passant par une phase d'exploration qui ménage une grande place au plaisir, à la curiosité et à l'interrogation.

Le travail que nous effectuons à la Bibliotheca n'est possible que grâce au concours de nombreux partenaires localisés sur les deux rives de la Méditerranée qui nous accompagnent depuis le début dans cette aventure. Sur place, l'un d'entre eux n'est autre que le Centre d'études alexandrines dirigé par Jean-Yves Empereur

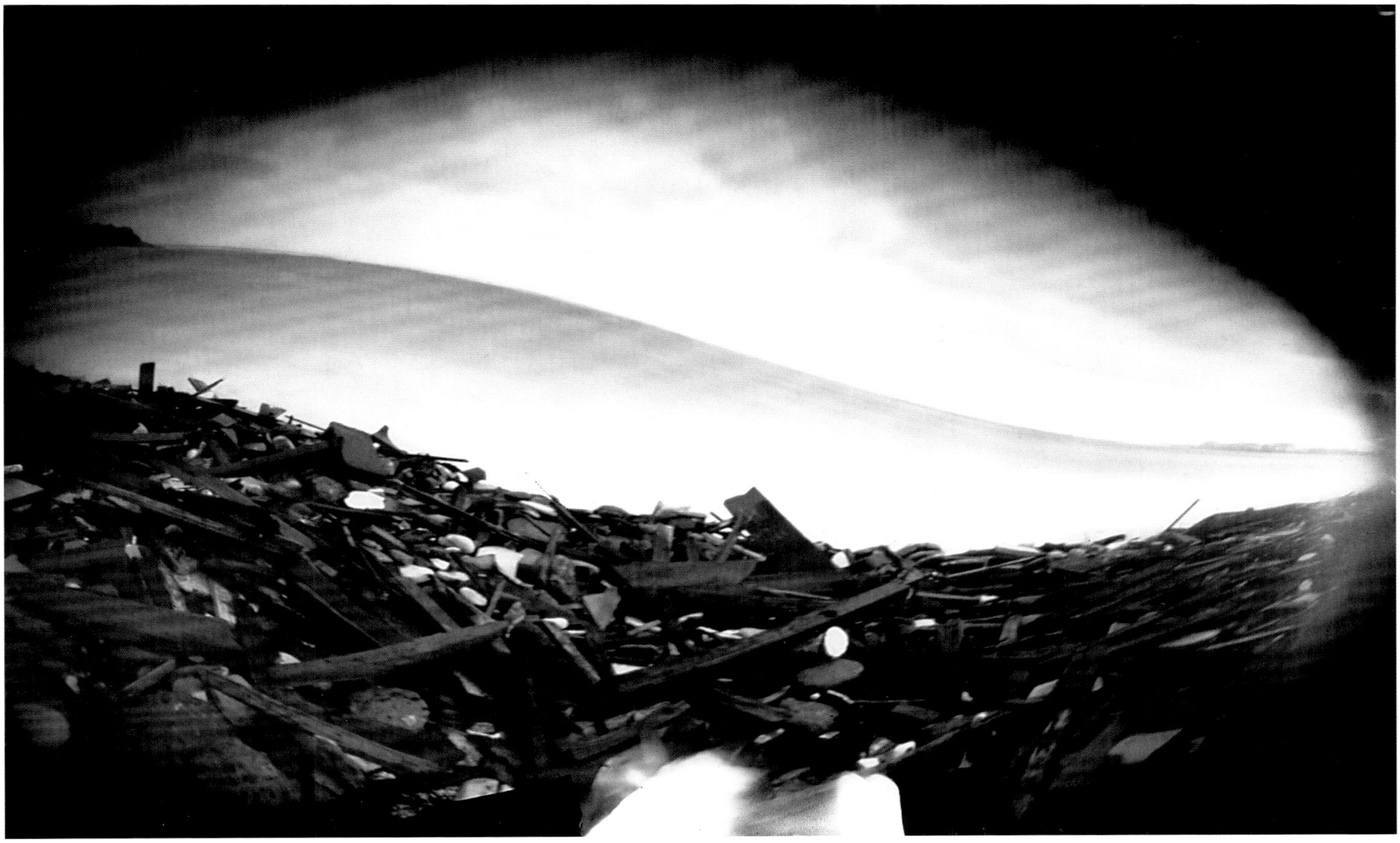

Esraa Sherif
Sténopé réalisé dans le cadre du projet "Balade", 2005

qui accueille depuis un peu plus d'un an Mylène Blanc, diplômée de l'ENSP, laquelle, avec Guilhem, son compagnon, a pour mission de développer le service pédagogique de ce centre prestigieux. De nombreux projets sont menés en commun notamment "Géorium", malle d'expérimentation qui a permis à plus de cent vingt professeurs d'écoles d'Etat de se familiariser avec la paléontologie, et "Balade", projet photographique et éditorial sur le thème de l'eau à Alexandrie.

... sur la ville

Anciens étudiants d'écoles d'art – j'ai moi-même obtenu mon DNSEP à l'Ecole supérieure des beaux-arts de Marseille tandis que Mylène, Aurélia et Jean-Marie Robert, qui nous a rejoints par la suite, sont, eux, d'anciens étudiants de l'ENSP –, notre formation nous a appris à être réactifs et polyvalents. Cela nous permet, en

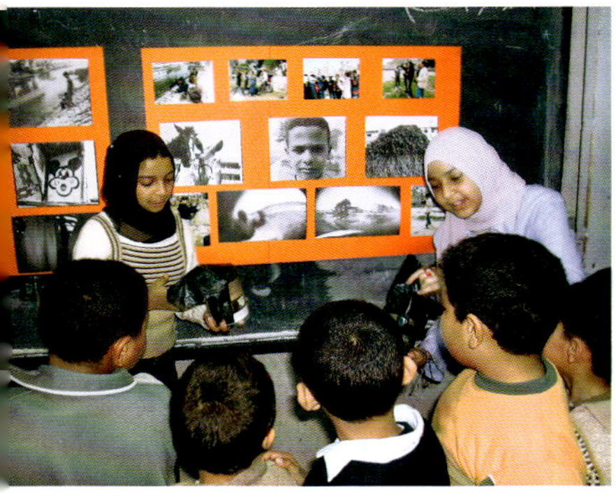

Esraa et Anghem expliquent le principe du sténopé à leurs camarades de l'Ecole gouvernementale Farouk, mars 2005 (projet "Balade")

dehors de nos activités professionnelles et du fait d'une grande complicité avec les responsables d'institutions, de nous impliquer dans la vie culturelle de cette ville en pleine renaissance.

Sur une demande spécifique du Centre culturel français, Aurélia et moi avons conçu une formation à l'image destinée aux professeurs, afin qu'ils puissent utiliser celle-ci comme outil pédagogique et didactique au sein de leur classe. Cette formation se voit complétée par un ciné-club, géré par Aurélia, qui propose une programmation régulière offrant à son public la possibilité, après chaque projection, d'échanger en arabe ou en français sur la perception du film et sur la manière dont le réalisateur a traité son sujet. Après six mois d'existence, le bilan est très positif : un véritable espace de dialogue a été instauré, au sein duquel, après chaque séance, environ quarante personnes se parlent et confrontent leur vision du monde. La présence à Alexandrie de l'Université de la francophonie accueillant des étudiants de toute l'Afrique et de quelques pays d'Asie, présents eux aussi aux projections, élargit les frontières du dialogue et contribue à la richesse des échanges.

Nous avons aidé à la réalisation d'expositions pour le Centre culturel français, et avons joué vis-à-vis de cette structure un rôle de conseil sur certains aspects artistiques de sa programmation. Ainsi, Serge Le Squer a participé à la Biennale d'Alexandrie en 2003 et Brigitte Bauer, en résidence pendant deux semaines, a commencé localement un très beau travail sur "Les couples" dont elle a présenté les premières images lors d'une exposition au musée Mahmoud Saïd en septembre 2004. Toujours en partenariat avec le Centre culturel français, Delphine Lermite et Alistair Craig Deane, actuellement étudiants à l'ENSP, ont eux aussi pu, en 2005, bénéficier d'une résidence au cours de laquelle ils ont travaillé sur le thème "Lumière sur la ville" dont le résultat sera présenté à Alexandrie et à Arles.
Citons également Jean-François Baumard, venu photographier avec beaucoup de poésie les ambiances alexandrines, tandis que Claire Thiriet, quelque temps après, s'est concentrée sur les paysages du désert Libyque et sur ceux de la Moyenne-Egypte.

La dynamique créée par tous ces étudiants et artistes accueillis à Alexandrie, et par les travaux de très grande qualité qu'ils y ont réalisés, nous conforte dans l'idée qu'il faut renforcer, autour de cette ville légendaire et toujours étonnamment vivante, le réseau d'entraide, d'amitié, d'initiatives et de compétence que nous avons vu se tisser au fil de nos rencontres.

Loin d'être une simple bibliothèque, l'Alexandrina est un vaste complexe qui regroupe de nombreux départements, des musées, des salles de spectacle et des centres de recherche. Elle est la "fenêtre du monde sur l'Egypte et la fenêtre de l'Egypte sur le monde", pour reprendre les termes de son directeur et les activités qu'elle propose s'étendent bien au-delà de ses murs. Il suffit de jeter un coup d'œil sur quelques-uns

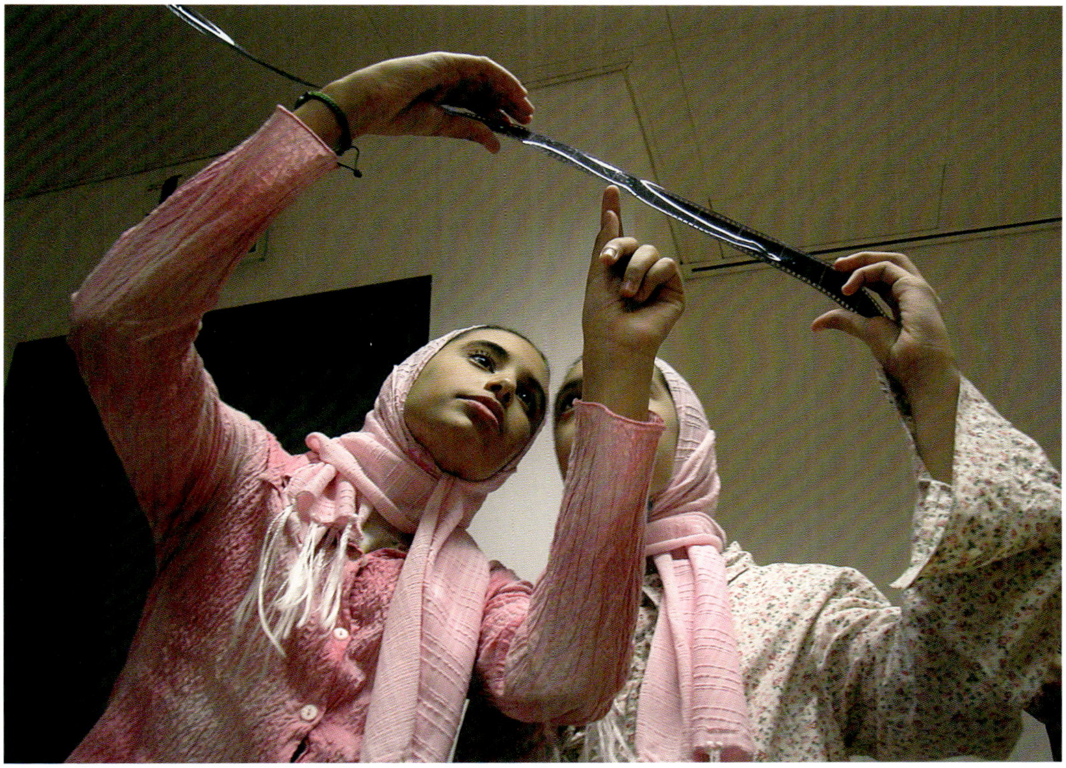

Ayat et Marwa pendant un atelier photo, juillet 2003

des neuf grands axes de son plan stratégique pour comprendre le rôle que peuvent jouer l'ENSP et ses étudiants – anciens ou actuels – dans le développement qu'elle propose : leader dans la numérisation, la préservation et la gestion du patrimoine ; centre d'excellence dans des sujets spécifiques ; acteur dans le développement continu de la ville ; innovateur dans le domaine culturel ; incubateur de jeunes talents ; point de rencontre pour le dialogue et la compréhension entre les peuples, etc. L'image n'a-t-elle pas précisément pour fonction, parmi d'autres, de (re)présenter ce développement, d'en interroger les transformations, d'en fixer les étapes et d'en préserver la mémoire pour les générations futures ? Et l'ENSP n'a-t-elle pas pour objectif de familiariser les étudiants avec les outils techniques et conceptuels donnant la clé, par la médiation de l'image fixe ou animée, d'une réflexion et d'une anticipation des *devenirs* ?

Ce sont ces devenirs dont il est justement question aujourd'hui à Alexandrie et, dans le contexte actuel de cette zone géoculturelle spécifique, il est essentiel d'offrir à chacun la possibilité d'expérimenter ce que les deux concepts deleuziens de "déterritorialisation" et "reterritorialisation" signifient en créant les conditions à la fois matérielles, culturelles et intellectuelles pour qu'en certains points de la ville au moins, des "rencontres" puissent avoir lieu.

***Je* est la somme de tous les autres!**

Chaque jour, liés à l'ensemble des partenaires avec lesquels nous travaillons, nous essayons de consolider ces espaces de "rencontres" qui, à Alexandrie et en divers sites du pourtour Méditerranéen, finissent par constituer des réseaux dont chaque unité est curieuse des autres. L'art, en raison de la faculté qui est la sienne de *faire voir autrement*, constitue un élément indispensable à l'émergence de ce dialogue entre les peuples, et s'impose donc comme une dimension importante de ce *réseau*; c'est pourquoi il nous revient d'inventer certains des outils qui favoriseront sa diffusion sur une échelle plus large.

De nombreux projets d'échange entre l'Egypte et la France sont aujourd'hui en gestation et attendent qu'un environnement favorable puisse les faire émerger. Il en est un notamment associant les étudiants de l'Ecole supérieure d'arts de Brest, dont mon ami Rémy Fenzy est maintenant directeur, qui devrait prendre corps prochainement.

Cette topologie transdisciplinaire à l'œuvre, cette envie de faire naître des multiplicités n'est-elle pas l'essence même du concept d'*Infra-mince* dans sa définition duchampienne? Cette notion ne définit-elle pas le moment précieux où tout s'inverse, ce passage appartenant conjointement à deux dimensions ou, pour citer une fois encore Gilles Deleuze, la *ligne de fuite*, qui pousse par le milieu et définit justement les *devenirs*?

Alexandrie a été engendrée par une image, comme le relate Strabon dans le chapitre XVII de sa *Géographie*, une image tracée au sol à l'aide de craie – puis, celle-ci venant à manquer, avec de la farine destinée à la nourriture des ouvriers – par les architectes auxquels Alexandre le Grand avait demandé d'imaginer la forme de cette mégalopole, qui n'a, depuis, jamais cessé de s'étendre. Faut-il voir un signe dans cette origine?

Ville mythique, qui s'offre à nous comme le plus précieux des paradoxes depuis maintenant plus de deux mille trois cents ans, Alexandrie a toujours porté en elle et donné naissance à de nombreux desseins. Aujourd'hui, son développement dépasse de très loin le simple fait géographique et c'est pourquoi nous essayons, avec l'ensemble des partenaires qui accompagnent ce qu'on peut appeler une renaissance, d'aider à ce que l'art – et l'ouverture qu'il permet – soit l'un des vecteurs essentiels de cette nouvelle époque. C'est à appuyer et favoriser cette nouvelle dynamique que nous travaillons depuis maintenant trois ans, avec toujours plus de plaisir... afin qu'Alexandrie redevienne ce haut lieu d'échanges culturels entre l'Orient et l'Occident.

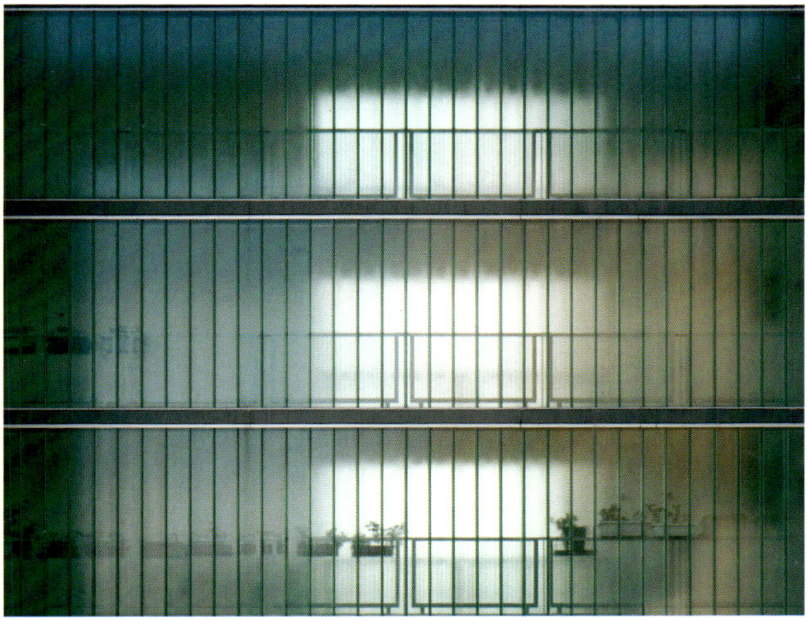

Rémy Lidereau
Gennevilliers, France, 2004